HEYNE FILM- UND FERNSEHBIBLIOTHEK

Gebhard Hölzl / Matthias Peipp

FAHR ZUR HÖLLE, CHARLIE!

Der Vietnamkrieg im amerikanischen Film

Originalausgabe

WILHELM HEYNE VERLAG
MÜNCHEN

HEYNE FILM- UND FERNSEHBIBLIOTHEK
32/152

Herausgegeben von Bernhard Matt
Redaktion: Cornelia Zumkeller

Umschlagfoto: Archiv des Autors
Rückseitenfoto: Archiv Lothar Just, München
Innenfotos: Archiv des Autors; Archiv Lothar Just, München;
Deutsche Presseagentur, München
Printed in Germany 1991
Umschlaggestaltung: Atelier Ingrid Schütz, München
Herstellung: Dieter Lidl
Satz: Fotosatz Völkl, Puchheim
Druck und Verarbeitung: Ebner Ulm

ISBN 3-453-04630-7

Inhalt

Vorwort

»Vietnam was like a movie that had gotten out of hand: gigantic cost overruns, a shooting schedule run amuck, squabbles on the set and back in the studio, the first auteur dying with most of the script in his head, the second quitting in disgust, and the last swearing it was finally in the can, but sneaking back to shoot some extra scenes.«[1]

(Julian Smith: Looking Away. Hollywood and Vietnam. New York 1975, S. 103)

Warum ein Buch über die Darstellungsform des Vietnamkriegs im amerikanischen Spielfilm? Ganz einfach. Selten hat ein politisches Ereignis, in diesem Fall der Konflikt in Südostasien, einen Industriezweig wie die amerikanische Filmwirtschaft nachhaltiger beeinflußt. Es gibt kaum einen Spielfilm der während der letzten 15 Jahre entstand, in dem nicht mindestens ein Verweis auf den verlorenen Krieg vorkommt. Selbst die Putzfrau des Wall-Street-Yuppies begründet ihre Neurosen mit den traumatischen Erlebnissen ihres Bruders, der in Vietnam gedient hat.

Interessanterweise bringt die deutsche Filmkritik den Kriegsschauplatz Vietnam höchstens mit *Apocalypse Now, The Deer Hunter* oder *Platoon* in Verbindung. Das hat dazu geführt, daß im Gegensatz zum amerikanischen Buchmarkt hierzulande bisher keine Publikation, abgesehen von einigen Aufsätzen, zu diesem Thema erschienen ist. Sogar bei der Generation von 1968, für die Vietnam auf zahllosen Teach-ins, Sit-ins und Sleep-ins ein Eckpfeiler ihrer ideologischen Auseinandersetzung – »Über den amerikanischen Imperialismus, Neokolonialismus und die

[1] »Vietnam war wie ein Spielfilm, der sich verselbständigt hatte: Die Kosten waren ins Astronomische gestiegen, der Drehplan wurde nicht mehr eingehalten, und auf dem Set gab es nur noch Streitereien. Währenddessen war im Studio der erste ›auteur‹ gestorben, der den Großteil des Drehbuchs im Kopf gehabt hatte, der zweite hatte angewidert aufgegeben, und der dritte schwor, daß er inzwischen alles auf Zelluloid gebannt habe. In Wirklichkeit schlich er aber immer wieder zurück und drehte einige Extraszenen.«

Ausbeutung der Landarbeiter in der Dritten Welt« – war, ist dieser Krieg in Vergessenheit geraten. Auch die Filme über Vietnam stärken da das Gedächtnis nicht mehr.
Dieses Buch sollte als Leitfaden und Einstieg in ein noch nicht hinreichend definiertes Subgenre verstanden werden. Ein Anspruch auf Vollständigkeit kann nicht erhoben werden, da das Thema »Vietnam im Kino« einerseits noch nicht abgeschlossen ist, andererseits in Deutschland nur ein Teil der amerikanischen Produktionen zu sehen ist. Trotzdem lassen sich filmhistorische Zusammenhänge, wiederkehrende Strukturen und Handlungsmuster deutlich erkennen.
An dieser Stelle möchten wir uns bei den zahlreichen Film- und Videoverleihern bedanken, die uns Kopien zugänglich gemacht bzw. wertvolle Beschaffungstips gegeben haben. Ebenso anregend waren die vielen Stunden heißer Diskussionen, die mit Dr. Bernhard Springer, Karin Springer, Andreas Bartl und Virgilio Iafrate geführt wurden. Ein besonderer Dank noch an Thomas Lassonczyk, der sogar die schlimmsten Filme mit uns durchlitten hat und bei der Erstellung der Filmographie eine große Hilfe war.

KAPITEL 1

Guts and Glory

Der amerikanische Kriegsfilm

Während des amerikanischen Bürgerkriegs wurde von den Unionstruppen ein Ballon eingesetzt, mit dessen Hilfe kartographische Informationen gesammelt und Truppenbewegungen der Konföderierten beobachtet werden konnten. Es zeigte sich, daß eine genaue Kenntnis des Schlachtfeldes und ein umfassender Überblick erhebliche taktische Vorteile verschafften, die über den Ausgang der Schlacht entscheiden konnten.

Diese erfolgreichen Anfänge mündeten in eine atemberaubende technische Entwicklung. Luftaufklärung wurde zum unverzichtbaren Bestandteil sowohl des Ersten, wie auch des Zweiten Weltkrieges. Zur Zeit des Vietnamkriegs wurden durch Aufklärungsflugzeuge der US-Air Force kartographische Aufnahmen vom gesamten südostasiatischen Raum gemacht. Der modernen Satellitentechnik, in unserer Zeit vorläufiger Abschluß dieser Entwicklung, bleibt weder in Moskau noch in Washington etwas verborgen. Die photographische Auflösung der Aufnahmen aus dem Weltraum ist so präzise, daß sicher gezeigt werden kann, ob ein Spaziergänger auf dem Roten Platz die »Prawda« oder die »Süddeutsche Zeitung« unter dem Arm hält.

Fortschritte auf dem Gebiet der Photographie stehen in engem Zusammenhang mit Neuerungen auf militärtechnischem Gebiet. Die Wahrnehmungsweisen von Filmkamera und modernen Waffensystemen sind annähernd gleich. Diese Erkenntnis läßt den französischen Philosophen Paul Virilio von einer »Logistik der Wahrnehmung« sprechen: »Innerhalb von 150 Jahren hat sich das Schußfeld in einen Drehort verwandelt, das Schlachtfeld ist zu einem für Zivilisten zunächst gesperrten Filmset geworden.«

Die Handlungsschauplätze sind dem Zivilisten dennoch wohlbekannt, ob es sich nun um den Ersten Weltkrieg mit seinen Schlachten bei Verdun und Langemarck oder den Zweiten Weltkrieg mit dem Kessel von Stalingrad oder der Schlacht bei Midway handelt. Ob um den Bürgerkrieg im Libanon oder Nordir-

land oder den Krieg in Afghanistan oder auf den Falklandinseln oder die Guerillakriege in Mittel- und Südamerika, die blutigen Auseinandersetzungen und das Kampfgeschehen werden medial direkt in die Wohnzimmer oder im Kino auf der Leinwand vermittelt. Eine Flut von Bildern stürzt auf den Betrachter ein und erzielt unterschiedliche Wirkungen, gleichgültig ob ihre Form dokumentarischen, reportagehaften oder fiktionalen Charakter hat.
Kriegsfilme können der Unterhaltung dienen, können eine politische Aussage oder Ideologie vermitteln oder den Krieg verurteilen. Verantwortlich dafür ist immer die im Film dargestellte Realität, denn sie stimmt nie mit der tatsächlichen Wirklichkeit überein. Unabhängig von der räumlichen und zeitlichen Entfernung der Schlachtfelder werden in allen Fällen Bilder ausgewählt, die in neuen Kombinationen eine künstliche bzw. manipulierte Wirklichkeit von Leiden, Kampf, Sieg oder Niederlage erzeugen sollen.
Diese künstliche Wirklichkeit bestimmt im wesentlichen das Genre des Kriegsfilms, dessen ideologische Spannbreite vom Propagandafilm auf der einen Seite bis zum Antikriegsfilm auf der anderen Seite reicht. Der Zusammenhang zwischen Krieg und Film/Photographie hat also über die technische Seite hinaus eine künstlerische Dimension.

Der Kriegsfilm als Genre

Ein Krieg ist ein Akt der Gewalt, um den Gegner zur Erfüllung des eigenen Willens zu zwingen. Dem Militärstrategen Clausewitz erschien er im 19. Jahrhundert als Fortsetzung der Politik mit anderen Mitteln. Diese Auffassung ist im 20. Jahrhundert angesichts der drohenden Atombombe längst diskreditiert. Heutzutage bindet die UN-Charta die Staaten an eine allgemeine Friedenspflicht. Krieg ist, zumindest dem Völkerrecht nach, ein nicht mehr erlaubtes Mittel der internationalen Politik.
Der Kriegsfilm ist eine ziemlich vage Kategorie, die sehr schwer zu definieren ist. Im Prinzip erfaßt er als Genre die Darstellung aller gewalttätigen Auseinandersetzungen der Menschheitsgeschichte. Dabei treten sehr viele Mischformen auf. Kriege tauchen beispielsweise auch im Western als Kampf zwischen der US-Kavallerie und den Indianern auf oder als Bürgerkrieg zwi-

Japanische Truppen nehmen in ›Gung Ho!‹ unter der Flagge Aufstellung

schen den Nord- und den Südstaaten oder im Piratenfilm-Genre, wenn Sir Francis Drake als Freibeuter seiner Queen spanische Galeonen auf den Meeresgrund versenkt.
Darüber hinaus gibt es Filme, die kaum Kampfgeschehen zeigen, sondern vorwiegend den Druck des Krieges auf die Zivilbevölkerung zum Thema haben, in manchen Fällen sogar mit pazifistischen Botschaften. Musicals, Komödien oder Abenteuerfilme haben oft nur einen militärischen Hintergrund, ohne auf einen politischen Konflikt oder auf die Austragung dieses Konflikts mit Waffengewalt einzugehen. Es empfiehlt sich daher, zwischen Filmen grob zu unterscheiden, in denen a) der Krieg umfassend in all seinen Auswirkungen auf das Zivilleben beschrieben wird oder b) als individuelle Erfahrung des Kampfes auf dem Schlachtfeld oder an vergleichbaren Schauplätzen – d. h. zur See und in der Luft – an Bedeutung gewinnt.
Trotz aller Abgrenzungsschwierigkeiten besitzt dieses Genre eine Grundmenge von elementaren Themen, Figuren, Rollen und Handlungsmustern, die immer wieder auftauchen. Ein typisches Beispiel für ein häufig verwendetes Grundmuster sind Filme über die militärische Ausbildung von Rekruten, die dann später in der Schlacht die im Trainingslager erworbenen Kenntnisse unter Beweis stellen müssen (*Gung-Ho* von 1943, *Sand of Iwo Jima* von 1949, *Full Metal Jacket* von 1986). Ein weiterer Erzähltopos behandelt das Leben und die militärischen Leistungen bedeutender Generäle, Staatsmänner oder politischer Führungsfiguren (*Napoleon* von 1927, *The Desert Fox* von 1951, *Patton* von 1970, *MacArthur* von 1977).

Geschichte des amerikanischen Kriegsfilms

In den letzten 100 Jahren, in denen sich Film und Kino von ihren Anfängen als Jahrmarktsattraktion zu einer der bedeutendsten Branchen der Unterhaltungsindustrie entwickelten, waren die Vereinigten Staaten von Amerika in vier größere Kriege verwikkelt: in den Ersten Weltkrieg von 1917 bis 1918, in den Zweiten Weltkrieg von 1942 bis 1945, in den Koreakrieg von 1950 bis 1951 und in den Vietnamkrieg von ungefähr 1961 bis 1975.
Während dieser vier Kriege wurden Filme produziert, die in ihren Aussagen und Botschaften die amerikanische Politik zu rechtfertigen hatten. Die Ursachen und Anlässe der Konflikte

wurden entsprechend der eigenen Ideologie dargestellt, die »eigene Sache« sollte als gerecht empfunden, die Moral der Nation gestärkt werden. Zensurbehörden – wie das »Committee of Public Information« im Ersten Weltkrieg – steuerten die Meinungsbildung in der Öffentlichkeit im Sinne des nationalen Interesses und unterdrückten mit mehr oder weniger subtilen Mitteln Filme mit pazifistischen Inhalten.

Filme, die sich kritisch mit der Politik der jeweiligen Regierung auseinandersetzten, konnten häufig erst nach Beendigung des Kriegszustandes gedreht werden. Und auch dann erfolgte die Kritik nicht selten in verschlüsselter oder metaphorischer Form. So wurden in den 70er Jahren Filme gedreht, die sich thematisch

Clint Eastwood in der Titelrolle von ›Kelly's Heroes‹

mit dem Zweiten Weltkrieg (*The Dirty Dozen* von 1967, *Kelly's Heroes* von 1970) oder mit dem Koreakrieg (*M*A*S*H* von 1969) auseinandersetzten, aber auf der Höhe des Vietnamkriegs eindeutige Anspielungen auf das US-Engagement in Südostasien enthielten. In diesen Fällen war nicht etwa eine rigide staatliche Zensurbehörde verantwortlich, sondern die Gesetze des Marktes. Die Chancen auf ein gutes Einspielergebnis erhöhten sich, wenn der Film nicht allzu offensiv kritische Positionen zur aktuellen Politik enthielt.

Den ersten Kriegsfilm der amerikanischen Filmgeschichte drehte 1898 der englische Journalist und Zeichner J. Stuart Blackton. *Tearing Down the Flag* behandelt den amerikanisch-spanischen Krieg, in dem die USA Kuba, Puerto Rico, Hawaii und die Philippinen annektierten. Blackton spielt darin einen wagemutigen Soldaten, der die verhaßte spanische Flagge niederholt und das Sternenbanner hißt.

Lange Zeit danach waren der Krieg und das Militär kein Thema mehr für den Stummfilm. Man glaubte offensichtlich auf der Produzentenseite, daß mit Uniformen und Blutvergießen kein Geld zu verdienen sei. Erst als 1915 D. W. Griffiths *Birth of a Nation* ins Kino kam (Premiere war am 2. März 1915 in New York) und innerhalb weniger Monate das für damalige Verhältnisse unglaubliche Einspielergebnis von 15 Millionen Dollar bei nur etwa 110.000 Dollar Produktionskosten erzielte, gab es einen Umschwung. Man versuchte, am Erfolg dieses Films thematisch anzuknüpfen.

Im Mittelpunkt von *Birth of a Nation* stehen der amerikanische Bürgerkrieg und der Wiederaufbau einer neuen gesellschaftlichen Ordnung.

Der Konflikt zwischen den Nordstaaten und den Südstaaten wird am tragischen Schicksal zweier Familien, den Stonemans und den Camerons, aufgezeigt. Großangelegte Schlachtszenen wie die »Petersburg-Sequenz« oder der »Brand von Atlanta« – mit einem Massenaufgebot an Statisten und einem verschwenderischen Umgang mit Material – beeindruckten das Publikum und entzückten die Kritiker.

Griffith, der selbst aus dem Süden stammte, machte aus seiner Sympathie für die untergegangene Ordnung des Südens jedoch keinen Hehl. Unübersehbar waren die rassistischen Aussagen seines Films, wenn er ein kleines Mädchen von einem Schwarzen

Einer der ersten wichtigen Kriegsfilme: David Wark Griffiths ›Birth of a Nation‹

vergewaltigen läßt. Dem Ku-Klux-Klan räumte er die Stellung eines Bollwerks gegen marodierende Horden ehemaliger Sklaven ein, die über den besiegten Süden herfielen.
In vielen Ländern Europas, in denen bereits der Weltkrieg tobte, wurde daher Griffiths Monumentalepos verboten. In Frankreich, wo man auf die zahlreichen schwarz- und nordafrikanischen Verbände Rücksicht zu nehmen hatte, wurde *Birth of a Nation* erst 1921 gezeigt, und in der Sowjetunion blieb er bis heute unter Verschluß.

Hollywood und der Erste Weltkrieg

Als die USA am 17. April 1917 in den Krieg gegen die Mittelmächte eintraten, wurden bereits Kriegsfilme gedreht, die die Nation auf den Feind vorbereiten sollten. In *The Battle Cry of Peace* (1915) von J. S. Blackton werden die Deutschen als sadistische Hunnen dargestellt, vor denen sich die amerikanische Nation am besten schützen kann, wenn sie sich bis an die Zähne bewaffnet.

Und in *The Fall of a Nation* (1917) wird der Pazifismus in Gestalt eines friedliebenden Politikers diskreditiert. Als dieser die völlige Abrüstung der amerikanischen Armee durchgesetzt hatte, greifen die Deutschen an und besetzen das Land, ohne auf größere Gegenwehr zu stoßen.

Doch diese Haltung blieb nicht ohne Widerspruch. Teile der Öffentlichkeit befürworteten strikte Neutralität. Der Krieg in Europa wurde als fremde Katastrophe angesehen, aus der man sich unter allen Umständen raushalten sollte. Als durch den uneingeschränkten deutschen U-Boot-Krieg auch amerikanische Schiffe betroffen wurden, wurde die bereits durch Waffenlieferungen unterschwellig vorhandene Allianz mit dem britischen Empire offiziell. Die Stimmen, die eine neutrale Haltung forderten, verstummten. Antikriegsfilme wie Thomas H. Inces *Civilization* (1916) oder Griffiths *Intolerance* (1916), die unzweideutig den Krieg verurteilten, wurden populär.

Unmittelbar nach Kriegseintritt wurde vom amerikanischen Kongreß ein Ausschuß (»Committee of Public Information«) eingesetzt, der die Meinungsbildung in der Öffentlichkeit im Sinne des nationalen Interesses steuern sollte. Natürlich fiel auch die Filmwirtschaft unter diese Kontrollmaßnahmen. Filme mit pazifistischen Inhalten wurden von der Regierung sogar verboten. Als mit *Spirit of '76* (1918) ein Film in die Kinos kam, der ideologisch zweifelhafte Positionen gegenüber dem Krieg mit dem Deutschen Reich aufwies, wurde dessen Produzent unter Anklage gestellt. Man beschuldigte ihn, dem Feind Propagandahilfe geleistet zu haben, und verurteilte ihn wegen Spionage zu zehn Jahren Gefängnis.

Begleitet wurden diese Zensurmaßnahmen durch eine Politik, die aktiv in den Produktionsprozeß der Studios eingriff. Dabei stellte man nicht nur Truppen für Statistenrollen oder entsprechendes Ausstattungsmaterial zur Verfügung, sondern lieferte auch Stoffe, Themen und Drehbücher, und man beteiligte sich an den Produktionskosten.

Während des Krieges, und auch kurze Zeit danach, entstanden reine Propagandafilme, die ein grobschlächtiges Bild des deutschen Soldaten zeigten. Die Deutschen wurden durchweg als Sadisten dargestellt, die raubend, mordend, plündernd niemanden schonten. Selbst die Offiziere waren keine Ausnahme. In ihrer Arroganz, ihrer Grausamkeit und ihrer Wollust kannten sie aus amerikanischer Perspektive keine Grenzen. Beliebtester deutscher Bösewicht auf der amerikanischen Leinwand wurde Erich von Stroheim. In *Hearts of the World* (1918) spielt Lilian Gish, damals eine der populärsten amerikanischen Schauspielerinnen, eine junge Französin, deren Dorf von den Deutschen eingenommen wird. Obwohl sie kurz vor der Hochzeit mit ihrem amerikanischen Verlobten steht, läßt ihr der böse Erich keine Ruhe. Damit sie ihre Unschuld bewahren kann, wird sie von ihrem Verlobten erschossen.

Ein ähnliches Frauenschicksal droht Mary Pickford, der Marilyn Monroe der Stummfilmzeit. In *The Little American* (1917) wird sie von den deutschen Hunnen ebenfalls gefangengenommen, in einen Bunker verschleppt und dort mit dem Tode bedroht. Um Mitternacht will sie ein preußischer Oberst seinen Soldaten mit der Bemerkung übergeben: »Meine Männer brauchen etwas Entspannung!«

›Hearts of the World‹, D. W. Griffiths Stummfilmklassiker aus dem Jahre 1918

Einen besonderen Stellenwert nahmen die Filme ein, die sich mit der Person des Kaisers und seiner Familie beschäftigten. Den Amerikanern erschienen das Aussehen und das Auftreten des deutschen Kaisers in der Öffentlichkeit – mit seinem spitzen Schnurrbart, seinem plumpen Körperbau, seinen Phantasie-Uniformen und der Pickelhaube – als grotesk. Dementsprechend wurde er im Film als eingebildeter, lächerlicher Halbverrückter an der Spitze einer Horde von Hunnen dargestellt. Schon die Filmtitel lassen keinen Zweifel über die richtige Einstellung zu den Hohenzollern aufkommen:

The Kaiser's Finish (1918)
To Hell with the Kaiser (1918)
The Kaiser, the Beast of Berlin (1918)

Schon bald nach dem Waffenstillstand ließ das Interesse der amerikanischen Öffentlichkeit an der weiteren politischen Entwicklung in Europa nach. Die Friedensgespräche und die Verträge schlossen eine amerikanische Einflußnahme weitestgehend aus. Amerika wandte sich daraufhin von Europa ab, und die eigenen Belange rückten in den Vordergrund. Auch mit Kriegsfilmen war kein Geschäft mehr zu machen, nachdem das alte Feindbild nicht mehr taugte und ein neues noch nicht in Sicht war. Indiz für die Unbeliebtheit des Genres in den Nachkriegsjahren war die Filmwerbung mittels Plakaten, die häufig die Banderole »THIS IS NOT A WAR FILM« trugen. Der Zuschauer sollte nicht bereits durch den Titel oder die abgebildeten Szenenphotos einen falschen Eindruck vermittelt bekommen und vom Kinobesuch abgehalten werden.

Der einzige Kriegsfilm, der nach dem Waffenstillstand produziert wurde und Gewinn einspielte, war *The Four Horsemen of Apocalypse* (1921). Wahrscheinlich gingen die Amerikaner nur deshalb ins Kino, weil sie den Tänzer Rudolpho Valentino in seiner ersten Filmrolle sehen wollten.

Diese Kriegsfilmmüdigkeit hielt bis etwa zur Mitte der 20er Jahre an. Dann allerdings trat eine Wende ein. Das alte und billige Muster des simplen Propagandafilms wurde ersetzt durch Filme, die nicht nur realistischere, sondern auch differenziertere Geschichten enthielten. Namen wie William Wellman, Howard Hawks, John Monk Saunders, Lawrence Stallings und King Vidor waren zwischen 1925 und 1930 für die fruchtbarsten Jahre

des amerikanischen Kriegsfilms über den Ersten Weltkrieg verantwortlich. Wegweisendes Beispiel war:
The Big Parade (1925) von King Vidor. Ein junger, ruhmsüchtiger Amerikaner meldet sich freiwillig zur Armee und wird nach Frankreich an die Front geschickt. Dort lernt er ein französisches Bauernmädchen kennen, in das er sich verliebt. Nachdem er am Kampf teilgenommen hat und schwer verwundet worden ist, kehrt er in seine amerikanische Heimat zurück. Dennoch kann er sein kleines französisches Bauernmädchen nicht vergessen. Von seiner Mutter ermutigt, reist er nach dem Krieg nach Frankreich und heiratet dort seine große Liebe.
Erstmals wurde die Todesangst der Soldaten in den Schützengräben gezeigt, was in den Propagandaschinken peinlich vermieden wurde. Auch, daß der Held ein Bein verliert und somit zum Invaliden wird, war in dieser Form noch nie zu sehen. Vidor wollte weder einen Pro- noch einen Antikriegsfilm drehen. Vidor wollte zeigen, wie ein durchschnittlicher Bürger, »der weder Pazifist noch Soldat ist, im Krieg überlebt und seine Erfahrungen macht«. Dem Film war ein überwältigender Erfolg beschieden. Die Mischung aus Action, Sentimentalität und einer optimistischen Grundhaltung des Helden beeindruckte das Publikum nachhaltig, das von den moralisierenden Kriegsopern der vergangenen Jahre die Nase voll hatte.
Nachdem *The Big Parade* als erzählerisches Modell ein Erfolgsrezept vorgab, folgten schnell weitere Filme, die in Geschichte und Inszenierung der neuen Linie folgten. Dabei tauchte bei einer Reihe von Filmen immer wieder der Begriff »Glory« im Titel auf. Allen voran *What Price Glory* (1926), von Lawrence Stallings, der das grausame Massensterben der Soldaten in den Unterständen bei Gasangriffen zeigt. Ebenso *The Road to Glory* (1926), das Regiedebüt des jungen Howard Hawks, das heute als verschollen gilt und in seiner Remake-Version von 1936 die Spannungen zwischen Soldaten und Befehlshabern eines französischen Regiments behandelt. War in den alten Propagandafilmen die Erlangung von Ruhm noch ein erstrebenswertes Ziel für den Helden, so wird dieser Wert nun einer gründlichen Kritik unterzogen. Körperliche und seelische Versehrtheit waren der Preis für militärische Orden und das gesellschaftliche Ansehen, ein tapferer Kriegsheld zu sein. Und mittlerweile war man nicht mehr bereit, für den Ruhm jeden Preis zu zahlen.

Am weitesten wagte sich in dieser Richtung Lewis Milestone mit seiner Verfilmung des Romans von Erich Maria Remarque *All Quiet on the Western Front* (1930) vor. Er zeigt die Verführbarkeit der Jugend durch verantwortungslose Lehrer, die einen unsinnigen Patriotismus predigen. Von der Schulklasse, die am Anfang voller Überzeugung an die Westfront geht, kehrt kein einziger lebend zurück. Der Krieg in den Gräben und Bombentrichtern wird als unmenschliches Abschlachten dargestellt, das weder Franzosen noch Deutsche verschont. Am Schluß fällt der deutsche Held, Paul, einem Scharfschützen zum Opfer, als er nach einem Schmetterling am Rande des Schützengrabens greifen will. Milestones Film zeigt die deutschen Soldaten nicht als blutrünstige Aggressoren, sondern als Opfer einer blindwütigen Kriegsmaschinerie. Zum erstenmal wurde den Deutschen Sympathie entgegengebracht und auf das alte Feindbild verzichtet. Über den amerikanischen Kontinent hinaus war *All Quiet on the Western Front* ein großer Erfolg. Selbst in Deutschland hatten die Nazis, denen die pazifistischen Aussagen ein Dorn im Auge

Lew Ayres (links) und Raymond Griffith in ›All Quiet on the Western Front‹

Louis Wolheim (rechts), die ›Mutter‹ der Kompanie, tröstet Lew Ayres

waren, alle Mühe, dem Kinopublikum den Besuch zu verleiden. Selbst Ratten und Schlangen, die man im Zuschauerraum freiließ, konnten die Kinobesucher nicht abschrecken. Milestone bekam den Oscar als bester Regisseur, und sein Film wurde als beste Produktion prämiert.

In den späten 20er und frühen 30er Jahren wurde der Erste Weltkrieg nicht nur auf schmutzige und blutige Weise in den Schützengräben durchgefochten. Luftkampffilme mit Doppeldeckern und Zeppelinen übten einen ganz besonderen Reiz aus. William Wellmans erste größere Regiearbeit nannte sich schlicht und einfach: *Wings* (1927) und hatte den Luftkampf als Basisthema. Als sich zwei junge, abenteuerlustige Amerikaner der amerikanischen Air Force anschließen, werden sie nach Frankreich versetzt. Beide verlieben sich in eine ebenfalls dort stationierte Rot-Kreuz-Schwester. Bei einem verlustreichen Angriff wird einer von ihnen von den Deutschen abgeschossen und gefangengenommen. Doch durch Zufall kann der Gefangene mit einer deutschen Maschine entkommen, wird aber von seinem Freund versehentlich für einen feindlichen Jäger gehalten und abgeschossen.
Wellmans Erfolg basierte auf der Eindringlichkeit seiner Bilder bei den Actionsequenzen. Um die Authentizität der Luftkämpfe zu erhöhen, bestand er auf echten Flugaufnahmen. Die Kamera sollte so nah wie möglich an das Geschehen herangeführt werden. Beim Zuschauer wurde der Eindruck hervorgerufen, auch er sitze in einer der Spads oder Fokker-Maschinen. Die Produktionskosten konnte Wellman verhältnismäßig niedrig halten, da Paramount mit der Regierung kooperierte. Auf diese Weise erhielt sein Studio Uniformen und Ausrüstungsgegenstände für mehrere Millionen.
Der enorme Box-office-Erfolg von *Wings* inspirierte auch Howard Hawks zu einem Luftkampfepos.
The Dawn Patrol (1930) erzählt die Geschichte einer englischen Fliegerschwadron, deren Männer sich 1915 als Freiwillige nach Frankreich gemeldet haben. Für die häufig tödlich endenden Missionen, auf die sie geschickt werden, machen sie ihren Commander verantwortlich, den sie abgrundtief hassen. Als der Commander versetzt wird, muß dessen Posten der Pilot übernehmen, der am heftigsten Kritik geübt hatte. Schon nach kurzer Zeit muß er einsehen, daß der Tod für seine Männer nicht zu verhindern ist und daß er sie unmöglich schützen kann. Er verliert seinen besten Freund, der zum Sprachrohr der Kritik seiner Kameraden wird. Doch auch sein Freund muß die gleiche Erfahrung machen, als er nach einiger Zeit im Kampf abgeschossen wird und dieser nun seine Position übernehmen muß.

Eine Publicity-Collage von Howard Hawks' ›The Dawn Patrol‹

Auch Hawks verwendete bei den Dreharbeiten zu den Luftkampfaufnahmen eine Kamera, die auf eine der Maschinen montiert war. Und natürlich ließ es sich diese Abenteurernatur nicht nehmen, den Doppeldecker selbst zu fliegen. Die Handlung verläuft ökonomisch und geradlinig, ohne Unterlegung ver-

schiedener Erzählstränge, was auch für das gesamte spätere Filmwerk Hawks' bestimmend sein sollte.
Doch weshalb hatten Filme mit Doppeldeckern, Luftkämpfen, dem Bombardement von Munitionsdepots usw. diesen großen Erfolg? Was war das Erfolgsrezept der Drehbücher des ehemaligen Journalisten John Monk Saunders, dessen Filme *Legion of the Condemned* (1928), *The Dawn Patrol* (1930), *The Eagle and the Hawk* (1933), *Devil Dogs of the Air* (1935) und *The Dawn Patrol* (1938) die Kinokassen zum Klingeln brachten? Zweifellos wurde in diesem Subgenre des Kriegsfilms auf eine Kampfform angespielt, die dem Helden der Lüfte noch eine Bewährungsprobe von Mann zu Mann – in der Form eines aristokratischen Duells – gestattete. Ritterlichkeit, Sportlichkeit und ein gemeinsamer Ehrenkodex bildeten die Grundlage für den Luftkampf. Hatte das MG einer feindlichen Maschine eine Ladehemmung, so wurde diese Schwäche nicht ausgenutzt, sondern man ließ den Gegner zu seinem Fliegerhorst zurückkehren, um vielleicht in einigen Tagen erneut das Duell unter faireren Bedingungen aufzunehmen. Durch die besondere Kennzeichnung der Maschinen konnten sich die Kontrahenten gegenseitig erkennen. Die Flieger saßen mit offener Kanzel allein in ihrer Fokker oder Spad und konnten leicht identifiziert – man sieht ihr Gesicht – und begrüßt werden. Ihr langer Seidenschal wehte gut sichtbar im Wind.
Im Gegensatz dazu stand die Darstellung der blutigen Massenabschlachtungen in Infanteriefilmen mit ihren Grabenkämpfen, Gasangriffen, alles niederrollenden Tanks. Die Tapferkeit und Ritterlichkeit des einzelnen gingen in der Masse unter. Und das Sterben in Schlamm und Dreck war alles andere als ein ruhmvoller Tod. Luftkampffilme zelebrieren den Individualismus und handeln häufig von Pflicht und Last einer elitären Führerschaft. Dagegen bezieht der Infanteriefilm immer stärker den Tod, die Sinnlosigkeit des Krieges, den Verlust der Jugend und die Notwendigkeit des Pazifismus in seine Motive ein. Protagonisten sind seltener Amerikaner als Deutsche, Briten und Franzosen. Die Konflikte behandeln häufig Führungsprobleme von Offizieren.
Handlungsschauplätze sind die europäischen Schlachtfelder, meistens die Westfront. Eine klare Demarkation scheidet das Schlachtfeld vom Hinterland. Der Held hat auf diese Weise die

Möglichkeit, sich im Hinterland von den Fronterlebnissen zu erholen und sich in eine Romanze zu stürzen. In vielen Fällen hat der Held keine Gelegenheit, die Romanze durch Heirat auf eine tragfähige familiäre Basis zu stellen. Er muß sich opfern, um die Konflikte zu lösen. Doch wenn er stirbt, dann immer aufgrund eigener Wahl.

Als in Europa ab Mitte der 30er Jahre wiederum Kriegsstimmung herrschte, brach Hollywood mit der pazifistischen Traditionslinie, die mit Milestones *All Quiet on the Western Front* ihren Höhepunkt hatte. Auch in Amerika machte man sich wegen der politischen Entwicklung und der Instabilität auf dem alten Kontinent Sorgen. Gleichzeitig versuchte man in Hollywood, auf die neue, bedrohliche Atmosphäre Rücksicht zu nehmen, und gab solchen Geschichten den Vorzug, in denen der Erste Weltkrieg optimistisch noch einmal durchgefochten wurde. Nach dem Kriegsausbruch waren *The Fighting 69th* (1940) von William Keighley und *Sergeant York* (1941) von Howard Hawks die beeindruckendsten Streifen dieser Provenienz. Besonders *Sergeant York* war ein markantes Beispiel für den Versuch, der amerikanischen Nation ein neues Kriegsabenteuer schmackhaft zu machen. Gary Cooper spielt darin einen armen Farmer aus Tennessee, der trotz seiner friedliebenden Haltung von einem Offizier zur Teilnahme am Krieg überredet wird. Als er das Grauen in den Schützengräben erlebt, in denen seine Kameraden verbluten, verfällt er auf allerhand Tricks aus seiner Heimat, um die Deutschen an der Nase herumzuführen. In der Schlacht von Argonne gelingt es ihm, völlig auf sich allein gestellt, 132 Gefangene zu machen. Nachdem er dafür vom Präsidenten als Kriegsheld ausgezeichnet wurde, kehrt er zu seinem Mädchen auf die Farm zurück.

Obwohl die propagandistische Machart kaum zu übersehen ist, wurde dadurch die Beliebtheit des Films beim Publikum nicht geschmälert. Hawks stützte sich in seiner Geschichte, an der auch John Huston mitgeschrieben hatte, auf den authentischen Fall des pazifistischen Hillbillys Alvin C. York, der zum Kriegshelden wurde, und nutzte dessen Bekanntheitsgrad für seinen Film.

In den frühen 40er Jahren veränderten sich die Charakteristika des Filmgenres über den Ersten Weltkrieg. Es bildeten sich im wesentlichen zwei Typen heraus:

Kirk Douglas als französischer Offizier in ›Paths of Glory‹

a) Viele romantische Komödien enthalten Kampfsequenzen. Sie stellen damit eine Metapher für die Atmosphäre der damaligen Zeit dar, die vom Eindruck des bevorstehenden Kriegs geprägt ist. Die Geschichten sind auf ihre Weise typisch – so z. B. in *Somewhere I'll Find You* (1942) mit Clark Gable und Lana Turner – und wiederholen sich: Immer wieder werden junge Paare, die eine glückliche Zeit miteinander gehabt haben, durch den aufziehenden Krieg getrennt. Die Botschaft, daß Romanzen zugunsten wichtigerer nationaler Ziele aufgegeben werden müssen, ist unmißverständlich.
b) Viele alte Filmtypen werden wieder zum Leben erweckt und aktualisiert, indem man die alten Uniformen der Soldaten durch neue, zeitgemäße Ausrüstung ersetzt, etwa in der Militärklamotte *Bugle Sounds* (1942).
In der Nachkriegszeit der 50er und 60er Jahre wurden in Filmen wie Stanley Kubricks *Path of Glory* (1957) oder Richard Lesters

Oh! What a Loveley War (1969) der Grabenkrieg und das Massensterben der Soldaten einem sich verselbständigenden Militärapparat zugeschrieben. Wird bei Kubrick die Unsinnigkeit militärischer Befehle der Eitelkeit des Generalstabs zugeschrieben, so inszeniert Lester eine Militärklamotte, die den ganzen Ersten Weltkrieg als Groteske schildert.
Luftkampffilme wie *The Blue Max* (1966), *Von Richthofen and Brown* (1971) oder *The Great Waldo Pepper* (1975) scheinen nichts von ihrer Beliebtheit eingebüßt zu haben. Der Krieg über den Wolken wird als sportlicher Wettkampf um Auszeichnungen und Abschüsse begriffen und ausgetragen. Die Helden dürfen sich als Aristokraten der Lüfte empfinden, für die andere Konventionen und Regeln gelten als für den gemeinen Soldaten im Schützengraben. Doch mit dem Kriegseintritt der USA am

›Oh! What a Lovely War‹: Ein satirisches Antikriegs-Musical von Richard Attenborough

Der Pilot als Vogelfreund: John Phillip Law in ›Von Richthofen and Brown‹

7. Dezember 1942 wurde thematisch der Erste Weltkrieg durch den Zweiten Weltkrieg verdrängt. Mit dem amerikanischen Film über den Zweiten Weltkrieg sollte sich auch ein neues Genre herauskristallisieren.

Hollywood und der Zweite Weltkrieg

»We may be losers, but we never give up – and losers who never give up will finally win!«[1]
Wiederum sollten militärtechnische Veränderungen im Film ihren Niederschlag finden. Das wesentlichste militärische Merkmal des Ersten Weltkriegs war der Stellungskrieg mit festen Fronten, in denen Gräben, Stacheldraht und Niemandsland eine große Rolle spielten. Als Soldat konnte man die Front verlassen, um sich im Hinterland zu erholen oder, wie im Film, sich eine Romanze zu suchen.
In den Filmen über den Zweiten Weltkrieg gab es keinen festen

1 »Vielleicht sind wir Verlierer, aber wir geben nie auf – und Verlierer, die nie aufgeben, werden letztendlich zu Siegern!«

Frontverlauf. Die Front war überall und irgendwo. In einem ruhigen Bauernhaus oder in einem kleinen Dorf konnte in jedem Moment der Kampf ausbrechen und somit Krieg stattfinden. Anders als im Film über den Ersten Weltkrieg wurden nun auch Zivilpersonen Opfer des Krieges. Auch Frauen und Kinder konnten darunter sein. Als amerikanischer Soldat mußte man das Kriegstheater in Europa verlassen und zurück in die Heimat gehen, wenn man wirklich unbehelligt sein Zivilleben genießen wollte.

Konzentrierte sich die amerikanische Filmindustrie in den 30er Jahren thematisch darauf, vom harten Alltag der großen Depression abzulenken, so wurden aktuelle politische Ereignisse wie der Spanische Bürgerkrieg erst sehr spät aufgegriffen. Deutschstämmige Filmemacher wie Walter Wanger, die auf der Flucht vor den Nazis in Hollywood Brot und eine neue Heimat fanden, machten auf die Ereignisse und Verhältnisse in Europa aufmerksam. In seinem Film *Blockade* (1938) greift im Spanischen Bürgerkrieg ein junger Bauer zu den Waffen, um auf der Seite der Republikaner sein Land gegen die Faschisten und die Deutschen zu verteidigen.

Die ursprünglich wiederum pro-isolationistische Haltung der Nation wandelte sich mit dem japanischen Überfall auf Pearl Harbor und der darauffolgenden Kriegserklärung Präsident Roosevelts vollkommen. Zögerte man vor dem japanischen Überfall in Hollywood mit der Produktion von Propagandastreifen, um mögliche politische Verwicklungen zu vermeiden, so entstanden seit dem amerikanischen Kriegseintritt bis Ende 1942 über 80 Filme, die sich mit den zu erwartenden Kämpfen und dem Gegner auseinandersetzten.

Dabei sind vor allem drei grobe Kategorien zu unterscheiden:

a) In den Filmen, die kurz vor oder nach dem Kriegseintritt entstanden, wird gezeigt, wie sich die Amerikaner auf den Krieg vorzubereiten haben oder wie sie in der Armee ihren Dienst verrichten oder welche Aufgaben in der Heimat während des Krieges auf sie warten. Filme wie *Dive Bomber* (1941), in dem Ärzte der Navy den Blackout von Piloten bekämpfen, oder *I Wanted Wings* (1941), in dem Piloten bei ihrem Training gezeigt werden, wurden meistens sehr schnell auf den Markt geworfen und nutzten gängige Erzählmuster aus den Filmen über den Ersten Weltkrieg.

b) Komödien und Musicals wie *Yankee Doodle Dandy* (1942), mit dem überaus beliebten James Cagney, sollten die Moral der Nation heben.
c) Filme, die vom Kampf im Pazifik gegen die Japaner und dem gegen die Deutschen und Italiener in Afrika und Europa handelten.
Besonders die Kampffilme weisen im Hinblick auf die Feindbilder einen propagandistischen Charakter auf. Die eigene Seite wird aufgewertet, als heroisch, tapfer, mutig und patriotisch verklärt, während die Protagonisten auf der anderen Seite (Deutsche und Japaner) als fanatische Sadisten dargestellt werden.
In *Hitler's Madman* (1943), von John Carradine, und *Hangmen Also Die* (1944), von Fritz Lang, die beide vom tödlichen Anschlag auf den »stellvertretenden Reichsprotektor« in Böhmen und Mähren, Reinhard Heydrich, handeln, werden die deutschen Offiziere als überheblich, brutal und dumm charakterisiert. Der Krieg mit den Deutschen war jedoch ein ideologischer Konflikt. Nicht alle Deutschen wurden mit den Nazis gleichgesetzt. In einigen Filmen, wie in *Hitler's Children* (1943), wurde

Robert Armstrong, Ralph Bellamy, Errol Flynn und Fred MacMurray (v. l. n. r.) in ›Dive Bomber‹

zwischen den guten Deutschen, die unter ihrem von der Nazi-Ideologie fanatisierten Nachwuchs zu leiden hatten, und den bösen Nazi-Deutschen unterschieden. Den mit den Deutschen verbündeten Italienern wurde wenig Beachtung geschenkt. Sie stellten keine Gefahr dar, denn sie kapitulierten schon kurz nach dem amerikanischen Kriegseintritt. Nach dem Krieg wurden sie als gefühlvolle Romantiker verklärt, denen Eroberungssehnsüchte im Grunde ihres Wesens fremd sind und die sich in erster Linie für Wein, Weib und Gesang interessieren.

Ganz anders verhielt es sich bei dem Krieg mit den Japanern. Sie kamen in Hollywood generell schlecht weg. Der Konflikt mit den Japanern wurde auf eine rassistische Ebene verlagert. Dafür spricht auch die historische Tatsache, daß alle in Amerika zu jener Zeit lebenden Japaner von der Regierung voller Mißtrauen in Konzentrationslager gesteckt wurden. Man glaubte – völlig ungerechtfertigt – an eine japanische fünfte Kolonne, die in ihrem latenten Patriotismus das Land mit Sabotageakten verheeren und verteidigungsunfähig machen würde. Darüber hinaus wurden einige der besten japanischen Seeoffiziere auf der Marineakademie in Annapolis ausgebildet. Wenn dann in einigen Filmen japanische Aufseher gezeigt werden, die amerikanische Gefangene mit der Bemerkung »Ich wurde in ihrem Land ausgebildet!« bewachen, soll die Perfidität und Undankbarkeit der japanischen Rasse gezeigt werden, die das amerikanische Erziehungssystem bedenkenlos für ihre imperialistischen Zwecke mißbraucht.

Wenn die großen Studios wie MGM, Paramount oder Twentieth Century Fox Kriegsfilme produzierten, dann teilten sie sie thematisch nach Fronten ein. Man produzierte Filme über die Kämpfe an der afrikanisch-europäischen Front oder Filme über die pazifische Front. Die Mehrheit der ersten Filme handelte jedoch vom Pazifikkrieg. Denn bis 1944 waren die US-Truppen im Kampf mit Hitler-Deutschland nicht voll involviert.

Der erste Einsatz amerikanischer Truppen gegen die Deutschen war auf dem afrikanischen Kriegsschauplatz und wurde in Billy Wilders *Five Graves to Cairo* (1943), John Stahls *The Immortal Sergeant* (1943), Zoltan Kordas *Sahara* (1943) und in William Wellmans *The Story of G. I. Joe* (1944) festgehalten.

Doch erst nach der Invasion in der Normandie konnte dem Publikum ein massiver und triumphaler Einsatz von GIs gegen die

deutsche Wehrmacht auf der Leinwand überzeugend nähergebracht werden.
Bis zu diesem Zeitpunkt behalf man sich mit Air-Force-Filmen wie *Bomber's Moon* (1943) oder *A Guy Named Joe* (1943), in denen man zeigte, wie Deutschland bombardiert wurde. Darüber hinaus handelten viele US-Filme, die im westlichen und mittleren Europa spielten, von den Nationen, die unter der deutschen Besatzung litten. Hollywood-Stars wie Tyrone Power, Ronnie Reagan, oder James Cagney wurden eingeführt, um den bedrängten Nationen auf der Leinwand Hilfestellung zu gewähren. So werden in *So Ends Our Night* (1941) Flüchtlinge aus Nazi-Deutschland gezeigt, die auf der Suche nach Asyl auf der Flucht vor dem siegreichen Vormarsch der deutschen Wehrmacht von Land zu Land ziehen. In *Mrs. Miniver* (1942) wird das britische Alltagsleben einer Familie im Krieg gezeigt, die mit ihrer Yacht zur Rettung britischer Soldaten aus Dünkirchen beiträgt. In *The Commandos Strike at Dawn* (1942) bekämpfen norwegische Freiheitskämpfer mit Unterstützung britischer Truppen die deutschen Besatzer. In *North Star* (1943) verteidigen russische Dorfbewohner ihre Heimat gegen die deutschen Invasionstruppen. Und in *The Cross of Lorraine* (1944) entkommen französische Soldaten aus einem deutschen Kriegsgefangenenlager und zetteln einen Aufstand unter der Bevölkerung an.
Ab 1943 wurden die Kriegsfilme härter und weniger verklärt. Sie mußten mit den zahlreichen Dokumentarfilmen und Wochenschau-Berichten konkurrieren, die den Kampf und das Sterben der Soldaten auf unpoetische Weise realistisch zeigten. Namhafte Regisseure wie Frank Capra, John Huston, John Ford, George Stevens oder William Wyler waren für Dokumentarstaffeln verantwortlich, und viele verwendeten das von ihnen gefilmte Material in ihren späteren Kriegsfilmen. Andererseits maßen die Zuschauer die Authentizität der Kampfszenen in den Kriegsfilmen an den gesehenen Dokumentarfilmen. Dies hatte zur Folge, daß die Filmemacher ihre Stories und Bilder dem brutalen Realismus des Dokumentarfilms anpassen mußten.
Vor allem zwei Luftkampffilme zeigten die neue Härte anhand des Pazifikkrieges. In *The Purple Heart* (1944), von Lewis Milestone, mit Dana Andrews in der Hauptrolle, wird die barbarische Behandlung amerikanischer Piloten durch die Japaner gezeigt. Als sie nach einem Luftangriff in China notlanden müssen,

George Murphy, Lee Bowman und Robert Taylor (v. l. n. r.) in ›Bataan‹

werden sie durch einen Kollaborateur verraten. Die Anklage vor einem japanischen Kriegsgericht wirft ihnen vor, Hospitäler bombardiert und Zivilisten erschossen zu haben.

Thirty Seconds Over Tokyo (1944), von Mervyn LeRoy, handelt vom ersten amerikanischen Luftangriff auf japanisches Gebiet unter General Doolittle im April 1942. Obwohl der Angriff nicht allzuviel Schaden anrichtete, waren die Japaner alarmiert, weil sie ihre Inseln für unverwundbar gehalten hatten. Van Johnson, als Pilot, und Spencer Tracy, als Commander, bekommen an der chinesischen Küste unter primitivsten Bedingungen das Bein amputiert.

Im Gegensatz zum Western- oder Musicalgenre hat der amerikanische Kriegsfilm nie exklusiv eigene Darsteller hervorgebracht. In den Jahren 1942 bis 1945 wurden allerdings zwei Schauspieler häufig eingesetzt, die zum Befehlen wie geboren schienen: Randolph Scott und John Wayne. Beide waren ursprünglich Westernhelden, repräsentierten aber ebenso im Kriegsfilm Werte wie Pflichtbewußtsein und Führungsstärke, die mit ihren Charakteren verbunden waren.

Randolph Scott, dessen Gesicht habichtähnliche Züge trug, spielte sowohl als Cowboy wie auch als Offizier den klassischen Amerikaner, der es an Tapferkeit und Willensstärke mit jedem Feind aufnehmen kann. In *To the Shores of Tripoli* (1942) und *Bombardier* (1943) spielte er noch den Ausbilder, der seinen Rekruten für die bevorstehenden Kämpfe das nötige Rüstzeug mit auf den Weg gibt. Seine eigentliche Bewährungsprobe besteht er jedoch als kanadischer Offizier auf der *Corvette K-225* (1943). Ein Film, der von deutschen Angriffen auf die alliierten Versorgungskonvois im Atlantik erzählt. Und in *Gung-Ho!* (1943) führt er das Kommando einer Guerilla-Einheit , die sich im Dschungel der pazifischen Atolle zu bewähren hat.
John Wayne ist hauptsächlich in Filmen zu sehen, die im Pazifik spielen. In gewohnt martialischer Manier kämpft er mal als Pilot in *Flying Tigers* (1942), mal als ziviler Führer eines Bautrupps in *The Fighting Seabees* (1944) oder als Torpedoboot-Offizier in *They Were Expandable* (1945), von John Ford. Auch nach der japanischen Kapitulation zieht John Wayne keineswegs die Uniform aus. In den 50er und 60er Jahren entstanden zahlreiche Filme über den Zweiten Weltkrieg, wie beispielsweise *Sands of Iwo Jima* (1950), *The Sea Chase* (1955), *The Longest Day* (1962) und *In Harms Way* (1965), in denen John Wayne den Mythos des unbesiegbaren amerikanischen Offiziers in einem gerechten Krieg durchficht. An diese Tradition schließt letztendlich auch sein Vietnamepos *The Green Berets* (1968) nahtlos an.
Auch der amerikanische Kriegsfilm über den Zweiten Weltkrieg von 1942 bis 1945 weist typische Strukturen und Regeln auf. Thematisch stehen – grob unterschieden – die Tapferkeit des GIs, das Einstehen der Jugend für eine demokratische Staatsform und die Notwendigkeit, zusammenzuhalten und zu kämpfen, im Vordergrund. Die Helden sind nun, im Gegensatz zu den meisten Filmen über den Ersten Weltkrieg, Amerikaner, die als einfache Soldaten für ihr Land kämpfen und auftretende Schwierigkeiten meistern müssen. In sehr wenigen Fällen bezahlen die Helden ihren Einsatz mit dem Leben, vielmehr sind es die Kameraden, die die Kämpfe nicht überleben. Hatte der Soldat des Ersten Weltkriegs noch Zeit für Romanzen, so tauchen in den Filmen über den Zweiten Weltkrieg normalerweise keine Frauen auf.
Ideologisch gesehen lassen sich die Filme über den Zweiten

Weltkrieg als erfolgreiche kulturelle Repräsentanten einer politischen Zielvorgabe verstehen. Das begrenzte Ziel, die Welt von den Nazis zu befreien, kann erreicht werden. Begreift man das ideologische Anliegen der Filme über den Ersten Weltkrieg als Versuch, dem Gegner zu einer demokratischen Staatsform zu verhelfen und Europa bzw. der restlichen Welt eine anhaltende Friedensordnung zu bringen, dann müssen diese Ansätze als gescheitert angesehen werden.

Hollywood und Korea

Die Kapitulation des deutschen und japanischen Kriegsgegners führte, wie bereits nach Beendigung des Ersten Weltkriegs, in der Filmindustrie zu einer Umorientierung. Kriegsfilme waren beim Publikum in den ersten Jahren nach dem großen Sieg unerwünscht. Man wollte den Ruhm genießen und an den Preis des Sieges, die Verwundeten und Toten, möglichst nicht erinnert werden. Erst 1949 gab es wieder nennenswerte Produktionen, die sich nicht zu Box-office-Katastrophen auswuchsen.
Die einsetzende Periode des kalten Krieges mit dem ehemaligen russischen Verbündeten führte bald dazu, daß dem bedrohli-

Lee Marvin (links) steht mit seinen Jungs in ›The Big Red One‹ vor einer schwierigen Aufgabe

chen kommunistisch-stalinistischen Expansionsdrang die amerikanische Strategie des »Containment«, der Eindämmung, entgegengesetzt wurde. Der Koreakrieg, von 1950 bis 1953, sollte zeigen, wie ernst es den USA mit dieser Politik war.

Hollywood reagierte auf die neue politische Situation zunächst mit Filmen, die dem gängigen Erzählmuster der Geschichten über den letzten Krieg entsprachen. Lediglich Jets, Helikopter und MASH-Einheiten – die moderne Ausrüstung – wurden als neue Ikonen den Filmen hinzugefügt.

Zwei der wichtigsten Filme über die Kämpfe in Korea entstanden unter der Regie von Samuel Fuller, der selbst im Weltkrieg in der ersten Infanterie-Division mitgekämpft hatte und alle Schauplätze von Nordafrika bis zur Normandie kannte.

Steel Helmet (1951) erzählt von einem Platoon, das sich in einem Buddha-Tempel verbarrikadiert hat und der nordkoreanischen Übermacht blutigen Widerstand leistet. Nur drei Überlebende können dem Inferno auf der Leinwand entkommen, auf der mit der vielsagenden Ankündigung »Diese Geschichte hat kein Ende!« der Film beschlossen wird. Tatsächlich sollte Fuller im gleichen Jahr mit *Fixed Bayonets* die Story von der »lost patrol« wiederaufgreifen, doch mit weitaus geringerem Erfolg.

Obwohl Fuller lediglich die unglaublich niedrige Summe von 104.000 Dollar als Budget zur Verfügung stand, gelangen ihm beeindruckende Actionsequenzen, die später sogar als Lehrbeispiel in verschiedenen Infanterieschulen der US-Army gezeigt wurden.

Trotzdem sind beide Filme typisch für die neue Rolle Amerikas als Polizist, der in einer Welt ohne Gesetz und Moral für Ordnung zu sorgen hat. Fuller gibt zwar seinem Mißtrauen gegenüber den ideologischen Positionen sowohl des Westens als auch des Ostens deutlich Ausdruck, doch seine Helden überleben die mörderischen Gefechte und akzeptieren als aufrechte Amerikaner ihre Aufgabe als Saubermänner, die dem kommunistischen Machtanspruch Einhalt gebieten.

Fullers Filme waren nur der Auftakt für eine ganze Reihe von Filmen, die als Hintergrund den Koreakrieg aufwiesen. Den Standard seiner Vorlagen konnten Streifen wie *Retreat to Hell* (1952), *Battle Circus* (1952) oder *One Minute to Zero* (1952) jedoch nicht mehr erreichen.

Lange währte das Koreakriegsfieber sowieso nicht. Obwohl die

Kämpfe beide Seiten nahezu 3500000 Tote gekostet haben, gab es weder einen Sieger noch einen Friedensvertrag. Das Abkommen von Panmunjon teilte das Land in eine nördliche, kommunistisch regierte Hälfte und in eine südliche, dem Westen zugewandte Hälfte. Die USA haben zum erstenmal in ihrer Geschichte in einer militärischen Auseinandersetzung keinen triumphalen Sieg errungen, sondern mußten sich zurückziehen. Dementsprechend häufig tauchte der Begriff »Rückzug« (Retreat) in den Filmtiteln auf. Die Sinnlosigkeit des gesamten Engagements konnte nicht offenkundiger sein.

Die Konfrontation der USA mit der Sowjetunion in der Ära des kalten Krieges der 50er Jahre führte zu wahnhaften politischen Exzessen, wobei die Hetzkampagne des reaktionären Senators McCarthy sicherlich einer der schlimmsten war. Viele liberale und demokratische Kräfte des Landes wurden vor seinen Ausschuß für »unamerikanische Umtriebe« zitiert, des Kommunismus bezichtigt und zur Denunziation aufgefordert. Viele Schauspieler, Regisseure und Produzenten wurden arbeitslos.

In diesem Klima der Verdächtigung und Kommunistenjagd wurden keine Entschuldigungen akzeptiert. Kollaboration mit dem kommunistischen Feind war unentschuldbar, egal, wie es dazu gekommen war. In *The Rack* (1956) spielt Paul Newman einen Offizier der US-Army, der wegen Kollaboration vor ein Militärgericht gestellt und verurteilt wird. Seine Entschuldigungen, seine Verweise auf die unglückliche Kindheit und seine durch Einsamkeit und Streß abnorme psychische Labilität werden nicht hingenommen.

In diesem Sinne muß sich auch ein Offizier in *Time Limit* (1957) verantworten, der nach einem Nervenzusammenbruch mit den Kommunisten zusammenarbeitete.

Beide Filme fordern von ihren Helden eine innere Stärke – selbst in aussichtslos erscheinenden Situationen. Gefühle oder eine labile Persönlichkeit sind keine Entschuldigung für Schwäche und Nachgiebigkeit gegenüber den Roten.

Die Erfahrungen der USA im Koreakrieg ließen keine Gefühle des Triumphs oder selbstgefälligen Ruhms aufkommen. Warum sollte also durch Filme weiterhin an den unbefriedigenden Ausgang dieses militärischen Engagements erinnert werden? Waren nicht jene Filme geeigneter, die die Mythen und Siege des Zweiten Weltkrieges nochmals durchspielten?

Die Kriegsfilme der Nachkriegszeit

Bei den Produktionen der Nachkriegszeit, die den Zweiten Weltkrieg behandeln, lassen sich vier große Gruppen zusammenfassen.

a) Das Nachkriegseuropa wird als Kulisse für andere Themen verwendet, oder es werden spezifische Probleme der unmittelbaren Nachkriegszeit aufgegriffen. In *The Best Years of Our Lives* (1946) kämpfen drei US-Veteranen um ihre Wiedereingliederung in Gesellschaft, Sozialleben und Familie. In *To the Victor* (1948) tauchen die Versorgungsschwierigkeiten durch den illegalen Schwarzmarkthandel und das Schicksal der Frauen auf, die in der Besatzungszeit mit den Deutschen kollaboriert hatten.

b) Der Krieg wird aus der Perspektive des kämpfenden Soldaten erzählt, der Angehöriger der Infanterie, einer Patrouille, eines Kommandounternehmens, der Air Force oder Navy ist. In dieser Gruppe befinden sich die meisten Filme mit den verschiedensten thematischen Bezügen. Hier eine Auswahl: *Task Force* (1949) behandelt die Entwicklung der Marinefliegerei in der amerikanischen Navy. *The Caine Mutiny* (1954), mit Humphrey Bogart, ist eine Charakterstudie über den unfähigen Kapitän eines Zerstörers im Pazifikkrieg. *Operation Pacific* (1950) und *In Harm's Way* (1965) sind typische John-Wayne-Actionfilme. In *Where Eagles Dare* (1965) retten Richard Burton und Clint Eastwood in einem Himmelfahrtskommando einen hochrangigen Offizier aus einem bayerischen Schloß. Der Pazifikkrieg wird dargestellt in *Battle Cry* (1955), *The Bridge on the River Kwai* (1957) oder in *The Naked and the Dead* (1958), der Verfilmung des Bestsellers von Norman Mailer.

Wichtige zeitgenössische Ereignisse finden Eingang in diese Filme. So werden die Rassenunruhen und die immer größeren Zulauf erhaltende Bürgerrechtsbewegung mit ihrer Initiative für Toleranz unter den Rassen aufgegriffen. Schließlich war die Rolle als Weltmacht schlechthin unvereinbar mit den ständig neu aufflackernden Rassenunruhen.

In *Home of the Brave* (1949) macht sich daher ein schwarzer GI Vorwürfe, den Tod seines weißen Freundes auf einer lebensgefährlichen Mission verschuldet zu haben. Ein psychosomatischer Komplex bewirkt eine Lähmung seiner Beine. Erst als ein Arzt

Robert Mitchum als Kommandant eines US-Zerstörers in ›The Enemy Below‹

die Krankheit als psychische Sensibilität diagnostiziert und den Schwarzen mit Vorwürfen provoziert, kann er von seinem Komplex geheilt werden.

In *Go For Broke* (1951) hingegen muß eine gemischtrassige, amerikanisch-japanische Infanterieeinheit zusammenhalten und die beiderseitigen Ressentiments überwinden, um im Kampf gegen die Deutschen in Italien zu überleben.

Darüber hinaus ist der kalte Krieg der 50er Jahre die Zeit, in der die Deutschen als militärische Verbündete gegen die kommunistische Bedrohung eine neue Rolle zugeteilt bekommen. In *The Desert Fox* (1951), mit James Mason als Rommel, wird der deutsche General als glänzender Stratege dargestellt, der aus seiner Abneigung gegen Hitler und seine Nazis keinen Hehl macht. Will heißen: Der deutsche Soldat ist in seinem Kern gut und antinationalsozialistisch. Diese Botschaft findet sich auch in *The Enemy Below* (1957). Hier bekämpfen sich der Kapitän eines amerikanischen Zerstörers und ein deutscher U-Boot-Kommandant mitten im Atlantik. Da der Deutsche nach den Regeln eines fairen Duells kämpft, wird er vom Amerikaner als Offizier respektiert und mit militärischen Ehren bedacht.
Eine weitere Variante dieser Gruppe stellen die POW-Filme dar, in denen Trupps von gefangenen Soldaten in Lagern unter deutscher Bewachung gehalten werden, im entscheidenden Moment ausbrechen und verfolgt werden. *Stalag 17* (1953), von Billy Wilder, war noch eine grausam komische Geschichte um einen zynischen Helden, der mit seinen Mitgefangenen und seinen Bewachern gleichsam Geschäfte macht, jedoch jedem mißtraut und aufgrund dieser Haltung tatsächlich flüchten kann. Dagegen erzählt *The Great Escape* (1963) ernsthaft von dem Massenausbruch britischer RAF-Piloten durch einen gegrabenen Tunnel aus einem deutschen Lager.
c) Einzelne historische Ereignisse der Kriegszeit werden dramatisiert. Dabei wird mit mehr oder weniger großem Erfolg versucht, die historischen Begebenheiten präzise und objektiv wiederzugeben. Subjektive Schicksale können im Vordergrund stehen, und die dargestellten Operationen können sich einerseits auf der Ebene obskurer Kommandounternehmen bewegen, andererseits das Niveau kriegsentscheidender Schlachten annehmen. Dazu werden häufig den tatsächlich existierenden historischen Figuren fiktionale Figuren zur Seite gestellt. Letztere dienen dazu, das Augenmerk des Zuschauers noch stärker auf die Leistungen der geschichtlich verbürgten Figuren zu lenken.
Tora, Tora, Tora (1970) ist ein beinahe minutengenau nacherzählter Bericht des japanischen Angriffs auf Pearl Harbor und beinhaltet eine detaillierte Analyse der Lage auf beiden Seiten – des Angreifers und des Angegriffenen. Ebenso *Midway* (1976), der die Seeschlacht von 1942 festhält.

The Bridge at Remagen (1968) oder *A Bridge Too Far* (1977) handelt vom Vorstoß der Alliierten nach der Landung in der Normandie und problematisiert die Befehlsstrukturen des Militärapparats sowohl im eigenen Lager als auch auf der Seite der Deutschen.

d) Kriegskomödien spielen mit den Handlungsschauplätzen, dem Personal und den geplanten Operationen auf einer grotesk-absurden Ebene. In *Catch 22* (1970) wird das Leben in der Etappe auf die Schippe genommen. Unfähigkeiten der leitenden Offiziere eines amerikanischen Luftwaffenstützpunktes in Italien, Spannungen unter den Fliegern, Schiebereien und Korruption machen die Handlung des Films destruktiv und zu einer derben Klamotte. Und in *1941* (1979) erwartet ganz Kalifornien in völliger Hysterie die Landung der Japaner, wobei Regisseur Steven Spielberg dem Zuschauer keine noch so große Absurdität erspart.

Ben Gazzara (links) und seine Mitstreiter erobern ›The Bridge at Remagen‹

Das Genre des amerikanischen Kriegsfilms wäre zu eng gefaßt, würde man nur die Filme nennen, die sich ausschließlich mit den Kämpfen und politischen Aktionen der amerikanischen Geschichte befassen. Hollywood hat sich vielmehr alle Kriege der Menschheitsgeschichte zu eigen gemacht: vom antiken Sklavenaufstand in Kubricks *Spartacus* (1960) bis hin zu den verschiedenen Verfilmungen von Tolstois Roman »Krieg und Frieden«. Fiktive Kriege sind in den Endzeitszenarios *Dr. Strangelove or How I Learned to Stop Worrying and Love the Bomb* (1964) oder *Fail Safe* (1964) zu finden, ebenso wie im Science-fiction-Bereich durch die *Star Wars*-Trilogie in den späten 70er und frühen 80er Jahren.

Doch keine Kategorie hat die amerikanischen GIs in Vietnam mehr beeinflußt als die Kriegsfilme über den Zweiten Weltkrieg und die Western der 50er Jahre. Die in Vietnam kämpfenden Soldaten gehörten einer Generation an, die Kino und Fernsehen mit der Muttermilch aufgenommen hatte. Besonders deutlich zeigte sich dies in ihrer Haltung während der Kämpfe. Sie fühlten sich als Cowboys, die gegen die Indianer (die Roten) Krieg zu führen hatten. Eine ganze Generation wurde von Hollywood an der Nase herumgeführt, das es nicht verstanden hat, ein passendes Format zu finden, um den Krieg differenziert einem Massenpublikum zu vermitteln.

Gab es vor Vietnam immer einen Verbündeten gegen einen deutlich wahrnehmbaren Gegner – etwa, wenn man gemeinsam mit Frankreich und England gegen die Deutschen kämpfte –, so war nun ein Guerillakrieg zu führen, in dem der Vietcong meistens unsichtbar blieb. Freund und Feind unterschieden sich nicht. Sie hatten eine gemeinsame Sprache und dasselbe kulturelle Erbe. Während in den Filmen über den Zweiten Weltkrieg der Feind für die Zerstörung ziviler Einrichtungen verantwortlich war und Marionettenregierungen einsetzte, wurde diese Rolle nun von den Amerikanern übernommen. Unterstützten in den alten Kriegsfilmen die USA immer die Untergrundbewegungen in ihrem Kampf um Selbstbestimmung und gegen Unterdrückung, so wurde nun der Untergrund bekämpft und ein korruptes Regime am Leben erhalten. Welcher GI mochte angesichts dieser Widersprüche noch an einen Sieg in einem Krieg glauben, in dessen Sumpf eine ganze Nation zu versinken drohte?

KAPITEL 2

Bye, bye, Frenchie

Der französische Rückzug und die amerikanische Verstrickung

An Warnungen vor einem amerikanischen Engagement in Indochina und damit vor der Übernahme der Rolle der ehemaligen, inzwischen besiegten, Kolonialmacht Frankreich hat es nicht gefehlt. Noch bevor man sich in Washington entschloß, in Vietnam kämpfende Spezialeinheiten der »Green Berets« einzusetzen und damit die bisherige passive Haltung einer Supermacht aufzugeben, die sich auf die Entsendung von Militärberatern und die großzügige Unterstützung durch Militärhilfe beschränkte, kam es im Frühjahr 1961 zu einem Besuch des amerikanischen Präsidenten John F. Kennedy in Frankreich. Bei einem Zusammentreffen mit dem französischen Staatsoberhaupt kam auch der Konflikt in Vietnam zur Sprache, und Kennedy wurde von Charles de Gaulle freundschaftlich über die Besonderheiten in dieser Region aufgeklärt:

»Für euch bedeutet eine Intervention in dieser Gegend eine Verstrickung ohne Ende. Von dem Augenblick an, wo das Nationalgefühl erwacht, hat keine fremde Macht eine Möglichkeit, wer immer sie auch sei, solche Nationen zu kontrollieren. Ihr werdet es schon noch sehen!«

Aus de Gaulle sprach die Weisheit der Erfahrung. Frankreich war über 100 Jahre lang Kolonialmacht in Indochina. Trotz des nachhaltigen Einflusses auf Gesellschaft, Kultur und Wirtschaft in dieser Region konnte der Machtanspruch gegenüber dem vietnamesischen Volk, das seine nationale Identität entdeckte, nicht aufrechterhalten werden.

Bereits mit der Niederlage der französischen Kolonialtruppen gegen die Japaner war der Mythos der europäischen Überlegenheit geschwunden. Noch bevor die japanischen Armeen am Ende des Zweiten Weltkriegs kapitulierten, wurde die vietnamesische Befreiungsarmee gegründet.

Nachdem die Japaner abgezogen waren, wurde am 2. September 1945 die Demokratische Republik Vietnam (DRV) unter Präsi-

dent Ho Chi Minh ausgerufen. Ziel war die Übernahme der Regierungsgewalt im ganzen Land und die Ersetzung der alten kolonialen Herrschaftsstrukturen durch eine demokratische Verwaltung der nationalen Souveränität. Tatsächlich konnten für diese Aufbauarbeit fast alle Teile der vietnamesischen Gesellschaft gewonnen werden.
Die alliierten Siegermächte des Weltkriegs strebten jedoch die Wiederherstellung des alten Status quo an. Sie schickten chinesische Besatzungstruppen in den Norden des Landes und ließen den Süden durch englische Soldaten kontrollieren, die eine Rückkehr der französischen Kolonialherren sichern sollten.
Obwohl Ho Chi Minh zu weitgehenden politischen Zugeständnissen bereit war – beispielsweise hätte Vietnam Mitglied innerhalb einer französischen Union werden können –, ließ sich Frankreich nicht von seinen Plänen abbringen, Vietnam weiterhin als Kolonie zu beherrschen. Nachdem alle friedlichen Einigungsversuche gescheitert waren, zog sich Ho Chi Minh mit seiner Volksbefreiungsarmee in den Dschungel zurück und bereitete sich auf den Guerillakampf vor.
Große Teile des vietnamesischen Volkes unterstützten die Widerstandsbewegung gegen die französische Kolonialmacht, die erkennen mußte, daß eine ausschließliche Legitimation ihrer Herrschaft mit militärischen Mitteln keine Erfolge bringen konnte. Daher wurde im März 1949 durch Frankreich der »Staat Vietnam« ins Leben gerufen, eine Regierung unter der Führung des alten, abgedankten vietnamesischen Kaisers Bao Dai eingesetzt und der koloniale Status für beendet erklärt. Diese scheinbare Autonomie sollte aber nur die wahren Verhältnisse im Land verdecken. Politisch stützte sich diese Regierung auf die Oberschichten, denen man Privilegien und wirtschaftliche Vorteile einräumte. Eine echte und wirksame Landreform fand nicht statt, so daß die Bauern keinen Anlaß hatten, mit der neuen Regierung zu kooperieren, was sich letztlich als verhängnisvoll erwies.
Frankreich allein konnte auf Dauer das wirtschaftliche – und vor allem militärische – Überleben seiner Marionettenregierung nicht gewährleisten. So leisteten die USA bereits seit Anfang der 50er Jahre massive Militärhilfe. Der Grund für diese sehr frühe, eindeutige amerikanische Stellungnahme zugunsten der alten Kolonialmacht muß in der Furcht vor einer sozialrevolutionären

Entwicklung gesehen werden, die die kapitalistischen Wirtschaftsinteressen nachhaltig gestört hätte. Die Führung der USA glaubte, daß sich unter der kolonialen Herrschaftsform stabile gesellschaftliche Eliten herausbilden könnten, die aufgrund ihres eigenen Interesses am Machterhalt zu einer Zusammenarbeit mit dem Westen bereit wären.
In Frankreich wurde der koloniale Machtanspruch schrittweise aufgegeben, als die Erkenntnis sich festigte, daß die Kosten für das Abenteuer in Indochina den Nutzen übertrafen. Die militärische Niederlage bei Dien Bien Phu 1954 war der endgültige Schlußstrich in der Geschichte des französischen Kolonialreichs in dieser Region.
Auf der Genfer Konferenz von 1954 wurde Vietnam entlang des 17. Breitengrades in eine nördliche, von den kommunistischen Kräften kontrollierte Hälfte und in ein südliches, dem Patronat der USA unterstelltes Gebiet geteilt. An den politischen Verhältnissen im Süden des Landes änderte sich wenig. Nach wie vor stützte sich die Regierung in Saigon auf die ländlichen Großgrundbesitzer und städtischen Kaufleute. Die sozialen Probleme blieben durch die amerikanische Wirtschaftshilfe bestehen, die den Aufbau einer eigenen Industrie verhinderte und Südvietnam in eine immer stärker werdende Abhängigkeit drängte.
Neben der amerikanischen Furcht, ein bedeutendes politisches und wirtschaftliches Einflußgebiet an den Kommunismus zu verlieren, gab es aber auch tiefer liegende soziokulturelle Gründe für ihr Engagement in Südostasien, die die Erfahrungen und Warnungen de Gaulles entkräfteten.

Der Frontier-Mythos

Spätestens seit der Eroberung des amerikanischen Westens hat sich ein Mythos herausgebildet, der, wie der amerikanische Historiker Frederic Jackson Turner 1893 feststellte, das zentrale, sinnstiftende und vereinigende Ideal der ganzen Nation wurde: der Frontier-Mythos.
Die Landnahme im Westen, der Kampf gegen die Indianer und die Besiedlung menschenleerer und unwirtlicher Gegenden formten das Ideal des aufrechten Amerikaners, der Energie und Stärke mit Individualismus und Pioniergeist verband. Unzählige Novellen, Erzählungen, Romane, Essays und Reden handelten

von diesem Mythos, und der Western lebt ausschließlich von ihm.
Dieses Sendungsbewußtsein hatte seinen literarischen und programmatischen Ursprung in der Person des Schriftstellers Crèvecoeur, der in seinen Essays in »Letters from an American Farmer« 1782 über das Entstehen der amerikanischen Nation philosophierte. Crèvecoeur, der ironischerweise französischer Herkunft war, stellte die These auf, daß die westliche Zivilisation sich im Laufe ihrer Geschichte geographisch in einem Prozeß von Ost nach West entwickelt habe. Ausgangspunkt dieses Prozesses waren demnach der Ferne und Nahe Osten, Ägypten, Persien, Griechenland, Rom, die norditalienischen Stadtstaaten, Spanien, Frankreich und England. Über Tausende von Jahren hat jedes Land seinen Beitrag zur Kulturgeschichte der Menschheit geleistet. Crèvecoeurs Schlußfolgerung war daher ebenso einfach wie überzeugend: Amerika ist das nachfolgende Glied in der Kette des zivilisatorischen Fortschritts und hat die Aufgabe übernommen, die Kultivierung bis zum Pazifik voranzutreiben.
Dieses gedankliche Konzept ist der Kern des Frontier-Mythos, den puritanisch-reformatorische Ideen begleiteten. Amerika war in der göttlichen Vorsehung dazu ausersehen, eine besondere Rolle zu spielen. Amerika war die Nation, die dazu berufen war, andere Kulturen auf der Grundlage der eigenen sozialen, politischen und wirtschaftlichen Ideale zu erlösen. Und als Macht des Lichts war Amerika notwendigerweise gezwungen, gegen die Mächte der Finsternis und des Bösen zu kämpfen. Waren es im 18. und 19. Jahrhundert zunächst die Indianer, denen man diese Rolle der dunklen Macht zuschrieb, so waren es im 20. Jahrhundert die kommunistischen Staaten.
Nachdem in der Eroberung des Westens die Pazifikküste erreicht war, wurde die Frontier immer weiter in Richtung Asien vorgeschoben. Besonders in China schien man bereits sehr früh einen geeigneten, aufnahmefähigen Markt für die eigenen Agrar- und Industrieprodukte zu sehen. Das Verhältnis zum Reich der Mitte wurde durch Bücher wie »The Good Earth« von Pearl S. Buck überwiegend romantisch verklärt. Auch wenn hin und wieder Stimmen laut wurden, die vor der »gelben Gefahr« warnten, so betrachtete Amerika China als fruchtbare Region für den Export des eigenen Systems. Verstärkt wurde diese An-

näherung durch die politische und militärische Allianz im Kampf gegen das imperialistische Japan.
Um so größer waren der Schock und die Enttäuschung, als nach der japanischen Kapitulation die kommunistischen Kräfte unter Mao die Macht ergriffen und Rotchina ein erbitterter Gegner im Koreakrieg wurde. Der kommunistischen Führung wurde die Anerkennung versagt, und der Ausschuß des Senators McCarthy suchte Schuldige für den Verlust Chinas an die Kommunisten.
Auf dieser Gemengelage von historisch-politischen Erfahrungen und soziokulturellen Einstellungen fußte die »Containment«-Politik unter Präsident Truman, der einer weiteren kommunistischen Machtentfaltung den Riegel vorschieben wollte. 1949 kündigte der amerikanische Staatssekretär Dean Rusk an, daß die USA all ihre Ressourcen mobilisieren würden, um sicherzustellen, daß ein weiteres Vordringen des Kommunismus in Indochina und Südostasien verhindert werde.
Im amerikanischen Außenministerium warnte man vor dem sogenannten Domino-Effekt. Dort war man der Ansicht, daß ein Land Südostasiens nach dem anderen von den Kommunisten übernommen werden würde, wenn die USA zuließen, daß Indochina kommunistisch wird. Nur mit der Unterstützung der französischen Kolonialmacht und der späteren Übernahme der Schutzmachtfunktion für Südvietnam glaubte man, die Mächte der Finsternis kontrollieren zu können.

Amerikanische Abenteuer

Die Auseinandersetzungen in Indochina wurden in den 50er Jahren von der amerikanischen Filmindustrie unter den ideologischen Vorzeichen des kalten Krieges dargestellt. Zunächst drängt sich bei den ersten Filmen der Eindruck auf, daß der Nation ein weiterer Schauplatz des Kampfes um Eindämmung des kommunistischen Weltherrschaftsanspruchs gezeigt werden soll.
Saigon (1947), von Leslie Fenton, mit Alan Ladd und Veronica Lake in den Hauptrollen, dürfte wohl der erste Film über die Probleme in dieser Region sein. Er handelt von drei Veteranen der amerikanischen Air Force, die nach ihrer Entlassung vom Militär keine Arbeit finden. Aus Abenteuerlust fliegen sie nach

Saigon und werden dort in kriminelle Machenschaften um einen riesigen Geldschmuggel verwickelt. Selbstverständlich setzen sie als aufrechte Amerikaner diesem Treiben ein Ende und schaffen Ordnung.
Den politischen Hintergrund dieser Geschichte bildet der gerade ausgebrochene Bürgerkrieg, der die Gefährlichkeit des Abenteuers, in das sich die drei Amerikaner stürzen, noch unterstreichen soll. Auf die Gründe für den Konflikt wird nicht eingegangen. Davon abgesehen gibt sich der Kameramann Mühe, touristische Aufnahmen zu machen, indem er möglichst viele Bambushütten und Korbwaren zeigt.
Im ähnlichen Stil wurde *Rogues' Regiment* (1948) mit Dick Powell inszeniert. Auch hier geht es mehr um die Darstellung pittoresker Exotik als um die Rolle der Parteien in diesem Kolonialkrieg. Ein amerikanischer Agent jagt den Nazi Martin Brunner (eine Anspielung auf Martin Bormann), der nach Indochina entkommen konnte. Um seinem Ziel näher zu kommen, wird der Amerikaner Soldat einer Einheit der französischen Fremdenlegion. Nach einigen kleinen Scharmützeln mit der Guerilla, aus deren Gefangenschaft er entkommt, kann er die dunklen Pläne eines anderen Ex-Nazis durchkreuzen, der als russischer Agent die Rebellen unterstützt.
Schon eindeutiger in der amerikanischen Willensbekundung, in die Geschehnisse eingreifen zu wollen, ist *A Yank in Indochina* (1952) von Wallace A. Grissell. Auch bei ihm sind die beiden amerikanischen Helden verwegene Piloten, die in französischem Auftrag Versorgungsflüge in das umkämpfte Gebiet unternehmen. Als sie von der kommunistischen Guerilla gefangengenommen werden, können sie entkommen. Unter ihrer Führung können die Franzosen einen erfolgreichen Fallschirmjägerangriff gegen die Vietminh starten.
Damit wird deutlich gemacht, daß eine ausschließlich logistische Unterstützung der Franzosen nicht ausreiche. Neben einer humanitären Rolle Amerikas, die die Lieferung von Lebensmitteln beinhaltet, wird die martialische Rolle in der Bekämpfung der Guerilla akzentuiert. Eine Rolle, die in jener Zeit dem mutigen Amerikaner besser zu Gesicht steht als dem schlappen, durch den Weltkrieg ausgepowerten Franzosen.
Ein Jahr nach der französischen Niederlage bei Dien Bien Phu versucht David Butler in *Jump into Hell* (1955) die Schlacht um

Gene Barry sucht Trost in ›China Gate‹

die Dschungelfestung nachzuzeichnen. Als eine der letzten Reserven müssen vier Fallschirmjäger der Fremdenlegion abspringen, um ihren eingekesselten Kameraden zu helfen. Ein Bemühen, das ebenso vergeblich war wie der Versuch, Zuschauer für den Film zu interessieren.

Als 1957 mit *China Gate* ein neuer Film von Samuel Fuller ins Kino kommt, ist die Erwartung groß. Immerhin sind mit seinem Namen die erfolgreichen Koreakriegsfilme und eine aufrechte patriotische Haltung verbunden. In der Erzählstruktur lehnt sich *China Gate* auch tatsächlich an den Koreakriegsfilm *Steel Helmet* an. Wiederum muß ein international zusammengesetztes Kommando eine schwierige Mission erfüllen, wobei die Charaktere untereinander zerstritten sind.

Nahe der chinesischen Grenze soll eine Gruppe von Fremdenlegionären ein strategisch wichtiges Munitionsdepot der kommunistischen Guerilla in die Luft sprengen. Die Amerikaner haben die Führung des Kommandos übernommen. Unter dem Ober-

befehl des Berufssoldaten Brock (Gene Barry) befindet sich auch die eurasische Saloon-Besitzerin Lucky Legs (Angie Dikkinson), mit der er einmal verheiratet war. Sie hat sich dem Unternehmen als Scout zur Verfügung gestellt, da sie als Geliebte des kommunistischen Befehlshabers den Pfad zum Lager kennt. Als Gegenleistung hat man ihr versprochen, daß ihr Sohn in die USA gebracht werde und dort aufwachsen dürfe. Die Mission gelingt, das Depot wird in die Luft gesprengt, wobei viele Chinesen und Lucky Legs umkommen.
Was sich bereits in *A Yank in Indochina* abgezeichnet hat, findet in Fullers Film seinen Abschluß: Obwohl die französische Niederlage besiegelt ist, wird die Fortführung des Krieges endgültig zur amerikanischen Angelegenheit gemacht. Diesmal wird jedoch auch das Gelingen des Unternehmens dargestellt. Das Bild der französischen Fremdenlegion wird heroisch überzeichnet. Schon der Vorspann läßt keinen Zweifel daran, daß Frankreich durch seine Kolonialgeschichte eine kulturelle und religiöse Mission in dieser unterentwickelten Gegend erfüllt: »Dieser Film ist der französischen Nation gewidmet. Vor mehr als 300 Jahren wurden französische Missionare nach China geschickt, um Gottesfürchtigkeit und Nächstenliebe zu predigen. Unter dem französischen Einfluß bildete sich nach und nach das Land Vietnam. Unter großen Mühen konnte das vietnamesische Volk seinen Lebensstandard steigern, und die aufblühende Nation wurde zur Reisschüssel ganz Asiens!«
Fuller bringt über seine Figuren zum Ausdruck, daß der Krieg in Südostasien nur eine Fortsetzung des Koreakonflikts ist. Auf Lucky Legs' Frage: »Warum hast du dich den Franzosen angeschlossen?«, antwortet Brock: »Ich bin Berufssoldat! Korea wurde kalt, Indochina heiß!«
Und als seine ehemalige Frau wissen will: »Bist du wirklich am Kampf für Frankreich interessiert?«, gibt er zurück: »Sicher. Ich kann Kommunisten nicht ausstehen, und Frankreich wurde der schwarze Peter zugeschoben!«
Ein schwarzer Söldner namens Goldie macht diese Einstellung noch deutlicher, von ihm könnte gar die »Domino-Theorie« stammen:
»Was ich in Korea angefangen habe, konnte ich noch nicht zu Ende bringen. Es gibt hier noch 'ne Menge Kommunisten!«
Auffallend ist, daß außer dem Sohn des Amerikaners Brock und

der Franko-Chinesin Lucky Legs keine Einheimischen, also Vietnamesen, vorkommen. Der Eindruck wird vermittelt, daß Vietnam ohnehin nur das Schlachtfeld der Großmächte sei, die Barriere zwischen dem Kommunismus und der freien Welt. Statt dessen wird die Rolle des vietnamesischen Gegners, Major Cham, mit einem geradezu klassischen Bösewicht des amerikanischen Western besetzt: Lee van Cleef. Er spielt einen finsteren kommunistischen Kriegsherrn, der in einem festungsartigen Schloß mitten im Dschungel herrscht. Der Film verdreht somit die tatsächliche Realität: Die Amerikaner operieren als Guerillas, und der Vietcong operiert von einer festen Basis aus, die in ihrer Architektur einer normannischen Schloßanlage aus dem 19. Jahrhundert gleicht.
Major Cham ist von einer rücksichtslosen Brutalität und hält die Amerikaner für ausgemachte Narren, die den Krieg aufgrund ihrer moralischen Bedenken verlieren werden. Man kann nicht die Welt retten und gleichzeitig das Bombardieren von Zivilisten vermeiden.
Fuller deutet an, daß sich der Vietcong zivile Einrichtungen zunutze macht, wenn er seinen perfiden Major Cham erklären läßt, wie wertvoll für ihn die buddhistischen Mönche seien: »Es ist netter, wenn wir sie in den Tempelanlagen herumlaufen lassen. Das sieht aus der Luft sehr friedvoll für die französischen Piloten aus, die genauso dumm sind, wie die Amerikaner in ihren anderen Kriegen waren. Sie bombardieren nämlich keine Tempel und Kirchen. Deshalb werden wir auch ganz Asien erobern. Wir bombardieren nämlich alles!«
Ein Jahr vor dem Start von Fullers Film machte in den Vereinigten Staaten ein Buch Furore, das vehement Kritik an der Haltung übte, daß am amerikanischen Wesen die Welt genesen solle. Graham Greenes »The Quiet America« wurde als antiamerikanisch empfunden, da es das nationale Sendungsbewußtsein zur Karikatur verzerrte.
Greene schildert vor dem Hintergrund des französischen Indochinakriegs die Begegnung des englischen Journalisten Fowler mit dem jungen Amerikaner Pyle, der sich im Auftrag einer staatlichen amerikanischen Wirtschaftshilfeorganisation in Vietnam aufhält. Während Fowler sich als weitsichtiger und intellektuell überlegener Europäer soweit wie möglich aus dem Konflikt heraushält, engagiert sich Pyle aufgrund abstrakt-idealistischer

Motive. In seiner Naivität glaubt er, eine »dritte Macht« zwischen westlichem Kolonialismus und östlichem Kommunismus unterstützen zu müssen. Er liefert Plastikbomben an einen ominösen General Thé, ohne zu begreifen, daß er damit nur einem politischen Abenteurer dient. Als durch die Bomben mitten in Saigon ein Blutbad angerichtet wird, verrät Fowler seinen Freund an die Kommunisten, die ihn ermorden.

Greene, der viele Jahre in Südostasien gelebt hat und die Region wie seine Westentasche kennt, wollte mit seiner Erzählung der Nation eine unmißverständliche Warnung vor einem Engagement in Vietnam erteilen. In seiner Darstellung paart sich der amerikanische Idealismus, dem eine überbordende Energie und scheinbar unversiegbare Geldquellen zugrunde liegen, mit Ignoranz und Dummheit. Sogar Unschuldige müssen ihr Leben durch die unverantwortliche Handlungsweise des amerikanischen Protagonisten lassen.

Die Literaturkritik reagierte empört auf Greenes Einschätzung des amerikanischen Engagements in Vietnam in der Regierungszeit Eisenhowers.

Der Film *The Quiet American,* von Joseph L. Mankiewicz, der 1957 in die Kinos kam und auf der Romanvorlage basierte, war das genaue Gegenteil von dem, was Greene beabsichtigt hatte. Mankiewicz machte aus dem Stoff, den er für 65.000 Dollar erworben hatte, ein plumpes antikommunistisches Manifest. Die Rolle des Amerikaners Pyle besetzte er ausgerechnet mit Audie Murphy, dem Star und mutigen Helden zahlreicher Western und Kriegsfilme. In seinem Film werden die amerikanischen Ideale nicht mehr in Frage gestellt, sondern sogar noch in schönfärberischer Weise akzentuiert. Pyle ist nun ein privater Geschäftsmann, der einer Interessengemeinschaft namens »Freunde des freien Asien« (!) angehört und statt gefährlichen Plastikbomben harmlose Plastikartikel wie Masken importiert. Sein Gegenspieler, der britische Journalist Fowler, wird als versoffenes, heruntergekommenes Miststück dargestellt, von dem man nichts anderes erwarten kann als Betrug und Verrat.

In einer der Schlüsselszenen rät Fowler zur Zurückhaltung, doch Pyle betont seine Freundschaft gegenüber den Franzosen und gibt deutlich zu verstehen, daß Amerika seine Freunde nicht im Stich lasse und immer einen Ausweg wisse, sei die Situation auch noch so verfahren.

Mankiewicz greift in seiner Filmstory ebenfalls das Konzept der »dritten Kraft«, alternativ zu Kolonialismus und Kommunismus, auf. Doch Pyle versteht darunter weniger die Unterstützung irgendeines unberechenbaren politischen Abenteurers, sondern vielmehr die Selbstbestimmung des vietnamesischen Volkes. Das Bewußtsein für diese Selbstbestimmung aber kann nur mit Hilfe amerikanischer Pädagogik erlangt werden, wenn Pyle von einem prominenten Exil-Vietnamesen erzählt, den er auf der Universität in New Jersey getroffen hat und den er nach dessen Rückkehr für einen der geeigneten politischen Führer hält. Damit wird jedermann klar, wer eigentlich hinter dieser »dritten Kraft« steckt.
Pyle wird als das unschuldige Opfer einer kommunistischen Verschwörung hingestellt, für die der heruntergekommene Engländer mitverantwortlich ist. Es sind nicht seine Bomben, die in den Straßen Saigons explodieren, sondern die der Kommunisten. Daß Pyle nur das Beste wollte, steht außer Zweifel; es wird von den Kommunisten verhindert. Pyle alias Audie Murphy ist der erste Amerikaner, der im Film in Vietnam dran glauben muß.
Die Vietnamesen selbst kommen im Film schlecht weg, sie tauchen allenfalls in Massenszenen auf. Fährt die Kamera näher heran, stellt man fest, daß es sich vorwiegend um Hollywood-Schauspieler handelt. Auf die vietnamesische Lebensweise wird nicht eingegangen. Die kulturelle Identität der Vietnamesen wird über ihre Beziehung zum Westen – bzw. zu den Amerikanern – definiert. Amerika ist der Maßstab, an dem in amerikanischen Filmen gemessen wird. Diese Regel wird noch lange Bestand haben.
In *Five Gates to Hell* (1959), von James Clavell, und in *Brushfire* (1961), von Jack Warner, wird mit der Entführung, Vergewaltigung und Ermordung amerikanischer Frauen und Rot-Kreuz-Schwestern durch schlitzäugige Kommunisten ein bereits klassisches Thema in der Kriegsliteratur und im Kriegsfilm aufgegriffen. Von jeher galten Krankenschwestern den Soldaten als heroische und erhabene nationale Mutterfiguren. Durch ihre weiße Kleidung signalisieren sie Unschuld und sexuelle Unbeflecktheit. Um so größer ist das Sakrileg, wenn rote asiatische Horden die Schändung dieser nationalen Symbolfiguren vornehmen.
In dem Film von Clavell wird ein internationales Team von Ärz-

Exekutionsszene aus James Clavells ›Five Gates to Hell‹

ten und üppigen Krankenschwestern von dem Anführer der kommunistischen Guerilla gekidnappt. Der Darsteller des Oberguerilleros ist Neville Brand, der in vielen Western Indianerrollen innehatte. Sein Markenzeichen war eine wilde Brutalität, die im passenden Moment in Charme umschlagen konnte. Vom amerikanischen Westen nach Südostasien verlegt, wurde daraus ein schlitzäugiger Brutalo, der Nonnen an Bäume nageln läßt und sich über die Vergewaltigung hilfloser Krankenschwestern durch seine Leute amüsieren kann. Geradezu lachhaft sind einzelne Passagen, in denen er seinen Größenwahn auf kindische Weise gestammelt zum besten gibt: »Ich ... bald ... Kriegsherr ... von ganz Vietnam!«
Unter den Krankenschwestern befindet sich auch eine Amerikanerin, die auf den hübschen Namen Athena hört und von ihrer göttlichen griechischen Namensvetterin die Tugend der Weisheit und der Kriegführung übernommen hat. Als der Brutalo sich in Athena verliebt, ist sein Schicksal besiegelt. Er wird von ihr getötet, nachdem er große Lücken in die Reihen des weiblichen Pflegepersonals geschlagen hat.
In derselben Qualität wird in *Brushfire* die Geschichte eines ge-

kidnappten amerikanischen Pärchens erzählt, das in einem namentlich nicht genannten Land Südostasiens von der kommunistischen Guerilla gefangengehalten wird. Als Austausch für die Geiseln werden Waffen gefordert. Zwei amerikanische Pflanzer bilden ein Rettungsteam. Sie können aber nicht verhindern, daß die amerikanische Frau durch den Anführer der Guerilla vergewaltigt und ihr Mann ermordet wird. Nachdem das Rebellennest ausgeräuchert ist, wird der Frau erklärt, warum der Tod ihres Mannes nicht sinnlos war: Die Widerstandsbewegung konnte dadurch zerschlagen werden.

Beide Filme bewegen sich im Aufbau ihrer Geschichte und in ihrer Machart am Rande der Lächerlichkeit. In *Brushfire* ist für die Führung der Rebellen allen Ernstes ein Ex-Nazi verantwortlich, dessen Name im Film auf Martin Bormann anspielt. Eine plumpere Konstruktion einer Abenteuergeschichte ist wohl kaum noch denkbar. Kein Wunder. Das Drehbuch dazu schrieb ein ehemaliger CIA-Agent, dessen einzige Qualifikation die Veröffentlichung mehrerer Bücher über Strategie und Taktik der Guerillakriegführung gewesen sein muß.

Der einzige ernst zu nehmende Film aus Hollywood in dieser Ära wurde von dem Newcomer George Englund gemacht, der noch über keine Regieerfahrungen verfügte. *The Ugly American* (1962) beschäftigte sich ebenso wie der mißglückte Film von Mankiewicz mit der Rolle Amerikas in Asien und basierte auf einem Bestseller.

Die gleichnamige Erzählung des Autorenteams Eugene Burdick und W. J. Lederer erschien im Herbst 1958 als Zeitungsserie, erlebte innerhalb von fünf Monaten 20 Auflagen und behauptete 78 Wochen lang ihre Spitzenposition in den Bestsellerlisten. Noch heute gehört das Buch mit über vier Millionen verkauften Exemplaren zu den meistgelesenen der amerikanischen Geschichte.

In der Kritik brach sich ein widersprüchliches Echo: Einerseits wurde dem Buch – vor allem von konservativen Kräften – eine idiotische Simplifizierung der amerikanischen Außenpolitik vorgeworfen, andererseits wurde die genaue Analyse der amerikanischen Schwäche, der diplomatischen Ignoranz und des politischen Fehlverhaltens in Übersee gerühmt. Die Wirkung des Buches war dennoch so nachhaltig, daß Präsident Eisenhower nach der Lektüre eine Untersuchung der überseeischen Unterstüt-

zungsprogramme ankündigte. Aus den Reden und Aufsätzen war ersichtlich, daß alle Mitglieder der US-Regierung, des Kongresses und des Senats mit den Themen des Buches vertraut waren.
Englund erwarb zusammen mit seinem Hauptdarsteller Marlon Brando die Rechte an dem Buch für 100.000 Dollar und ließ seinen Drehbuchautor Stewart Stern den Stoff fürs Kino umarbeiten, was dem auch ohne größere Entstellung gelang. Doch was sind die Themen des Buches und des Films? Welche Geschichte wird im Film erzählt?
Handlungsschauplatz ist das Land Sarkhan, das sich an der Grenze zu China befindet und in eine nördliche und eine südliche Hälfte geteilt ist. Mit Hilfe der Amerikaner soll eine Straße durch den Dschungel, die »Freedom Road«, gebaut werden, um die reichen Bodenschätze des Landes zu erschließen. Die Bauarbeiten werden jedoch ständig durch kommunistische Guerillaeinheiten sabotiert. Auf einer Pressekonferenz in Washington gibt der frischgebackene amerikanische Botschafter MacWhite, ein ehemaliger Journalist, Auskunft über die Verhältnisse in Sarkhan. Da er schon im Zweiten Weltkrieg an der Seite des sarkhanischen Untergrunds gegen die japanischen Besetzer gekämpft hat, verspricht er, seine alten Kontakte spielen zu lassen. Bei seiner Rückkehr nach Sarkhan kommt es zwar zu einem Wiedersehen mit seinem alten Kampfgenossen Deong, doch die alten Zeiten sind vorbei. Als Galionsfigur einer nationalen Widerstandsbewegung wünscht Deong den Abzug der Amerikaner und keine weitere Unterstützung für das herrschende Marionettenregime. Deong droht MacWhite unmißverständlich. Doch auf einer Konferenz mit dem südsarkhanischen Premierminister verspricht MacWhite volle militärische Unterstützung. Bei einer Besprechung mit dem Straßenbauingenieur lehnt er eine zeitweilige Aussetzung der Bauarbeiten ab. Die Lage verschärft sich, als auf einer Lagebesprechung nordsarkhanische Politiker und Militärs mit russischen und chinesischen Abgesandten das weitere revolutionäre Vorgehen abstimmen. Die Revolution bricht aus. Als MacWhite ein erneutes Gespräch mit Deong sucht, kann er nicht verhindern, daß sein Freund durch die Kugeln eines kommunistischen Attentäters stirbt.
In der letzten Einstellung sieht man MacWhite in einer Fernsehansprache über den kalten Krieg, den gerechten Kampf der

Amerikaner gegen das Unrecht in der Welt und die Unruhen in Südostasien schwadronieren, ein Fernsehzuschauer, der gerade ein Hühnchen ißt, sieht in sein Programmheft und schaltet das Programm ab.

Wie in *The Quiet American* liegt der Schwerpunkt der Geschichte auf einer Analyse der politischen Lage und Rolle Amerikas im Übergang von den 50er zu den 60er Jahren. Doch Englunds Film ist kein konservativ gewirktes Pamphlet, sondern bemüht sich immerhin um die Übernahme der Argumente in der literarischen Vorlage. Amerika litt zu jener Zeit unter einem etwas erschütterten Selbstverständnis. Burdick und Lederer kritisierten die Bequemlichkeit, den Überfluß und die satte Selbstzufriedenheit bei den meisten Amerikanern, die nichts mehr von den alten Pioniertugenden wie Mut, pragmatische Entschlossenheit und individuelle Stärke hatten. In den US-Vertretungen im Ausland machten sich im diplomatischen Dienst engstirnige Karrieristen und vergnügungssüchtige Partylöwen breit. Die großen amerikanischen Hilfsprojekte mehrten im wesentlichen nur den Reichtum einer kleinen – längst wohlhabenden – Elite, die überwiegende Mehrheit der Armen ging leer aus. Die wirklichen Erfordernisse und die Mentalität in den asiatischen Ländern wurden nicht erkannt. Während Amerika große Geldsummen in die jeweiligen Länder pumpte, erreichten die Russen weitaus größere Erfolge mit geringerem Aufwand. Waren die Amis zu weich und zu reich geworden, um der sowjetischen Herausforderung und dem kommunistischen Weltmachtstreben zu begegnen? Wie kann Amerika seine Mission in Asien erfüllen?

Eine kleine Expertengruppe, deren Mitglieder durch ihren praktischen Idealismus hoch motiviert sind, steht im Buch für die möglichen Antworten.

Ein texanischer Berufssoldat, ein Ingenieur, ein taiwanesischer Beamter, ein ehemaliger Geheimagent, ein irischer Priester und ein ehemaliger Luftwaffencolonel sind aufgrund ihrer Erfahrungen und ihrer persönlichen Integrität und Moral das Ideal, mit dem der Kampf um Asien gewonnen werden kann. Sie verkörpern das nationale Wunschbild von Selbstvertrauen, demokratischem Idealismus, Anpassungsfähigkeit, Einfallsreichtum und Humor.

Englund und sein Drehbuchautor haben dieses Figurenarsenal aus der Erzählung radikal gekürzt. Lediglich den Ingenieur haben sie herausgegriffen und ihn mit all den negativen Eigenschaften versehen, die bei Burdick und Lederer Anstoß erregt haben. Darüber hinaus mußte das Drehbuch an die Lage von 1962 angepaßt werden. Immerhin wurde zu jener Zeit bereits gekämpft, der erste Amerikaner war in Vietnam schon gefallen, und Präsident Kennedy schickte immer mehr Spezialeinheiten nach Vietnam. An einer Stelle, in der der Ingenieur Homer den Botschafter um eine Aussetzung der Bauarbeiten bittet, zeigt sich klar die politische Großwetterlage:

MacWhite: »Wir können nicht aufhören, Homer, weil wir bereits Tote haben ...«

Homer: »Ja, aber wir sind nicht im Krieg, Sir.«

MacWhite: »Wir sind im Krieg, Homer, und je weiter wir uns zurückziehen, desto stärker werden wir angegriffen.«

Als Homer darauf wettet, daß die Sarkhaner für diese Straße kaum den Kopf hinhalten werden, und um einen zeitlichen Aufschub bittet, antwortet MacWhite: »Das ist genau der Punkt, Homer – es gibt keine Zeit mehr. Überhaupt nicht mehr. Es gibt nur einen Weg, und das ist der, den wir gehen!«

Große Worte voller Entschlußkraft, sie hätten auch von John F. Kennedy stammen können. Es ist eine besondere Qualität des Films, daß er die Entwicklung, die sich in den darauffolgenden Jahren in Vietnam ergab, in prophetischer Weise vorwegnimmt. Während in anderen Produktionen dieser Zeit schablonenhafte, zumeist dumme Abenteuergeschichten erzählt werden, führt Englund so manchen Aspekt an, der auf die tatsächlichen historischen Ereignisse Bezug nimmt. Auch wenn Aspekte wie der Konflikt zwischen nationalen und kommunistischen Kräften, die Korrumpierbarkeit des südvietnamesischen Regimes und die fatale Nibelungentreue der Amerikaner nur kurz angeschnitten werden, so fehlen sie in anderen Filmen vollkommen.

Die Weigerung des amerikanischen Botschafters, an eine »dritte Kraft« zwischen Kolonialismus und Kommunismus zu glauben, kostet seinen Freund Deong das Leben. Durch Ignoranz und Arroganz verliert Amerika seine alten Freunde.

Auch der Schluß des Films spielt in origineller Weise mit dem Umstand, daß den Vorgängen in Vietnam in den amerikanischen Medien zunehmend Platz eingeräumt wird. Schon 1962 verweist Englund auf die Verdrossenheit und Übersättigung des amerikanischen Zuschauers, der bald allabendlich mit Bildern über Terror, Bürgerkrieg und Dschungelkampf konfrontiert wird. Aber auch der Programmwechsel kann nicht verhindern, daß der Krieg an Intensität zunimmt und seinen Weg in die amerikanischen Wohnzimmer findet.

Langsam konnte man auch in Hollywood mit dem Begriff »Vietnam« etwas anfangen. Folgte schon *A Yank in Indochina* zu Beginn der 50er Jahre einer populären Titelformel des amerikanischen Kriegsfilms über den Zweiten Weltkrieg – fast alle Kriegsschauplätze wurden vom YANK besucht: *A Yank in Korea, Libya, London, R. A. F., Rome, On the Burma Road* usw. –, war nun 1963 endgültig *A Yank in Vietnam* zu finden. Der Film des Regisseurs Marshall Thompson, der die Hauptrolle gleich selbst übernahm, zeigte zum erstenmal Kämpfe in Vietnam mit Soldaten in Uniform. Allerdings wurde ein Stellvertreterkrieg vorgeführt, in dem die Amerikaner den Status von Beobachtern und Ratgebern innehatten, die die Vietnamesen im Kampf anleiteten.

Major Benson ist ein kampferprobter Spezialist des Marine Corps. Als bei einem Routineflug sein Hubschrauber abgeschossen wird, gerät er in die Gefangenschaft des Vietcong. Doch er kann durch Guerillas gerettet werden, die den Amerikanern wohlgesinnt sind. Diese Guerillaeinheit hilft einem vietnamesischen Bauernmädchen bei der Suche nach seinem verschollenen Vater. Benson muß zusammen mit den Guerillas viele Abenteuer bestehen, um das Ziel zu erreichen. Bis zum Schluß greift er jedoch nie aktiv in den Kampf ein.

Auf seine Ausführung und auf seine Requisiten wurde nicht allzu viel Mühe verwendet. Zwar wird im Vorspann darauf hingewiesen, daß an Originalschauplätzen gedreht wurde, doch entsteht eher der Eindruck, als sei manche in einem Hollywood-Studio gedrehte Szene dazwischengemogelt worden. Im übrigen wurde die Story wie ein Western inszeniert.

Will Zens' *To the Shores of Hell* (1965) zeigt Marshall Thompson zum zweitenmal als Schauspieler in Südostasien. Diesmal muß er als amerikanischer Major Donahue mit Hilfe eines französischen Priesters und einer freundlichen Südvietnamesin seinen Bruder, einen Arzt, aus den Händen des Vietcong befreien, was ihm auch gelingt.

Der Film wurde mit großer Unterstützung des Marine Corps realisiert und war als eine Art Propaganda für diese Truppengattung gedacht. Zur Verfügung gestellt wurde, neben zahlreichen Marines als Statisten, auch umfangreiches Gerät wie Hubschrauber, Landungsboote usw. Darüber hinaus beschwört beispielsweise der Titel die Hymne des Marine Corps »From the halls of Montezuma, to the shores of Tripoli ...« Historischer Hintergrund der Geschichte ist die Landung der Marines in Da Nang im März 1965. Abgesehen davon behandelt der Film nichts Neues, weder in der Darstellung noch in der Handhabung des Kriegshandwerks – lediglich ein Schauplatzwechsel hat stattgefunden.

Auch *Operation C. I. A.* (1965) von Christan Nyby ist eine Low-Budget-Produktion, die man vernachlässigen kann, wenn man kein ausgesprochener Burt-Reynolds-Fan ist. Der damals noch unbekannte Reynolds spielt einen CIA-Agenten, der zusammen mit einer attraktiven Undercover-Agentin eine Serie von Bombenanschlägen in Saigon aufklären muß. Bereits zahlreiche CIA-Männer mußten sterben, als sie den Attentätern auf die Schliche kamen. Reynolds wird vom Vietcong gefangengenommen und gefoltert. Er entdeckt, daß der Vietcong plant, Nervengas in die zentrale Klimaanlage der US-Botschaft einzulassen. Glücklicherweise kann er entkommen und seine Vorgesetzten von dem Unternehmen informieren.

Betont actionreich und mit relativ guten darstellerischen Leistungen – was man angesichts der namhaften Besetzungsliste mit Anthony Quinn, Alain Delon, George Segal und Claudia Cardinale auch erwarten kann – zeigt sich *The Lost Command* (1965), von Mark Robson, der sich schon in Filmen über den Koreakrieg hervortun konnte. Als Vorlage wurde die Erzählung des französischen Schriftstellers Jean Larteguy »Les Centurions« verwendet. Robson erzählt die Geschichte in zwei Blöcken. Der erste Teil handelt von einer Einheit französischer Fallschirmjäger unter dem Kommando von Quinn und Delon, die nach dem Fall der Festung Dien Bien Phu in vietnamesische Gefangenschaft geraten. Nach dem Wiedererlangen der Freiheit müssen beide ihren Dienst in Algerien versehen. Dort, im zweiten Handlungsteil, verliebt sich Delon in eine hübsche Revolutionärin, die seine Zweifel an der Sinnlosigkeit des Kolonialkrieges nährt. Folterungen der Besatzer und die Unverantwortlichkeiten verschiedener Politiker stürzen ihn in immer größere Gewissenskonflikte, die schließlich zu seiner Demission führen. Doch

Quinn erweist sich als kluger und mutiger Führer seiner Männer, dabei steht auch er längst auf verlorenem Posten.
Gut zehn Jahre nach der französischen Niederlage werden die soldatischen Tugenden des Gehorsams, der Pflichterfüllung und der Tapferkeit besonders herausgestellt. Eine Stellungnahme bzw. eine Kritik bezüglich des Kolonialkriegs der ehemaligen europäischen Vormacht wird jedoch tunlichst vermieden. Ein Grundzug ist die Darstellung demoralisierender Effekte auf die französische Truppe. Besonders die über Lautsprecher verkündete Propaganda des Vietcong kann als besonders wirksam angeführt werden.
Mit der Gegenüberstellung beider Kriege zeigt Robson, wohin es führen kann, wenn den gelbhäutigen Schlitzaugen nicht mit allen Mitteln Paroli geboten wird. Die eigene Truppe verfällt der moralischen Auflösung, und Kommunisten nutzen womöglich die Chance, einer überlegenen Nation beizukommen. Auch hier steckt der Teufel – in Form des Domino-Effektes – im Detail.
Buddhistische Mönche, vergrabene Goldbarren, die CIA und jede Menge Vietcong sind die Elemente in Rolf Bayers 1966 in Manila gedrehtem *Run With the Devil.* Abgesehen von der kruden Abenteuerstory, in der ein amerikanischer Reporter und eine vietnamesische Psychologin auf der Suche nach einem versteckten Goldschatz sind, zeichnet sich Bayers Film durch eine Besonderheit aus. In der ursprünglichen Fassung war der Hinweis enthalten, daß der Goldschatz von dem südvietnamesischen Präsidenten Ngo Dinh Diem versteckt wurde. Diese Version mißfiel den US-Behörden, die Bayers Film großzügig mit Geldern unterstützt hatten. Zu leicht konnte der Eindruck entstehen, daß die amerikanische Finanzhilfe für das südvietnamesische Regime in die Taschen korrupter Politiker floß. Bayer fügte sich und schrieb den Goldschatz dem Eigentum des Vietcong zu. Dafür gönnte er sich einen radikalen, bis dahin noch nie dagewesenen Schluß: alle seine Helden, ob kommunistisch, prowestlich oder -amerikanisch, fahren zur Hölle!

KAPITEL 3

The Green Berets

John Wayne wechselt den Sattel – aus dem Western wird der Vietnamkriegsfilm

Als im September 1959 der sowjetische Regierungschef Nikita Chruschtschow die Vereinigten Staaten besuchte, kündigte er an, daß die Sowjetunion durch den unaufhaltsamen Fortschritt der Geschichte der natürliche Erbe des dekadenten Amerika sei.

Normalerweise – an einem anderen Ort und zu einer anderen Zeit – wäre solch eine Äußerung in der Öffentlichkeit als großspurige Propaganda abgetan worden, doch Chruschtschow traf diesmal, wahrscheinlich ohne es zu ahnen, die amerikanische Volksseele an ihrer verwundbarsten Stelle. Amerika war nämlich voller Selbstzweifel über seine Rolle in der Welt.

Stimmen wurden laut, die sich über den Materialismus und die Mittelmäßigkeit der Nachkriegsgesellschaft der 50er Jahre beklagten. Der ständige Anstieg des Lebensstandards, ein Erziehungssystem, das offenbar mehr Quantität als Qualität hervorbrachte, und der Eindruck eines zunehmenden Rückzugs des einzelnen Amerikaners aus seiner Verpflichtung als Staatsbürger mit gesellschaftlichen Aufgaben: der allgemeine Rückzug in ein bequemes, konsumorientiertes Privatleben ließ so etwas wie eine soziokulturelle Krisenstimmung aufkommen. Dazu kam die offensichtliche Konkurrenzsituation hinsichtlich der Sowjetunion, die im weltpolitischen Einfluß, in technischen und wissenschaftlichen Bereichen enorm aufgeholt hatte. Hatte sie nicht mit dem Erwerb der Atombombe ebenfalls die Legitimation als Supermacht gewonnen? Hatte sie nicht mit dem Abschuß des Sputniks in die Erdumlaufbahn bereits einen deutlichen technologischen Vorsprung im Wettrennen um die Eroberung des Weltraums? Und hatte sie nicht auch mit der sozialistischen Ideologie ein Weltbild, das von den Völkern der Dritten Welt begierig aufgenommen wurde?

Das Gefühl des Verlusts der eigenen Stärke war stark mit der Überzeugung verbunden, man habe sich von den traditionellen

›The Green Berets‹: John Wayne und Irene Tsu posieren fürs Familienalbum

Idealen und Wertvorstellungen der Urväter entfernt. Die ursprüngliche Bestimmung Amerikas in seiner Rolle als Hüter und Sendbote von Freiheit schien durch die zunehmenden Erfolge der Sowjetunion und ihrer Machtdoktrin vom Sieg des Weltkommunismus gefährdet zu sein. Nur durch eine Reform und eine Rückbesinnung auf die alten Tugenden des Pioniergeists könne Amerika wieder die Initiative im kalten Krieg gewinnen, dachte man.

Präsident Kennedy war genau der Mann, der all die Eigenschaften besaß, mit denen sich Amerika aus seiner demütigenden Verstrickung in Selbstgefälligkeit und Selbstzweifel zu befreien hoffte. Kennedy war mit 44 Jahren für einen Präsidenten sehr jung, hatte in seinem öffentlichen Auftreten eine überzeugende Dynamik, war als Marineoffizier des Zweiten Weltkriegs ein hochdekorierter Kriegsheld und verstand es, nicht nur die ältere Generation, sondern auch die Jugend für sich zu gewinnen. Sein Appell an die Jugend war von unvergleichlicher Einfachheit und Wirksamkeit: »Frage nicht, was das Land für dich tun kann, sondern frage dich selbst, was du für dein Land tun kannst!«

Der Idealismus, der in diesem Aufruf steckte, war aber nicht nur rein rhetorischer Natur, sondern fand durchaus auch in seiner Politik einen praktischen Niederschlag. Um der zunehmenden außen- und innenpolitischen Probleme der USA Herr zu werden – die Kubakrise, der Bau der Berliner Mauer, die immer schärfer werdenden Rassenkonflikte und der demokratische und republikanische Widerstand im Kongreß –, rief Kennedy zahlreiche Programme ins Leben.

Vor allem seine Vision einer »New Frontier«, mit der den Herausforderungen einer veränderten modernen Welt begegnet werden sollte, war eine Wiederbelebung des alten »Frontier-Mythos« und Pioniergeists. Während im zivilen Bereich das »Peace Corps«, eine Art Freiwilligenverband, als Entwicklungshelfer in die Welt geschickt wurde, entwickelte man aus dieser Ideologie im militärischen Bereich einen speziellen Elite-Eingreifverband, der künftig zu den Brandherden der Weltpolitik geschickt werden sollte: die »Green Berets«.

Der »Green Beret« war eine Art moderner westlicher Held, dessen Fähigkeiten eine allumfassende militärische Verwendbarkeit beinhalten sollten. Er sollte nicht nur mit dem Wesen der regulären Kriegführung vertraut sein, sondern vor allem die Taktiken des Guerillakampfes beherrschen, denn außenpolitisch lag Kennedys »New Frontier« weit im Westen, im Dschungel Vietnams, und dort hatte man es mit einem Gegner zu tun, der die Vorgehensweise der Bürgerkriegsarmee eines Mao Tse-tung nachahmte. Insofern mußte der »Green Beret« nicht nur mit dem Mörser umgehen können, sondern auch, wie in den späteren *Rambo*-Filmen, mit Pfeil und Bogen. Wenn er sich fortzubewegen hatte, sollte es ihm möglich sein, nicht nur per Helikopter

oder Patrouillenboot sein Ziel zu erreichen, sondern im Notfall auch per Fahrrad oder Maultier.
Seine Unabhängigkeit konnte ihn zum Einzelkämpfer ohne Unterstützung werden lassen, ohne daß er um sein Leben fürchten mußte. Und wenn es notwendig war, konnte er sich seiner Umgebung in jeder Hinsicht nahtlos anpassen und den Feind als Phantom bekämpfen.
Gleichzeitig hatte der »Green Beret« aber auch missionarische Aufgaben, die einerseits den Charakter von Entwicklungshilfe, andererseits den Export der amerikanischen Weltanschauung in sich trugen. Bei seinen Einsätzen, in denen er den Widerstand der primitiven Bergvölker gegen den Vietcong organisierte, wurden auch die medizinische Versorgung des Stammes sichergestellt oder landwirtschaftliche Anbaumethoden gelehrt oder der Jugend Lesen und Schreiben beigebracht. Ziel war die Immunisierung dieser Bevölkerungsgruppen gegen den Kommunismus und der Gewinn von Bundesgenossen im Kampf. Daß man dabei aus Mangel an kulturellem Verständnis meistens völlig an den wahren Bedürfnissen dieser Bergstämme vorbeiging, sollte erst viel später deutlich werden.
Zweifellos liegen die Vorbilder für den Entwurf dieses Soldatentyps in den zahlreichen amerikanischen Mythen von der Eroberung und Zivilisierung des Westens. Die »Lederstrumpf«-Geschichten von James Fennimore Cooper und die Abenteuer eines Daniel Boone standen ebenso Pate wie Erfahrungen in den Indianerkriegen und dann im Bürgerkrieg. Der »Green Beret« bestand somit aus einer Mischung aus wilder Naturverbundenheit und zivilisatorischer Technikbeherrschung. Er war für die Amerikaner ein mythischer Kämpfer mit hohem Symbolgehalt, der im Konzept der »New Frontier« eine ungeheure Idealisierung erfahren sollte.
Vietnam schien darüber hinaus das geeignete Gelände zu sein, um unter Beweis zu stellen, daß Amerika im Kampf gegen den Weltkommunismus kein Papiertiger sei. In Europa standen sich in Berlin Amerikaner und Russen in einer Art kaltem Stellungskrieg mit dicken Panzern gegenüber, die wenig Handlungsspielraum ließen, wenn man nicht eine explosive Situation herbeiführen wollte. Und die amerikanischen Destabilisierungsversuche gegen das kubanische Castro-Regime führten zu weltweiten Protesten, die dem Image schadeten und die Amerikaner in der

Weltöffentlichkeit als postkoloniale Aggressoren erscheinen ließen. In Vietnam dagegen konnte man am Anfang relativ unbemerkt vor den Augen der Weltpresse das militärische Engagement verstärken und eine Eskalation der Konfrontation vorantreiben. Als Kennedy 1961 die ersten Einheiten der Special Forces nach Südostasien beorderte, sollten diese ihre uramerikanischen Tugenden und ihren Pioniergeist in einer Wildnis gegen einen barbarisch anmutenden Feind zu neuem Ruhm führen. Ein scheinbar erfolgversprechendes Konzept, das der Substanz jedes Western gleicht.
Genau diese Aspekte wurden in einem Buch verarbeitet, das 1965 großes Aufsehen erregte. Robin Moores »The Green Berets« wurde schnell ein Bestseller, von dem in den ersten Monaten seines Erscheinens mehr als 100000 Exemplare verkauft wurden. Bis zum Frühjahr 1966 strömten viele junge Amerikaner nach der Lektüre zu den Einschreibstellen der US-Army, um sich für die »Special Forces« zu bewerben und ausbilden zu lassen. Der Andrang war so groß, daß die Einberufungen für die ersten vier Monate des Jahres 1966 ausgesetzt wurden.
Moore selbst hatte 1964 in Vietnam bei den »Special Forces« gedient und beteuerte die Glaubwürdigkeit seines Romans. Dafür spricht auch die Reaktion des Pentagon, das sich über das Buch wenig begeistert zeigte, da Sicherheitsinteressen berührt wurden und zuviel über die Rolle und die Aufgaben der »Green Berets« in Vietnam verraten wurde. Moore dagegen berief sich auf ein persönliches Gespräch mit Kennedy, der ihn angeblich zum Schreiben ermutigt hatte, um die Rolle der »Special Forces« zu stärken.
Das Buch war eine Mischung aus Erfundenem und Erfahrungsberichten, die jedoch in unvergleichlicher Weise bei der breiten Bevölkerung ankam. Die kollektiven Phantasien einer ganzen Generation, die voller Begeisterung unter Kennedys Ägide den Aufbruch zur »New Frontier« mitgemacht hatte, spiegelten sich wider. Es tat dem Buch von Moore daher auch keinen Abbruch, daß neben der übertriebenen Herausstellung männlicher Tapferkeit, Aggressivität und amerikanischen Sendungsbewußtseins auch andere Töne mit anklangen. Die Überlegenheit der angelsächsischen Rasse wurde betont, von der andere Völker lernen konnten. Und es ist kein Zufall, daß einer von Moores Helden ein »blauäugiger nordischer Riese« ist, der als Finne

schon während des Zweiten Weltkriegs in der deutschen Armee gegen die Russen gekämpft hatte.
Innerhalb von drei Jahren sollte sich jedoch die Haltung der amerikanischen Gesellschaft stark verändern. War im Erscheinungsjahr des Buches die Einstellung gegenüber dem Krieg noch weitgehend von romantischen und idealisierten Vorstellungen geprägt, so zeigte sich 1968 bereits die Spaltung der amerikanischen Gesellschaft in Kriegsbefürworter und -gegner. Dazu kam, daß schon 1965 mit der Landung der ersten regulären amerikanischen Kampfverbände in Da Nang das Guerillakonzept der »Special Forces« in den Hintergrund gedrängt wurde. Die Tet-Offensive offenbarte dann 1968, daß an einen militärischen Sieg nicht zu denken war und daß die amerikanischen Truppen jederzeit durch die Vietcong-Taktik verwundbar blieben. Drei Jahre waren genug, um John Waynes Film *The Green Berets* vor einem Publikum zu spielen, das in seinem Unterbewußtsein zwar immer noch von dem Gedanken der »New Frontier« und den damit zusammenhängenden politischen Programmen beseelt war, doch schon tagtäglich mit Bildern von massakrierten Zivilisten, vergewaltigten Frauen und napalmverbrannten Kindern konfrontiert wurde. Doch worum geht's in John Waynes *The Green Berets:*
Im »John F. Kennedy Center for Special Warfare« (Fort Bragg, North Carolina) ist Tag der offenen Tür. Der liberale Reporter George Beckworth (David Janssen) stellt Sergeant Muldoon (Aldo Ray) und Sergeant McGee (Raymond St. Jacques) kritische Fragen zum Krieg in Vietnam, die diese eloquent beantworten. Verärgert, jedoch nicht von der Notwendigkeit des Krieges in Südostasien überzeugt, verläßt der Journalist die Pressekonferenz. Er stößt auf Oberst Kirby (John Wayne), an dem er seinen Unwillen auslassen will, aber auch dieser bietet ihm geschickt Paroli.
Nach einem harten Training im Lager und der Zusammenstellung einer schlagkräftigen Truppe werden Kirby und seine Einheit nach Vietnam verlegt. Dort besteht ihr Auftrag darin, eine strategisch wichtige Stellung gegen den Vietcong zu halten. Zum bewährten Kern der Mannschaft zählen neben Muldoon und McGee der Paradesoldat Sergeant Provo (Luke Askew) und der »Organisierer« Sergeant Peterson (Jim Hutton), der sich im Laufe der Geschichte zum »Vater« des verwaisten Hamchunk

(Craig Jue) macht. Mit von der Partie ist auch der Journalist Beckworth, der sich vor Ort ein Bild von den Ereignissen machen will.
Trotz stärkster Gegenwehr können die amerikanischen Truppen ihren Posten mit dem Namen »Dodge City« nicht halten. Sie ziehen sich zurück, denn die nordvietnamesischen Truppen scheinen übermächtig zu sein. So leicht gibt der Oberst jedoch nicht auf – er fordert Unterstützung durch die Luftwaffe an, die auch prompt kommt und den Feind durch ein massives Bombardement in seine alte Stellung zurückzwingt. Am nächsten Morgen, so Kirby, werde man mit Gottes Hilfe wieder Herr von »Dodge City« sein.
Im »Club Sportif de Da Nang« treffen sich Oberst Kirby und der südvietnamesische Verbündete Oberst Cai (Jack Soo), um einen schweren Schlag gegen die Nordvietnamesen vorzubereiten, bei dem ein wichtiger General des Gegners entführt werden soll. Als Köder dient die ebenfalls anwesende Vietnamesin Lin (Irene Tsu), die nicht nur eines der bekanntesten Fotomodelle des Landes, sondern auch eine begabte Spionin ist. Ihr Motiv für die Teilnahme an der Mission ist die Ermordung ihres Vaters durch den Vietcong.
Die Spezialeinheit macht sich auf den Weg, um im Dschungel Vietnams das äußerst gefährliche Unternehmen durchzuführen. Neben den üblichen Risiken entsteht zusätzlich Spannung durch die Tatsache, daß Lin eine Cousine Cais ist und dieser sie verdammt, weil sie einwilligt, mit dem feindlichen General zu schlafen, damit dieser sich in völliger Sicherheit wähnt. Auf diese Weise gelingt der Menschenraub, aber nicht, ohne Opfer zu fordern: Provo wird erschossen, Peterson kommt in einer Falle um. Für ein gutes Ende ist dennoch gesorgt. Mike Kirby gelingt es, die Verwandten Cai und Lin zu versöhnen, und nimmt sich außerdem des noch einmal »verwaisten« Hamchunk an. Der kritische Reporter Beckworth sieht endlich die Unerläßlichkeit des Krieges ein und beschließt, von nun an in diesem Sinne zu berichten.
The Green Berets ist auf seine Weise einzigartig – es ist der erste und letzte Film, der den Vietnamkrieg direkt zu rechtfertigen versucht. John Wayne, der selbst Regie führte und den Film auch selbst finanzierte (seine Firma BATJAK und sein Sohn Michael firmieren als Produzenten), genoß volle Unterstützung des

›The Green Berets‹: … und wo bleiben bitte die Indianer?

Verteidigungsministeriums. So stellte man ihm vier verschiedene Armeelager für die Dreharbeiten zur Verfügung, bewilligte ihm 85 Flugstunden von UH-1-Hubschraubern, kommandierte bis zu 3800 Mann pro Tag von ihrem regulären Dienst ab und verlieh zahllose M-16-Gewehre, Flammenwerfer, Granatwerfer und andere Waffen. Die Rechnung belief sich auf 18.623 Dollar und 64 Cents. Der Kongreßabgeordnete Benjamin S. Rosenthal schätzte, daß die wahren Ausgaben bei etwa einer Million Dollar lagen. Das Projekt hatte zudem noch die uneingeschränkte Billigung Präsident Johnsons gefunden, der laufend über den Stand der Dreharbeiten unterrichtet wurde.
Bei näherer Betrachtung entpuppt sich der Film als nichts anderes als eine Mischung populärer amerikanischer Genres. We-

sternmotive prägen zunächst den Film, ein Umstand, der nicht verblüfft, denn in diesem Genre hatte John Wayne wohl die größte Erfahrung, sowohl als Hauptdarsteller zahlreicher Cowboyfilme als auch als Regisseur des ultrapatriotischen Heldenepos *The Alamo* (1960). Sein Sohn, Michael Wayne, äußerte gegenüber einem Reporter der Branchenzeitschrift »Variety«: »Wir machen keinen politischen Film, sondern vielmehr einen über einen Haufen aufrechter Kerle ...
Cowboys und Indianer ... dabei sind die Amerikaner die Guten und der Vietcong die Bösen ... vielleicht hätten wir all die Indianer nicht vernichten dürfen, aber wenn man einen Film macht, sind eben die Indianer die Bösen ...«
Auch der Filmset mutet eher wie der eines Western als der eines Kriegsfilms an – heißt die zu haltende Stellung doch »Dodge City«, gleicht der Kampf einem Indianerüberfall auf ein Fort und scheint die Truppe direkt einem von John Fords »Patrol Movies« entsprungen zu sein.
Selbst musikalisch und sprachlich wähnt man sich eher im unerschlossenen Westen als im Fernen Osten. Eingerahmt wird der Film von »The Ballad of the Green Berets«, dessen Refrain quasi das Leitthema liefert: »Hurrah, Hurrah, they mean just

Jim Hutton tritt in ›The Green Berets‹ in eine Falle des Vietcong

what they say, the brave men of the Green Berets.« Um die Stimmung vollkommen der eines Western anzupassen, sagt Oberst Kirby einmal: »... hier draußen entscheidet eine Kugel über alles ...« Vom realen Vietnamkrieg ist folglich nicht viel zu spüren.

Das Genre Abenteuerfilm steuert ebenso Elemente zu *The Green Berets* bei. Wenn die Helden durch den Urwald streifen, fühlt man sich an die populären Tarzanfilme erinnert. Das unwegsame Gelände, das ungewohnte Klima und die Falle, in die Petersen tritt, hätten auch dem tapfersten Elfenbeinjäger Respekt abgezwungen. Hier ist eben ein General – nicht die Stoßzähne von Elefanten – die Beute.

Das dritte Genre, das hier Verwendung findet, ist der Kriegsfilm. Auf den ersten Blick scheint *The Green Berets* hier richtig eingeordnet zu sein. Wenn man sich aber ins Gedächtnis ruft, daß der Vietnamkrieg nicht mit früheren Kriegen zu vergleichen ist, die Vorzeichen und Kampfweisen andere sind, dann kann die Zuordnung zu der Kategorie »Der Gegner – die Inkarnation des Bösen« nicht mehr gerechtfertigt werden. Gleichwohl bedient sich der Film dieses Musters, z. B. in einer Szene, die gleich nach der Ankunft der Truppe in Vietnam stattfindet. Kirby, Beckworth und einige Soldaten kommen in ein kleines vietnamesisches Dorf und erfahren, daß fünf Vietcong den Häuptling ermordet und dessen Tochter verschleppt haben. Das Schlimmste befürchtend, stürzt der Journalist in den Urwald und findet die Leiche des geschändeten Mädchens. Er ist entsetzt; Mike Kirby hingegen gibt sich unbeeindruckt. Nachdem er konstatiert hat, daß man das wahre Ausmaß des Grauens erst versteht, wenn man es gesehen hat, weiß er ausführlich von anderen Greueltaten zu berichten und schließt mit einem Fall, in dem eine Häuptlingsfrau von 40 Männern vergewaltigt worden ist – als ob die Anzahl der beteiligten Personen die eigentliche Schwere des Verbrechens ausmache. Vorausgesetzt wird, daß amerikanische Soldaten solche Frevel nicht begehen.

Weiter entsprechen die ausgesuchten Typen voll dem Klischee der Soldaten des Zweiten Welt- bzw. Koreakriegs. Oberst Kirby repräsentiert den Prototyp des braven und tapferen Kämpfers. Er betrachtet den Krieg als Job, und seine Aufgabe besteht darin, im Dschungel Vietnams den Kommunismus am weiteren Vormarsch zu hindern. Tote und Verletzte, Verwüstungen des

Landes und eventuelle Ungerechtigkeiten gelten als notwendige Randerscheinungen bei der Verwirklichung des großen Zieles, des Sieges der USA.
Sein unmittelbarer Gegenspieler ist der Journalist Beckworth, dessen Funktion darin besteht, Kirbys Taten und Haltung in Frage zu stellen. Im Laufe des Films wird er jedoch von der Richtigkeit der amerikanischen Vorgehensweise überzeugt. Endlich hat er die Qualität von Ernie Pyle erreicht, dem Paradebeispiel eines properen Militärreporters aus William Wellmans *The Story of G. I. Joe* (1945).
Die anderen wichtigen Amerikaner, allesamt Sergeants – als gäbe es in der Armee nicht hauptsächlich niedere Chargen –, sind durchwegs liebenswürdige Charaktere. Der »Organisierer« Petersen hat ein Herz für Kinder, schafft sich überall ein gemütliches Heim und stiehlt alles, was man zum Leben und zum Kampf benötigt. Da sein Vorgesetzter dies billigt, wird glauben gemacht, daß das Leben beim Militär angenehm und leicht zu ertragen sei.
Muldoon ist der rauhbeinige, trinkfeste Ire mit harter Hand und goldenem Herzen, Provo der Mann, der an das glaubt, wofür er kämpft, und einen Namen hat, der ihm nicht gefällt (»... er klingt nicht ...«), und McGee der intelligente Schwarze. Zu der Figur des schwarzen Soldaten kommentierte John Wayne in einem Interview im »Playboy«: »Ich hab' in zwei Filmen Regie geführt und hab' den Schwarzen immer die richtige Rolle gegeben. In *Alamo* hatte ich einen schwarzen Sklaven, und in *The Green Berets* war die Zahl der Schwarzen richtig.« Neben McGee gibt es noch zwei schwarze Statisten, die niedere Befehlsempfänger sind – damit war wohl »die richtige Zahl von Schwarzen« gemeint.
Die Einheimischen sind in ihrer Heimat deutlich unterrepräsentiert. Geistig und moralisch sind sie den Amerikanern nicht gleichwertig. Oberst Cai befolgt gehorsam Kirbys Befehle, obwohl er ihm dem Rang nach ebenbürtig ist und sich mit Land und Leuten besser auskennen dürfte. Zur Verdeutlichung dieser Tatsache trägt folgende Dialogpassage bei:
Cai: »Wir bauen viele Lager und machen Charlie fertig! Stimmen Sie mir zu?«
Kirby: »Ich bin einverstanden! Ich mag die Art, wie Sie reden!«
Die guten Vietnamesen zeichnen sich vor allem dadurch aus,

›The Green Berets‹: John Wayne (im Wasser) versucht sich als Regisseur

daß sie sich den Amerikanern oder Europäern angeglichen haben. Die Nachtclub-Sängerin singt ein französisches Lied. Ihr Tribut an das Vaterland ist das geschlitzte Kleid, welches sie wie ein Pariser Modell zu tragen versteht.
Es ist für alle Vietnamfilme bezeichnend, daß die Landessprache Pidgin-Englisch oder Französisch zu sein scheint, nicht Annamitisch, die Sprache der Vietnamesen.
Auch die Tatsache, daß die Spionin Lin bevorzugt ihren Körper als Waffe einsetzt, bedarf keiner besonderen Erläuterung – in Filmen dieser Art haben Frauen mehr Sex als Hirn. Der Feind schließlich wird völlig stereotyp gezeigt. Ein Vietcong-General residiert wie ein Fürst in einer Kolonialvilla und sieht aus wie ein Blutsverwandter des unsterblichen Dr. Fu Manchu – samt seinen langen Fingernägeln. Folglich muß er auch zum Schluß unterliegen, wie alle orientalischen Finsterlinge.
Neben Hamchunk, dem lieben Waisenkind, das dank Kirby eine gesicherte Zukunft in den USA vor Augen hat – dies verspricht die Schlußeinstellung des Films, in der die Sonne im Osten (!) untergeht –, werden die Einheimischen Vietnams nur noch von

einigen Statisten verkörpert, die eher das Bild füllen als zur Handlung beitragen.
Zum Schluß stellt sich die Frage nach der Authentizität von *The Green Berets*. Die meisten Schauspieler, allen voran John Wayne, sind mindestens 20 Jahre zu alt für ihre Rolle – man bedenke, daß der größte Teil der amerikanischen Truppen aus jungen Soldaten bestand.
Auch die Art zu kämpfen entspricht nicht der Wirklichkeit. Ein Grund für die amerikanische Niederlage in Vietnam war die Tatsache, daß die USA bis dahin vorwiegend konventionelle Kriege geführt hatten und im Guerillakrieg unerfahren waren. Probleme wie Drogensucht, Hygiene, Klimaverhältnisse und die Ermordung Vorgesetzter durch die eigenen Soldaten kommen nie zur Sprache; sähe man keine Hubschrauber, könnte man glauben, auf einem philippinischen Schlachtfeld des Zweiten Weltkriegs zu sein. Vollends märchenhaft erscheint die Entführung des nordvietnamesischen Generals, die in ihrer Primitivität einem Comic entsprungen sein mag.
Also ist dies mehr ein Propaganda- als ein Vietnamfilm, wie der »Playboy«-Interviewer richtig vermutete. John Wayne antwortete ihm:
»Ich stimme mit ihnen überein [mit Kritiken, die *The Green Berets* als schamlosen Propagandafilm bezeichneten]. Es war ein uramerikanischer Film über amerikanische Jungs, die drüben zu Helden wurden. In diesem Sinne war es schon Propaganda!«

KAPITEL 4

Oh! What a Lovely War

Blut und Tränen im Dschungel Südostasiens

Unter den Filmen, die sich mit Vietnam auseinandersetzen, bilden auch heute noch die, die Kampfhandlungen zum Hauptinhalt haben, die kleinste Gruppe. In dem Fernsehfilm *Friendly Fire* (Regie: David Greene, 1979) sagt die Hauptdarstellerin zu einem Journalisten, der einen Tatsachenbericht über den Krieg in Südostasien schreiben will: »Wer, zum Teufel, will ein Buch über Vietnam lesen – die Leute sehen es jeden Tag im Fernsehen.« Dies könnte auch für Spielfilme gelten, sprach man doch schon damals vom TV-War (aktuellstes Beispiel: der Golfkrieg Anfang 1991).
Im Zeitraum von 1947 bis 1965 entstand ein rundes Dutzend Kriegsfilme, deren Schauplatz Vietnam war. Sie unterscheiden sich überhaupt nicht von den traditionellen Welt- und Koreakriegsfilmen und unterwerfen sich den gängigen Handlungsmustern (vgl. Kapitel 1 und 2). In der Folge werden nun Filme behandelt, die exemplarisch die unterschiedlichsten vietnamspezifischen Elemente aufweisen.

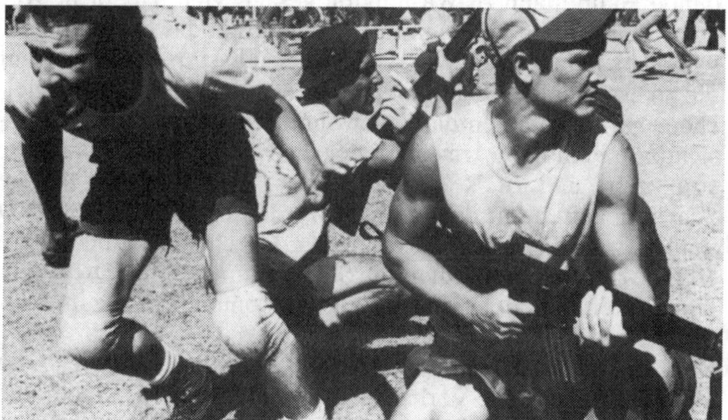

›The Boys in Company C‹: Ein Football-Spiel mit tödlichem Ausgang

The Boys in Company C (1977), von Sidney J. Furie, erzählt die Geschichte einer Einheit vom Zeitpunkt des Einrückens der Männer über ihre Ausbildung bis zum Kampfeinsatz. Zunächst werden die Personen vorgestellt: Tyrone Washington (Stan Shaw) ist ein harter schwarzer Drogenhändler, Vinnie Fazio ist sexbesessen, Jay Pike (Andrew Stevens) ein professioneller Football-Spieler, Dave Bisbee ein Spāthippie und Alvin Forster ein angehender Schriftsteller (der Vergleich mit Norman Mailer sei gestattet), der gleichzeitig als Chronist fungiert. Ihr Schlachtruf lautet: »We're the biggest, baddest, meanest mother-fuckers in the valley« (»Wir sind die größten, schlimmsten und fiesesten Hurensöhne im Tal«) – dagegen ist selbst die Ballade der »Green Berets« ein Ohrenschmaus.
Die Art, wie die Protagonisten in die Handlung eingeführt werden, ist durchaus traditionell, nur die Charaktertypen sind auf den Stand der 70er Jahre gebracht. Am Ende der Grundausbildung mehren sich jedoch die Hinweise auf Vietnam. So verläßt die Soldaten, je näher der Tag der Einschiffung rückt, ihr Zynismus. In einer Szene kuschelt sich ein Rekrut spielerisch in einen Leichensack ein, befreit sich aber panikartig daraus, als er erfährt, wozu dieser dient.
Die Szenen, die in Vietnam spielen, machen dem Zuschauer schließlich bewußt, wie der Krieg dort geführt wurde. Schon während der Grundausbildung in den Staaten hatte der ausbildende Hauptmann zu Washington gesagt: »Ich habe acht Wochen Zeit, diesen verdammten Scheißkerlen das beizubringen, was du in 20 Jahren auf der Straße gelernt hast«, ein Hinweis auf die zu erwartenden Guerillakämpfe, die Ghettoschlachten gleichen. Hinzu kommen die ungewohnte Umgebung und der unsichtbare Feind, ein Umstand, der die Nerven der Soldaten arg strapaziert und zu Reibereien unter ihnen führt. Sogar die Schwierigkeiten mit der Hygiene werden erwähnt: »More VD than VC« (VD = veneral disease = Geschlechtskrankheiten; VC = Vietcong), formuliert ein Soldat sehr treffend. Die Unzulänglichkeiten in der eigenen Führung kommen auch zum Ausdruck.
So transportiert Hauptmann Collins, ein Mann, der viel Wert auf hohe gegnerische Verluste legt (er zählt Frauen, Kinder und Greise in seiner Statistik mit und macht dabei kaum Unterschiede zwischen Freund und Feind), unter höchsten Opfern

eine Ladung Whisky und Zigaretten durch Feindesland, nur um einem befreundeten General einen Gefallen zu erweisen.
Schlimmer als Collins ist nur noch der Führer der südvietnamesischen Verbündeten, Oberst Trang. Washington hatte den Plan entwickelt, in Leichensäcken Rauschgift in großem Stil in die USA zu schmuggeln, da diese vom Zoll bestimmt nicht kontrolliert würden. Als er aber erfährt, daß Trang gar keine Einwände gegen diesen Plan hat, sondern nur ordentlich am Gewinn beteiligt sein will, läßt er angewidert von seiner Idee ab.
Im Finale dieses Streifens herrschen normale Kriegsfilmmuster vor. Die Amerikaner sollen ein Football-Spiel gegen eine südvietnamesische Profimannschaft bestreiten. Im Falle eines Sieges wird ihnen eine Tournee durch befreundete Länder versprochen, was eine lange Kampfpause bedeuten würde. In der ersten Halbzeit führen die Soldaten überlegen, dann aber ändert der südvietnamesische Oberst Trang, der das Spiel initiiert hat, seine Meinung: Für die Moral seiner Truppen sei es doch besser, wenn die Amerikaner verlören. Eine Zeitlang gehen die GIs auf dieses Ansinnen ein, folgen dann aber Pikes Beispiel und drehen das Spiel endgültig zu ihren Gunsten um. Trang ist außer sich vor Wut, weil ihn die Soldaten lächerlich gemacht haben. Es bleibt ihm nur die Genugtuung, daß die Tournee damit hinfällig geworden ist. Zu dieser wäre es jedoch ohnehin nicht gekommen, denn kurz vor dem Moment, in dem das Match abgepfiffen wird, greifen die Vietcong an. Alvin und Vinnie sind die ersten Toten.
Am Ende hat sich der Film wieder vollends der genreüblichen Moral verschrieben – schwache Charaktere können im Kampf noch zu guten Amerikanern werden.
In *Go Tell the Spartans* (1978), von Ted Post, muß Major Asa Barker (Burt Lancaster) ein vietnamesisches Dorf auskundschaften, das sein Vorgesetzter für strategisch wichtig hält. Die Siedlung erweist sich als Schlupfwinkel des Vietcong. Es kommt zu schweren Gefechten.
Ted Post vermittelt einen guten Eindruck vom Wesen des Vietnamkriegs und seiner Beteiligten. Der Major ist ein desillusionierter Berufssoldat, der seine Chancen auf eine weitere Beförderung dadurch verspielt hat, daß er ein Verhältnis mit der Frau seines Vorgesetzten hatte. Die Amerikaner, die Südvietnamesen und der Vietcong werden alle gleich präsentiert: neurotisch, launisch, grausam und feige. Selbst der Anführer der Verbünde-

ten der Amerikaner, ein Vietnamese namens Cowboy (Evan Kim), wird trotz seiner Grausamkeit menschlich gezeigt.
Etwas zum Klischee gerät nur Oberst Minh, der in einem kolonialen Empfangszimmer residiert, eine hübsche Dolmetscherin beschäftigt, gestelzt spricht und über einen unermeßlichen Vorrat französischen Cognacs verfügt. Aber da der Film 1964 spielt, kann man ihm zugute halten, daß in der Führungsspitze der Vietnamesen noch französisches Savoir-vivre gepflegt wird.
Auf die übliche Mischung verschiedener Typen wird nicht verzichtet. Da gibt es den schießwütigen, naiven Hamilton, den intelligenten, verantwortungsbewußteren Courcey, den polternden, trinkfreudigen Sergeanten Oleonowsky und einen Korporal Abraham Lincoln, dessen einzige Übereinstimmung mit seinem berühmten Namensvetter seine hagere Physiognomie ist.
Go Tell the Spartans (diese Worte finden sich am Eingangsportal des französischen Friedhofs in Muc Wa, dem Ort der Handlung; sie beziehen sich auf Herodots Beschreibung der Schlacht bei den Thermopylen, in der die Spartaner vom persischen Heer vernichtet wurden) ist ein Werk, welches die politischen und moralischen Ungereimtheiten der amerikanischen Einmischung in

Burt Lancaster erteilt in ›Go Tell the Spartans‹ Befehle

›Go Tell the Spartans‹: Evan Kim alias ›Cowboy‹ beim Verhör zweiten Grades

Vietnam gekonnt herausarbeitet. Nie wirkt etwas aufgesetzt oder verfälscht, man hat das Gefühl, daß der Regisseur genau mit den nicht klar definierten Bestandteilen des Vietnamgenres umzugehen weiß.

Auch Michael Ciminos *The Deer Hunter* ist aus diesen Bestandteilen zusammengesetzt: Die Freunde Michael (Robert De Niro), Nick (Christopher Walken), Steven (John Savage), Stan (John Casale) und Axel (Chuck Aspegren) leben in der (fiktiven) Industriestadt Clairton und arbeiten im dortigen Stahlwerk. Ihre Freizeit verbringen sie im Lokal ihres Freundes John (George Dzundza). In der Jagdsaison gehen sie an den Wochenenden in den nahegelegenen Allegheny-Bergen auf Rotwildjagd. Im Jahre 1968 erhalten Michael, Nick und Steven ihren Einberufungsbefehl für Vietnam. Noch vor ihrer Abreise heiratet Steven Angela (Rutanya Alda), die ein Kind von ihm erwartet. Nach der russisch-orthodoxen Trauungszeremonie findet eine ausgelassene Feier statt. Nicks Freundin Linda (Meryl Streep) verspricht, auf ihn zu warten; sie will ihn nach seiner Rückkehr aus Südostasien ehelichen.

Am nächsten Morgen brechen die Freunde zu ihrer letzten gemeinsamen Jagd auf. Bei dieser trunkenen Expedition erweist sich Michael als rationaler Anführer mit Durchsetzungsvermö-

›The Deer Hunter‹: Die Hochzeitsfeierlichkeiten stehen unter einem unglücklichen Stern

gen. Ihm gelingt es als einzigem, einen kapitalen Hirsch mit nur einem Schuß zu erlegen.

Bei einem Einsatz in Nordvietnam werden Michael, Nick und Steven vom Vietcong gefangengenommen, der mit ihm ein grausames Spiel treibt: Die Soldaten zwingen ihre drei Gefangenen, russisches Roulett zu spielen. Steven hält bald der nervlichen Belastung nicht mehr stand und bricht zusammen. Michael gelingt es, durch eine List und mit Nicks Hilfe, die Bewacher zu töten. Die drei machen sich auf die Flucht; als ein amerikanischer Hubschrauber sie entdeckt, glauben sie sich gerettet. Unter schwerem gegnerischem Feuer versucht die Helikopterbesatzung, die Freunde an Bord zu ziehen. Nick wird gerettet, Michael und Steven bringen sich zu Fuß in Sicherheit.

Nach Nicks Entlassung aus dem Militärhospital irrt er durch die Straßen Saigons und sucht Michael. Er hat nach dem psychischen Druck, unter dem er in der Gefangenschaft stand, sein seelisches Gleichgewicht noch nicht wiedererlangt. In dieser Si-

tuation trifft er den Franzosen Julien (Pierre Segui), der ihn dazu bringt, in finsteren Spelunken gegen hohen Einsatz russisches Roulett zu spielen.
Michael kehrt nach Clairton zurück. Als er sieht, daß sich seine Freunde bei ihm zu Hause zur Willkommensparty versammelt haben, kann er sich nicht überwinden, das Haus zu betreten. Erst am nächsten Morgen – alle außer Linda sind inzwischen gegangen – zieht er wieder in sein altes Heim ein. Michael erfährt, daß auch Steven aus dem Krieg zurückgekehrt ist. Als er ihn in der Rehabilitationsklinik besucht, sieht er, daß sein Freund beide Beine verloren hat und für immer an den Rollstuhl gefesselt ist. Außerdem zeigt Steven Michael eine Schublade voll Geld, welches Nick ihm regelmäßig aus Vietnam schickt.
Michaels Versuche, wieder Anschluß an das alte Leben zu finden, scheitern. Mit Stan, Axel und John geht er auf die Jagd, ist aber nicht mehr fähig, Wild zu töten. Er gerät sogar in einen ernsthaften Streit mit Stan, in dessen Verlauf er diesen fast umbringt. Nicht einmal die, inzwischen intime, Freundschaft mit Linda kann ihn wieder völlig aufrichten.
Er fliegt nach Saigon, um Nick zu finden und heimzubringen. Die Stadt ist ein einziges Chaos, sie befindet sich im totalen Zusammenbruch. Michael stößt auf Julien und zwingt diesen, ihn zu Nick zu führen. Nick erkennt den alten Freund nicht mehr. In seiner Verzweiflung tritt Michael zu einer Runde russisches Roulett gegen Nick an. In dem Augenblick, als sich der Schuß löst, der Nick tötet, erfaßt dieser, wer sein Gegenüber ist. Bei Nicks Beerdigung in Clairton sind alle Freunde wieder versammelt.
Die 29. Internationalen Filmfestspiele in Berlin begannen mit einem Eklat: Aus Protest gegen den amerikanischen Wettbewerbsbeitrag *The Deer Hunter* zogen die Delegationen der Sowjetunion, Ungarns, Bulgariens, der DDR, der Tschechoslowakei und Kubas ihre Filme zurück und reisten ab. Ihre Begründung lautete, daß *Die durch die Hölle gehen,* so der deutsche Verleihtitel, die Bevölkerung von Vietnam und ihren heldenhaften Befreiungskampf diffamiere. Im selben Jahr, 1979, gewann der Film fünf Oscars, darunter den für die beste Regie und den begehrtesten, für den gelungensten Film des Jahres. Diese beiden Tatsachen stehen exemplarisch für die Kontroversen, die das Werk hervorrief; eine Partei verdammte den Film als Mach-

werk übelster Sorte, die andere lobte ihn in den höchsten Tönen. Der 183 Minuten lange *Deer Hunter* ist in drei etwa gleich lange Kapitel aufgeteilt, nämlich »vor« Vietnam, »in« Vietnam und »nach« Vietnam. Die gesamte Reichweite des Kriegseinflusses auf die USA und deren Bürger wird geschildert. Cimino selbst sagt, daß er einen Film über die Vereinigten Staaten habe drehen wollen, nicht über Vietnam. Er habe zeigen wollen, wie der Krieg dazu beigetragen habe, Amerika und seine alten Werte, z. B. den Individualismus, wiedererstarken zu lassen.

›The Deer Hunter‹: Robert De Niro und John Savage in den Klauen des Vietcong

Michael Cimino gibt Robert De Niro in ›The Deer Hunter‹ Regieanweisungen

Das läßt sich durch viele Szenen des Films belegen, z. B. am Topos der Jagd, einem Zentralthema Hemingways. Hier kann ein Mann sich beweisen; im reinen Wettbewerb messen sich Mensch und Tier, wobei Michael, der Jäger, auf seinen Verstand und die Technik (sein Gewehr) angewiesen ist, und der Hirsch, das Wild, seine ausgeprägten Sinne und die ihm eigene Behendigkeit nutzt. Sieger ist derjenige, der seine Vorteile besser zur Geltung bringt. Der Titel des Werks verweist schon auf dieses Sujet und erinnert an James F. Coopers Romanklassiker »The Deer Slayer«.

Im ersten Drittel des Films wird eine heile Welt präsentiert, wenn man davon absieht, daß Clairton (clair,e = französisch für klar, hell, deutlich), der Heimatort der Protagonisten, eine schmutzige Industriestadt ist.

Die Freunde haben gutbezahlte Berufe, frönen ihren Hobbies, verkehren mit hübschen Mädchen und stammen aus intakten Familien. Ihre Stadt hat ein gewisses Flair und scheint kein Verbrechen zu kennen. Im Hinterland gibt es ein wunderbares Gebirge,

das als Kulisse für eine Camel- oder Marlboro-Reklame dienen könnte. Ort und Umstände muten im Vergleich zu Vietnam paradiesisch an.
Das Land im Fernen Osten sieht immer noch so aus, wie Asien in den Filmen der 30er Jahre dargestellt wurde. Das Bild hat sich seit Josef von Sternbergs *Shanghai Express* (1932) nicht verändert: überfüllte, schmutzige Straßen, verpestete Kanäle, Opiumhöhlen, betrunkene, ausgebeutete Matrosen und mandeläugige, verführerische Prostituierte. Natürlich fehlt auch der verbrecherische französische Kolonialist nicht – er feiert den Untergang und macht riesige Geschäfte. Durch Julien wird Nick eigentlich erst drogensüchtig.
Vietnam ist die Hölle auf Erden, sagt der Film, aber nicht, weil es die Amerikaner dazu gemacht haben, sondern weil es schon immer so war. Die Frage lautet nicht: »Warum sind wir in Vietnam?«, sondern »Wie kann es der Präsident zulassen, daß unsere Jungs von ›gooks‹ (= abfällige Bezeichnung für einen Orientalen, auch ›dink‹ oder ›slope‹) verdorben werden?«
Wie werden die »gooks« in *The Deer Hunter* dargestellt, die Menschen, die einerseits verteidigt und andererseits bekämpft werden müssen?

›The Deer Hunter‹: Ordnung muß sein!

Von den Südvietnamesen, den Verbündeten der USA, ist fast nichts zu sehen – sie scheinen im Krieg keine Rolle zu spielen. Nur zweimal tauchen sie auf: Erstens, als Michael den schwerverletzten Steven in Sicherheit bringt und dabei auf eine Flüchtlingskolonne stößt, die auf der Interstate 9 nach Saigon zu gelangen sucht. Hier erscheint ein ARVN-Jeep (ARVN = südvietnamesische Regierungstruppen), dessen Besatzung förmlich gezwungen werden muß, den Verwundeten auf der Kühlerhaube in ein Lazarett zu transportieren. Und zweitens als Opfer und Gefangene des Vietcong in den Szenen, in denen russisches Roulett gespielt wird. Ansonsten dienen die Einheimischen ausschließlich als Statisten und Objekte, die das Leinwandbild füllen müssen.
Die Nordvietnamesen, die Feinde, werden etwas prominenter ins Licht gerückt, denn an ihnen sollen die Gründe für den Krieg erläutert werden. Die Darstellungsform des Feindes hat sich im Vergleich zu früheren Kriegsfilmen verändert: In den Weltkriegsfilmen waren die Deutschen oder die Japaner die Bösen, in den Koreakriegsfilmen die Nordkoreaner, Menschen also, die finstere Ziele wie Expansion oder globale Macht, Wirtschaftskontrolle und Rassenvorherrschaft anstrebten. Sie waren auf ihre Art teuflisch und genial, hatten besondere Waffen und Fähigkeiten. So wie diese Leute dargestellt wurden, luden sie einfach dazu ein, daß man sie haßte und bekämpfte.
Der Vietcong verfolgt keinen Endzweck mehr; er repräsentiert vielmehr die Furcht des Westens vor der gelben Rasse. Dieser Gegner verbreitet nur noch Angst und Schrecken, begeht Mord und Totschlag. Er schleudert Handgranaten in Verstecke, in denen Frauen, Greise und Kinder Zuflucht gesucht haben, und läßt wehrlose Gefangene russisches Roulett spielen.
Der traditionelle Krieg findet nicht mehr statt, wie die quälend lange, hervorragend inszenierte Gefangenensequenz beweist. Der Handlungsort ist eine Bambushütte mitten im Busch – ohne jede strategische Bedeutung –, an der ein Fluß vorbeifließt. In einem Käfig, der ins Wasser gebaut ist, sind die Gefangenen untergebracht. Von Zeit zu Zeit wird einer von ihnen herausgezogen und zum Unterstand gebracht, wo der Vietcong nicht Informationen aus den Häftlingen herauspressen, sondern ein grausames Spiel mit ihnen treiben will.
Um ihrer Wettleidenschaft frönen zu können, zwingen die Peini-

›The Deer Hunter‹: Christopher Walken in den Klauen des Vietcong

ger ihre Gefangenen, russisches Roulett zu spielen, und setzen dabei auf Überleben oder Tod. Eine sinnlose und brutale Unterhaltung, die zwar als eine sehr gelungene Metapher für den Krieg verstanden werden kann, mit der Realität des Vietnamkriegs jedoch nichts mehr zu tun hat.

Bezeichnend ist, wie es Michael gelingt zu fliehen: Dadurch, daß er mehr Kugeln in den Revolver laden darf, verschafft er sich eine winzige Chance zu entkommen. Seine Bewacher, die zu dumm sind, diese List zu durchschauen, rechnen mit seinem vorzeitigen Tod und erhöhen ihre Wetteinsätze. Ohne Verdacht zu schöpfen, haben sie sich ihr eigenes Grab geschaufelt, da sie sich mehr dem Zeitvertreib als dem Kampf gewidmet haben.

Die Amerikaner verlieren also nicht mehr durch Feindeinfluß, sondern durch eigene Fehler: Nick erschießt sich selbst, er hat ein vietnamesisches Laster übernommen, das ihn das Leben kostet. Seine Assimilation an Land und Leute wird für ihn tödlich. Steven erleidet seine Verletzungen nicht direkt durch gegnerischen Einfluß, sondern durch eigene Schwäche: Er kann sich nicht an den Kufen des Hubschraubers, der die drei Soldaten zu retten versucht, festhalten und stürzt in seichtes Wasser, wobei er sich beide Beine zerschmettert.

Nur Michael, der geborene Jäger, überlebt unbeschadet, denn er wird mit jeder Situation fertig und trifft in Augenblicken höchster Gefahr instinktiv die richtige Entscheidung.
Der Krieg an sich wird nie in Frage gestellt, er wird als gegeben hingenommen. Vietnamspezifische Kriegstechnik wie Hubschrauber, Flammenwerfer, Splittergranaten, Giftgas und der Dschungelnahkampf machen das eigentlich Neue an diesem Kriegsfilm aus.
Als Nick im Lazarett zum Fenster hinaussieht, erkennt er, wie Tote in »body bags« (= Leichensäcke aus Plastik) von Lastwa-

›The Deer Hunter‹: Michael und Steven versuchen sich an den Kufen des Helikopters in Sicherheit zu bringen

gen abtransportiert werden. Diese Szene deutet die totale Mechanisierung und Modernisierung der militärischen Auseinandersetzung an.

Die Verrohung des einzelnen wird stark spürbar. So befreien Michael und Nick nur Steven, ihren Freund, aus der Wasserzelle. Die übrigen Gefangenen, zu denen sie keine Beziehung haben, sind ihnen gleichgültig. In Aussehen und Kleidung gleichen sich die streitenden Parteien – sie haben sich innerlich und äußerlich der Wildnis des Urwalds angepaßt.

Eine Hilfestellung zum Verständnis des Vietnamkonflikts wird nicht gegeben. Nichts deutet darauf hin, daß der Krieg kritisiert oder verdammt wird, der Gute und Starke überlebt immer noch. Jetzt verfolgt die kriegerische Auseinandersetzung jedoch keine konkreten Ziele mehr, zumindest werden keine angedeutet. Nur das zerbombte Saigon, die Stadt, in der nichts mehr zu existieren und zu funktionieren scheint, deutet auf die erste militärische Niederlage der USA hin.

In gleichem Maß spektakulär war Francis Ford Coppolas *Apocalypse Now,* für den er drei Jahre im philippinischen Dschungel drehen mußte: Saigon im Jahre 1969. Hauptmann B. L. Willard (Martin Sheen) ist Mitglied der Special Forces und soll sich nach Na Trang in das Hauptquartier der CIA begeben. Dort erhält er den Geheimauftrag, einen gewissen Oberst Walter E. Kurtz (Marlon Brando) aufzuspüren, ihn seines Amtes zu entheben und zu beseitigen.

Oberst Kurtz, einst als Militärgenie gefeiert, scheint im Dschungel wahnsinnig geworden zu sein. An der kambodschanischen Grenze übt er eine Terrorherrschaft aus und ermordet jeden, der in seine Nähe kommt. Auch die Funksprüche, die man aus seinem Lager abgehört hat, lassen darauf schließen, daß Kurtz übergeschnappt ist.

In einem kleinen Patrouillenboot begibt sich Hauptmann Willard auf die Reise. Niemand darf etwas von seinem Auftrag erfahren, da es fatale Folgen haben könnte, wenn das abnorme Verhalten eines angesehenen Offiziers in der Öffentlichkeit bekannt werden würde.

Die Mannschaft um Willard besteht ausschließlich aus Jugendlichen. Der Hauptmann nennt sie Rock'n'Roller, die mit einem Bein schon im Grab stehen. Lance (Sam Bottoms) ist ein ehemaliger Surf-Champion, der Schwarze Clean (Larry Fishburn) ist

Asche zu Asche, Staub zu Staub … Nick wird in ›The Deer Hunter‹ zu Grabe getragen

17 und kommt aus der Bronx, »Chef« (Frederic Forrest), der Maschinist, ist aus New Orleans. Der Patrouillenführer Philips komplettiert die kleine Crew. Zunächst nimmt Willard Kontakt zu Oberst Kilgore (Robert Duvall) auf. Er soll das Boot mit seinen Hubschraubern zum Mündungsgebiet des Nang-Flusses führen. Kilgore ist ein Draufgänger, der bei dem Geruch von Napalm in Verzückung gerät. Er liebt Wagner, seinen Kavalleriehut aus dem amerikanischen Bürgerkrieg und das Surfen. Als er in Lance den ehemaligen Super-Surfer erkennt, beschließt er, einen Vietcong-Stützpunkt dem Erdboden gleichzumachen, damit Lance in einer Lagune seine Künste zeigen kann. Während der feindliche Stützpunkt unter einem Napalmteppich in Flammen aufgeht, muß Lance mit dem Surfbrett ins Wasser.
Wenig später erreicht das Boot ein Treibstoff- und Versorgungslager. Inmitten des Dschungels wurde hier eine gigantische, grellbunte Bühne aus dem Boden gestampft, auf der ein Hubschrauber Playgirls, die eine Show geben, ablädt.
Die Fahrt der Patrouille wird immer unheimlicher. Die Umgebung wirkt bedrohlich, und die Mannschaft verhält sich immer eigenartiger. Einige Mitglieder verlieren die Nerven und mähen bei einer Kontrolle die harmlose Besatzung einer vietnamesischen Dschunke nieder.

›Apocalypse Now‹: Das Platoon von Oberst Kilgore hat das vietnamesische Dorf vom Vietcong ›befreit‹

Das Ziel scheint fast erreicht, als sie an der Do-Lung-Brücke auf eine Einheit treffen, die vom Krieg so gezeichnet ist, daß sie gar nicht mehr weiß, wer eigentlich ihr Feind ist. Kurz darauf werden Clean und Philips von Pfeilen und Speeren durchbohrt. Das Reich von Oberst Kurtz, eine halbversunkene Tempelstadt, ist erreicht. Ein verrückter Photograph (Dennis Hopper), der einzige Weiße unter grellgeschminkten Eingeborenen, gibt schließlich den letzten Hinweis auf Kurtz' Standort und vermittelt ein Gespräch mit diesem.
Die Begegnung mit Kurtz ähnelt einem Drogen-Trip. Willard wird zwar verschont, aber seinem Kameraden schlägt man den Kopf ab. Nun ist es an Willard, seinen Auftrag zu erfüllen. Und auf bestialische Weise ermordet er den Oberst.

1976 begann Francis Ford Coppola mit den Vorarbeiten zu seinem bis dahin ehrgeizigsten Projekt. Er wollte *den* Film über Vietnam drehen. Der Zeitpunkt dafür war günstig gewählt; der Krieg in Südostasien war schon zu einem Fall für die Historiker geworden, die ungeliebten Präsidenten Nixon und Ford waren durch den »Saubermann« Carter ersetzt und die Watergate-Affäre in Vergessenheit geraten.
Der Regisseur, der, nach eigener Aussage, seine Karriere nach dem Vorbild Adolf Hitlers geplant hatte, war gewillt, sein gesamtes Vermögen und seinen guten Ruf als Filmemacher für *Apocalypse Now* aufs Spiel zu setzen. Mit riesigem Aufwand und einem Budget, das sich schließlich auf 31 Millionen Dollar belief, machte er sich auf den Philippinen ans Werk. Als Vorlage für den Film dienten Joseph Conrads Erzählung »Heart of Darkness«, Michael Herrs Vietnamkriegsbericht »Dispatches« (derselbe Autor verfaßte für den Film Willards inneren Monolog) und John Milius' (Coppola bezeichnete diesen als »Mussolini of Bay Area«) Originaldrehbuch, das aus dem Jahr 1969 stammte (einen Teil des Stoffes verarbeitete dieser 1978 selbst zu dem Film *Big Wednesday*).
Als das Werk 1979 endlich in die Kinos kam, war es schon fast zu einer Legende geworden, wozu unter anderem die horrende Ga-

›Big Wednesday‹: Jan-Michael Vincent, Gary Busey und William Katt (v. l. n. r.) halten nach der besten Welle Ausschau

genforderung Marlon Brandos, die fast tödliche Herzattacke Martin Sheens und die Verwüstung der bereits fertiggestellten Bauten durch einen Wirbelsturm sowie die Exzentrik Coppolas (so ließ er sich z. B. Hamburger einfliegen) beitrugen. Das Ergebnis des gewaltigen Vorhabens ist, so erklärte Francis Ford Coppola nach der Welturaufführung von *Apocalypse Now* auf der Pressekonferenz in Cannes, »... kein Film über Vietnam, sondern Vietnam selbst. Und schließlich noch nicht einmal ein Film über den Krieg selbst, sondern über Grundsituationen menschlichen Daseins, wie sie in einem Krieg auftreten.«

Die ersten Worte des Films singt Jim Morrison von der Gruppe »The Doors«: »This is the end – my friend – the end«, und dabei

›Apocalypse Now‹: Der Dschungel geht in Flammen auf, und Jim Morrison singt: ›This is the end, my friend ...‹

sieht man den saftig grünen Dschungel durch Napalmbomben in Flammen aufgehen.
Man befindet sich bereits mitten in der Katastrophe Vietnam und wird in der Folge nie aus ihr entlassen.
Die zweite Szene führt die Hauptperson Willard ein, der gerade versucht, sich von seinen Alpträumen zu befreien, als zwei Militärpolizisten kommen, um ihn zu einer Sonderbesprechung abzuholen. Wessen er angeklagt sei, fragt er, da er sich keiner Schuld bewußt ist. Seine Gewissensbisse sind nur so zu deuten: Wenn der ganze Krieg ein Verbrechen ist, wie lassen sich dann Kriegsverbrechen definieren?
In Na Trang wird eine weitere Ungerechtigkeit des Krieges vor Augen geführt: Bei einem lukullischen Mahl in gepflegter Umgebung weihen zwei Offiziere und ein nicht näher beschriebener Zivilist (dies und die Tatsache, daß er sehr einflußreich zu sein scheint, weisen ihn als CIA-Mann aus) den Hauptmann in seine Aufgabe ein. Dabei sind Menschen nur Zahlen oder Figuren, die geopfert werden müssen, um das gesteckte Ziel zu erreichen. Ob die Endabsicht vertretbar oder notwendig ist, steht nicht zur Debatte, wichtig ist ausschließlich die Erfüllung des Vorhabens, wobei Leben und Kosten keine Rolle spielen. Die Drahtzieher, die Mächtigen, befinden sich im Hintergrund in Sicherheit.
Beim Zusammentreffen mit Oberst Kilgore werden Willard und die Zuschauer an die Front versetzt. Hier wird deutlich, daß der Vietnamkrieg ein Krieg ist, der nicht mehr mit seinen »klassischen« Vorgängern zu vergleichen ist und somit auch andere Soldaten braucht bzw. hervorgebracht hat. Oberst Kilgore ist der Held, der seine Sporen bestimmt schon in Korea verdient hat. Mit seinem Kavalleriehut beschwört er ruhmreiche Zeiten, nur das Pferd hat er mit einem Hubschrauber vertauscht. Das Motto des modernen Kampfes hat er auf die Nase seines »Rosses« malen lassen: »Death From Above« (Tod von oben). Die größer gewordenen Gefahren kompensiert er damit, daß er sich für unverwundbar hält – er ist ein irrationaler Held. Seinem Steckenpferd, dem Surfen, frönt er unbeeindruckt auch im Kampfgetümmel; einer idealen Brandung wegen greift er eine Vietcong-Stellung an. Für die ihm anvertrauten Männer empfindet er wie ein Vater, ja er geht sogar so weit, daß er seine »Unsterblichkeit« auf sie projiziert: Er garantiert Lance, daß es ungefährlich sei, während des Kampfes zu surfen, und behält recht.

Oberst Kilgore (Robert Duvall) gibt seinen Jungs in ›Apcalypse Now‹ Befehle

Eine der Angriffstechniken des Oberst Kilgore besteht darin, über Lautsprecher Wagners »Walkürenritt« in voller Lautstärke abzuspielen. »Um die Schlitzaugen zu Tode zu erschrecken«, wie er erläutert. Diese Umstände und Kilgores Äußerung: »Ich liebe am Morgen den Geruch von Napalm«, veranlassen Willard zu folgender Überlegung: »Wenn das Kilgores Art ist, den Krieg zu führen, dann möchte ich gerne wissen, was sie wirklich gegen Kurtz haben.«

In dieser Szene wird auch der Feind zum erstenmal vorgestellt. Zunächst erkennt man ein idyllisches Dorf, hört friedlichen Gesang und sieht eine Gruppe Schulkinder – alles Dinge, die auf Harmlosigkeit hinweisen. Im Gegensatz dazu steht Kilgores Aussage, daß die Siedlung ein Stützpunkt des Vietcong sei. Erst nach Beginn des amerikanischen Angriffs bewahrheitet sich diese Behauptung; so wirft zum Beispiel eine junge Vietnamesin eine Bombe in den Rettungshubschrauber der Amerikaner, und es stellt sich heraus, daß der Ort viele schwerbewaffnete Männer beherbergt. Aber die Kampfhandlungen des Vietcong werden als durchaus verständliche Abwehr eines Angriffs gezeigt. Es

handelt sich also hier um keine einseitige Darstellung des Feindes, der nur grausam und tückisch ist, sondern um Menschen, die ihr Leben möglichst normal zu gestalten suchen, sich aber durchaus zu verteidigen wissen.
Die Schwierigkeit der Amerikaner, den Gegner zu erkennen, wird ebenfalls behandelt. Das Problem, in einem fremden Land einen Freund von einem Feind zu unterscheiden, wird bei der Durchsuchung der Dschunke offenkundig. »Chief« vermutet Waffen an Bord der Vietnamesen, Willard ist überzeugt, daß es sich um einfache Bauern handelt; keiner kann den anderen von der Richtigkeit seiner Vermutung überzeugen. Als ein junges Mädchen eine schnelle Bewegung macht, entlädt sich die Angst der Soldaten vor den Orientalen – impulsiv wird die gesamte Familie erschossen. Dann stellt sich jedoch heraus, daß die Sorge des Mädchens einem kleinen Hund galt, eine zutiefst menschliche Regung. Die Reaktion der Soldaten auf ihren Fehler ist konsequent – das Hündchen wird fortan ihr Maskottchen. In dieser Szene wird klar, unter welcher Anspannung die Besatzung des Patrouillenboots steht. Nach außen geben sich alle gelassen, innerlich verspüren sie Todesangst. Land und Leute sind ihnen vollkommen fremd und unerklärlich. Den Sinn ihrer Anwesenheit in Vietnam begreifen sie nicht, Gründe für den Kampf gibt es nicht. Sie gehorchen nur Befehlen, mehr nicht. Vielleicht erklärt sich daraus der Umstand, daß die Amerikaner bemüht sind, sich in Vietnam zu Hause zu fühlen – der Kolonialismus als andere Seite des Isolationismus. Die Soldaten (bzw. Neokolonialisten) verlassen in Wirklichkeit niemals ihre Heimat, sie versuchen vielmehr, ihre neue Umgebung der alten anzupassen. Wie sonst sind die riesigen Lager amerikanischer Zigaretten und Schokolade, die vertraute Rockmusik, die improvisierte Grillparty Kilgores und die USO-Show (USO = United Service Organization) mitten im Urwald zu deuten?
Diese Aufführung ist einer der perversesten Momente in *Apocalypse Now*. Mitten in die ursprünglichste Natur wird mit modernster Technik eine Bühne gebaut, deren Standard Las Vegas genügen würde. Alles funktioniert wie daheim: lachende, freundliche Mädchen, ein alberner Conférencier und grölende, ausgelassene Männer. Selbst dem Prinzip Hugh Hefners, des legendären Herausgebers des »Playboy« – »Ansehen, ja, aber nicht anfassen« –, wird Rechnung getragen: Als die Soldaten drohen,

außer Kontrolle zu geraten, werden die Bunnies schleunigst mit einem Hubschrauber abtransportiert.

Nach diesem Intermezzo wird der Film zunehmend irrealer. Immer näher kommt das Patrouillenboot dem »Herz der Finsternis«.

Die Umgebung wird bedrohlicher, die Soldaten verfallen zusehends. Ihr Wirklichkeitsbewußtsein kommt ihnen abhanden. Sie beginnen, sich wie Eingeborene zu bemalen, und passen sich Fauna und Flora an. Die Drogen, die sie zunächst nahmen, um ihre Furcht zu bekämpfen, wirken jetzt stimulierend und machen sie für die Reize des Urwalds empfänglich. »Chef«, der Ex-Saucier, beschließt spontan, Mangos zu pflücken, um daraus eine delikate Mahlzeit zu kochen. Im Dschungel wird er von einem Tiger in die Flucht geschlagen, ein Faktor, mit dem er nicht gerechnet hatte – aus Furcht vor dem Vietcong hatte er die natürlichen Gefahren des Waldes vergessen.

Eine Vorstellung von der Realität des Vietnamkriegs bietet die Episode, in der das Boot an die kambodschanische Grenze gelangt. Die Demarkationslinie verläuft über die Do-Lung-Brücke, an der die verschiedenartigen Weisen der Kriegführung beider Seiten aufeinandertreffen. Die amerikanische Seite ist hoch technisiert und mit modernstem Gerät ausgestattet, die nordvietnamesische agiert »primitiv«, sie hat sich den Gegebenheiten angepaßt und bevorzugt lautlose Guerillataktiken. Die beleuchtete Brücke repräsentiert die eine Partei, das finstere Unterholz die andere. Dementsprechend verläuft der Kampf; wer gegen wen antritt, ist nicht auszumachen, wo der Feind steht, nur zu vermuten. Auf die Frage eines Besatzungsmitglieds, wo man sich hier befinde und worum es gehe, hat ein Soldat die Beschreibung »am Arsch der Welt« parat.

Endlich gelangt das Patrouillenboot an seinen Bestimmungsort, das Lager, an dem Oberst Kurtz wie ein absolutistischer Monarch regiert. An der Darstellung des verrückten »Herrn der Finsternis« zeigt sich, wohin totaler Machtwille führt. Oberst Kurtz, ein Mann mit großer Zukunft, ist den Verlockungen der totalen Herrschaft erlegen, er repräsentiert Regierung und Lebensart der USA in seiner »Kolonie«.

Genauso wie Kurtz nur als rein charismatische Figur, als Träger des Orakels, präsentiert wird, gibt es im Film keine vielschichtigen Personen. Niemand wird differenziert dargestellt, alle Ak-

›Apocalypse Now‹: Das Kanonenboot Erebus dringt ins ›Herz der Finsternis‹ vor.

teure werden zu Botschaftsträgern. Willard ist das Medium; durch seine Augen dringen die Erlebnisse in sein Gehirn ein, wo sie verarbeitet und durch den inneren Monolog dem Betrachter vermittelt werden. Deshalb werden seine Augen den ganzen Film über betont.

Oberst Kilgore vertritt das alte Amerika mit seinen Werten und Tugenden, er kämpft, beschützt und glaubt, auf den Lauf der Dinge keinen Einfluß mehr zu haben – er ist ein Relikt der Vergangenheit. Der Journalist in Kurtz' Lager ist der Chronist seines Meisters – er ist die »Presse«, er wird über Leben und Tod des Gottes vom Tempelbezirk schreiben und Bilder liefern. Vielleicht ist er sogar der nächste »Messias«.

Lance versinnbildlicht den lebenslustigen, allseits beliebten

›Apocalypse Now‹: Marlon Brando ist der ›Herr der Finsternis‹

sportlichen Jungen von nebenan, Clean, den musikbegeisterten, desillusionierten und zukunftslosen Schwarzen aus dem Ghetto, »Chef«, den träumenden Durchschnittsbürger und »Chief«, den realistischen Berufssoldaten. Die Eingeborenen sind die gesichtslose, ausgebeutete Masse und die Offiziere die anonymen Repräsentanten der Macht. Mit dieser Rollenverteilung zeich-

net Coppola ein grobes Schema der amerikanischen Gesellschaft.
Das Reich von Oberst Kurtz ist eine Metapher für Vietnam, eine riesige Geisterbahn, die keiner versteht und in der die gebotenen Spektakel tödlich sind. Kurtz steht für die besitzergreifenden Amerikaner mit Herrenmenschenmentalität, die von ihm beherrschten kambodschanischen Ureinwohner symbolisieren die Vietnamesen.
Nichts ist mehr begreifbar und alles möglich – Bilder und Töne versetzen einen in eine unbekannte Welt. Nicht einmal den Fernsehbildern, die täglich ausgestrahlt werden, ist zu trauen: In einem kurzen Zwischenschnitt ist ein Fernsehregisseur (Francis Ford Coppola selbst) zu sehen, der einen amerikanischen Angriff filmt. Während die Soldaten um ihr Leben kämpfen, schreit er Regieanweisungen: »Nicht in die Kamera schauen, Jungs, weiterkämpfen!«
Uncommon Valor (1983) war der Versuch des kanadischen Regisseurs Ted Kotcheff, mit einem »Missing in Action«-Plot an den Erfolg von *First Blood* (1982) anzuknüpfen: Colonel Jason Rhodes (Gene Hackman) ist felsenfest davon überzeugt, daß sein Sohn, der seit zehn Jahren in Vietnam vermißt wird, noch

›Uncommon Valor‹: Reb Brown, Fred Ward, Randall ›Tex‹ Cobb, Gene Hackman, Patrick Swayze, Harold Sylvester und Tim Thomerson (v. l. n. r.) sind die ›Verwegenen Sieben‹ (so der deutsche Verleihtitel)

am Leben ist. Er könnte in einem der gutgetarnten Kriegsgefangenenlager in Laos inhaftiert sein. Doch bei der Regierung stößt Rhodes mit seinen Vermutungen auf taube Ohren. Deshalb will er die Sache nun auf eigene Faust überprüfen.
Zunächst sorgt er für die notwendige finanzielle Unterstützung. Er sichert sich die Hilfe des texanischen Ölmagnaten Hugh MacGregor (Robert Stack), dessen Sohn ebenfalls als vermißt gilt. Nun begibt sich Rhodes auf die Suche nach den fünf Vietnamkämpfern, mit denen sein Sohn befreundet war. Sie sollen mit ihm noch einmal nach Südostasien zurückkehren und die amerikanischen Soldaten befreien. Tatsächlich gelingt es Rhodes, die fünf Männer für seine Pläne zu gewinnen. Es sind Blaster (Reb Brown), Talent für Sprengungen aller Art, der Künstler Wilkes (Fred Ward), Johnson (Harold Sylvester), ein erstklassiger Hubschrauberpilot, Charts (Tim Thomerson), dessen Copilot, und der gewalttätige Riese Sailor (Randall »Tex« Cobb).
Auf MacGregors Landbesitz stählen die Männer ihre Muskeln. Vor Ort wird ein Gefangenencamp nachgebaut, das als Übungsplatz fungiert. Dort treffen sie auch auf Scott (Patrick Swayze), einen jungen Soldaten, der mit den modernsten Waffengattungen vertraut ist. Er wird ihr siebter Mann.
Nach Wochen harter Arbeit wird die Nachbildung des Gefangenenlagers mit scharfer Munition angegriffen. Der Einsatz gelingt. Das Gelände wird zerstört, und die Puppen, die die Gefangenen symbolisieren, werden gerettet.
In Bangkok treffen die verwegenen sieben wieder aufeinander. Doch der Geheimdienst macht ihnen einen Strich durch die Rechnung. Sämtliche Waffen der Männer werden beschlagnahmt.
Doch die Kämpfer berappen Geld aus ihrer eigenen Tasche, um neue Waffen zu kaufen. Ein alter chinesischer Drogenhändler bringt sie durch den Dschungel nach Laos. An der Grenze werden sie mit einem Bombardement empfangen. Mit knapper Not können sie entkommen. Wenig später treffen die sieben in der Nähe des Lagers ein. Sie schlüpfen in ihre Kampfkluft und bilden zwei Gruppen: Die fliegende Einheit soll die Hubschrauber des Vietcong stehlen und der Bodentrupp sich um die Rettung der Gefangenen kümmern. Jetzt beginnt die letzte große Schlacht des Vietnamkriegs.
1983, zehn Jahre nach dem Waffenstillstandsabkommen von

›Missing in Action‹: Chuck Norris (hängend) flieht aus einem vietnamesischen Gefangenenlager

Paris, inszeniert Ted Kotcheff *Uncommon Valor*. Diese Produktion von John Milius und Buzz Feitshans löste eine Welle von Filmen aus, die das Trauma vom verlorenen Vietnamkrieg verdrängen sollten. (Mach)Werke wie *Missing in Action* (Regie: Joseph Zito, 1984), *Missing in Action Part II: The Beginning* (Regie: Lance Hool, 1984), *Hitman* (Regie: Bobby A. Suarez, 1984), *Rambo: First Blood Part II* (Regie: George Pan Cosmatos, 1985) oder *Missing in Action III* (Regie: Aaron Norris, 1987), in deren Mittelpunkt Vietnamsoldaten stehen, die nach Südostasien zurückkehren, um ehemalige Kameraden aus Straflagern zu befreien und dabei die neuen Herren vernichtend schlagen, sollen das angekratzte Image der siegesgewohnten Nation wieder aufpolieren. Von jeher gab es in den USA eine breite Meinungsströmung, die den Rückzug aus Saigon als schweren Fehler und Zeichen der Schwäche ansah. Für diesen Personenkreis galt es zuerst, die Kommunisten zu besiegen – ganz gleich wo, ob Korea und Vietnam oder Granada und die Golfregion. Die politische Verdrängung des Vietnamtraumas wurde also unter der Präsidentschaft Ronald Reagans offiziell.

Der Titel des Films, *Uncommon Valor* (= ungewöhnliche Tapferkeit), der nationale Emotionen anspricht, bezieht sich auf einen Ausspruch des Admirals Chester Nimitz, der als Inschrift auf dem »Marine Corps War Memorial« in Arlington prangt. Ted Kotcheff – auf seine Regiearbeit *First Blood* wird in der Folge noch genauer eingegangen – spekuliert geschickt mit dem virulenten Vietnamtrauma: Die Mannen um Colonel Rhodes, die ihr Leben riskieren, um ihre Kameraden zu retten, werden als Personen präsentiert, die Amerika groß gemacht haben – und für die nun (sie sind schließlich »loser«) das Land keinen Platz mehr hat.

In der historischen Wirklichkeit haben die Amerikaner trotz ihres überlegenen Militärapparats den Kampf in Vietnam verloren. In Kotcheffs Action-Fantasy dürfen sieben aufrechte Gerechte den Krieg noch einmal führen und gewinnen. Zwar sterben zwei oder drei Soldaten den Heldentod, der Rest zeigt aber dafür den »Schlitzaugen«, was eine Harke ist, sprich: wie ein »gerechter Krieg« – der er in Wirklichkeit, schon wegen der fehlenden offiziellen Kriegserklärung, nie war – geführt und gewonnen werden muß.

Uncommon Valor ist ein glatt inszenierter, offen rechtslastiger Film, der den Krieg als humanitären Einsatz (Gefangenenbefreiung) idealisiert und deshalb wie alle »Artgenossen« fragwürdig ist. Entlarvend ist der deutsche Verleihtitel: *Die verwegenen sieben.* Er zeigt, daß Ted Kotcheff den klassischen Stilelementen des Western mehr zugetan ist (vgl. *Die glorreichen Sieben,* Regie: John Sturges, 1960) als den schwammigen Versatzstükken des Vietnamfilms.

Reb Brown, Fred Ward, Gene Hackman und Randall ›Tex‹ Cobb (v. l. n. r.) tauschen in ›Uncommon Valor‹ Freundlichkeiten aus

Nachdem sich Kotcheffs »Rambo« erfolgreich bewährt hatte und als Figur noch nicht erschöpft war, wurde mit der Fortsetzung *Rambo: First Blood Part II* (1985), von George Pan Cosmatos, eine weitere »Missing in Action«-Story umgesetzt.
John Rambo (Sylvester Stallone) ist ein Vietnamveteran, der sich nach seiner Rückkehr in die USA nicht wieder in die Gesellschaft eingliedern konnte. Sein Ärger mit der Polizei führt dazu, daß er zu verschärftem Straflager verurteilt wird. Da bietet Colonel Trautman (Richard Crenna), sein ehemaliger Ausbilder, dem im Steinbruch arbeitenden Sträfling die Durchführung eines Sonderkommandos an. Für den Preis der Freiheit soll Rambo binnen 36 Stunden ein Kriegsgefangenenlager in Vietnam auskundschaften, wo angeblich immer noch Amerikaner gefangengehalten werden.
Rambo willigt ein und wird mit einer Sondermaschine in ein geheimes US-Basislager in Thailand eingeflogen. Dort weihen ihn Marshall Murdock (Charles Napier) und Ericson (Martin Kove) in die Details des Unternehmens ein. In einer Nacht-und-Nebel-Aktion soll der Einzelkämpfer per Fallschirm über dem vietnamesischen Dschungel abgesetzt werden, und zwar in der Nähe des Gefangenenlagers, in dem Rambo selbst während des Krieges inhaftiert war und von dem aus seine Flucht gelang. Das Pen-

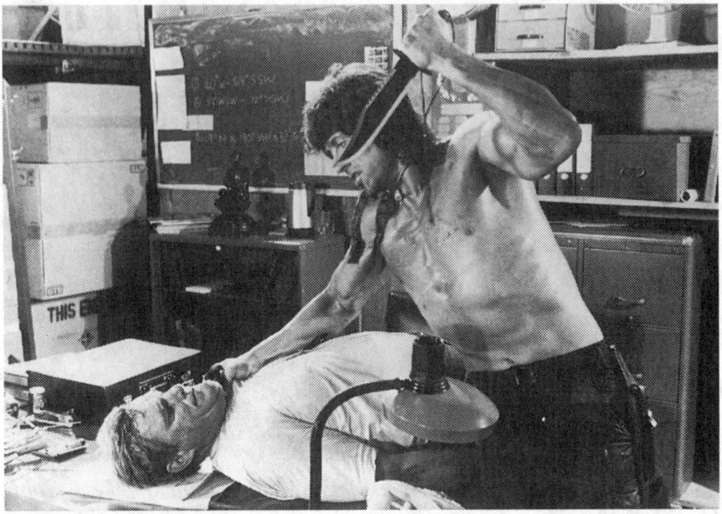

tagon ist nach wie vor der Meinung, daß dort US-Soldaten festgehalten werden. Rambo soll aber den Feind nicht angreifen, sondern als Beweis Photos schießen. Im Dschungel erwartet ihn bereits ein einheimischer Geheimagent, der ihm helfen soll.

Ob Messer, Bogen oder Panzerfaust, John Rambo (Sylvester Stallone) verhilft auch in ›Rambo: First Blood Part II‹ der amerikanischen Sache zum glorreichen Sieg

Das Unternehmen beginnt mit den größten Schwierigkeiten. Schon beim Absprung verliert Rambo seine wertvolle Spezialausrüstung. Nur ein Messer und die Sonderanfertigung eines Bogens mit Spezialpfeilen bleiben ihm übrig. Aufgrund dieses Vorfalls will Murdock die Mission sofort unterbrechen. Aber Trautman, der die Fähigkeiten seines Schützlings genau kennt, kann dies gerade noch verhindern.
Rambos Helfer im Dschungel entpuppt sich als attraktive junge Frau. Mit Co Boa (Julie Nelson) erreicht der US-Soldat das versteckt gelegene Lager. Dort zeigt sich ihnen ein Bild des Schrekkens: Seine Landsleute werden wie Tiere in Käfigen gefangengehalten. Einer von ihnen hängt an einem Bambuskreuz, von Folterungen gezeichnet und bis zum Skelett abgemagert. Rambo kennt die Methoden des Vietcong aus eigener Erfahrung, und unter Mißachtung seines Auftrags befreit er den Gefangenen, einen GI namens Banks (Andy Wood).
Im Basislager in Thailand wird man inzwischen unruhig. Trautman kann Murdock einmal mehr beruhigen. Er überzeugt den Marshall davon, ihn und Ericson zum vereinbarten Zeitpunkt

und Ort loszuschicken, um Rambo aufzunehmen. Aber der Plan mißlingt. Rambo, er hat sich inzwischen von Co getrennt, erreicht zwar mit seinem erschöpften Begleiter den Bestimmungsort, auch der Hubschrauber ist zur Stelle, aber dann erhält Ericson über Funk den Befehl umzukehren. Weil Rambo sich nicht an die Order gehalten, den Feind angegriffen und einen Gefangenen befreit hat, wird er nun zurückgelassen. So lautet die offizielle Version. In Wirklichkeit aber sollte die geheime Mission nicht dazu dienen, verschollene Soldaten aufzuspüren, sondern beweisen, daß alle GIs im Dschungel Vietnams umgekommen sind.
Jetzt sind John Rambo und der GI Banks auf sich allein gestellt. Gegen die Übermacht des Vietcong haben sie keine Chance. Sie werden gestellt, ins Lager zurückgebracht und gefoltert. Im Augenblick höchster Qualen naht Rettung. Die Agentin Co hat sich als Prostituierte getarnt und sich so Einlaß in das Camp verschafft. Mit ihrer Hilfe kann Rambo erneut fliehen. Aber Co wird von den Verfolgern angeschossen und stirbt. Mit dem Mut der Verzweiflung kämpft Rambo allein weiter und setzt an zum letzten, alles entscheidenden Gefecht …
Von den Filmen des Jahres 1985 wurde kein Werk zwiespältiger aufgenommen als *Rambo: First Blood Part II.* Mit einem Kassenumsatz von rund 185 Millionen Dollar war dies nach *Back to the Future* (Regie: Robert Zemeckis) der erfolgreichste Film des Jahres. Handelte *First Blood* noch von einem Veteranen, der in der Heimat erst langsam zu sich selbst findet, steht in der Fortsetzung ein veritabler Held im Mittelpunkt des Geschehens. John Rambo ist eine Mischung aus Tarzan und James Bond, wobei Johnny Weissmuller ob der Muskeln Sylvester Stallones erblassen und Roger Moore im Intelligenzvergleich mit dem schlammverschmierten Bogenschützen nobelpreisverdächtig abschneiden würde.
John Rambo war die Art von Held, die die große Nation seit John Wayne vermißt hatte. John Rambo war stark, schlau, schnell und ein Einzelgänger. Männer wie er hatten den amerikanischen Kontinent erschlossen. Männer wie er waren Bankdirektoren, Spitzensportler, Wall-Street-Makler, ja sogar Präsidenten geworden. Mit nur ganz wenigen Ausnahmen wurden *First Blood II* und sein Hauptdarsteller von der Kritik in der Luft zerrissen. Vor allem wurde dem Film Rassismus und Rechtsla-

stigkeit angekreidet. Weiter sorgte das unnötige und übertriebene Blutvergießen für Unmut. Eine große amerikanische Publikation errechnete gar, daß in Cosmatos' Film alle 2,1 Minuten ein Mensch zu Tode kommt.
Eine Sache steht jedoch außer Zweifel: Kaum ein anderer Film hat für so viel Furore gesorgt. Neben dem ungeheueren Kassenerfolg machte sich zudem die »Rambomanie« breit. Spielzeuge und Poster, Buttons und T-Shirts fanden reißenden Absatz. Die Artikel trugen Aufschriften wie »Brauchst du 'ne Armee? Heuer' Rambo an« oder »Rambo – Amerikas neueste Waffe«. In Houston eröffnete gar ein Nachtclub, der den Namen »Rambose« trug.
Legendär ist inzwischen Ronald Reagans Satz: »Gestern abend habe ich *First Blood* gesehen, nächstes Mal weiß ich, was ich zu tun habe«, den er äußerte, als er von der amerikanischen Geiselnahme im Libanon erfuhr.
Zusammenfassend läßt sich sagen, daß Regisseur George Pan Cosmatos im Gegensatz zu Ted Kotcheff den Dschungelkrieg mit Hilfe des Weichzeichners zum Abenteuerurlaub verklärt hat. Stellvertretend für die Nation gewinnt John Rambo seinen fernöstlichen Kleinkrieg und wetzt damit die Scharte der Nieder-

Tom Berenger droht in ›Platoon‹ eine kleine Vietnamesin zu töten

lage aus. Aus kollektiver Verdrängung ist aggressiver Chauvinismus geworden. Weil nicht nur die Armen und die Minderheiten Amerikas in den Krieg ziehen sollen, beschließt in Oliver Stones *Platoon* (1986) der naive Student Chris (Charlie Sheen), sich freiwillig für Vietnam zu melden. Doch für die Kameraden seines Platoons ist der unerfahrene Neuling nur ein Klotz am Bein, Kanonenfutter, das in ihrer Welt nichts zu suchen hat.

›Platoon‹: Leben (Charlie Sheen) und Sterben (Willem Dafoe) im Dschungel Vietnams

Am 25. Dezember 1967 erhält das Platoon den Auftrag, den Feind zu suchen und zu vernichten. Chris wird gleich auf eine harte Probe gestellt: Als Junior (Reggie Johnson) bei der Nachtwache einschläft, macht er das Greenhorn dafür verantwortlich. Chris versucht, seine Unschuld zu beweisen, doch keiner schenkt ihm Glauben. King (Keith David) gibt dem Jungen Marihuana, um ihn ruhigzustellen.

Die beiden Anführer des Trupps sind völlig konträre Charaktere. Sergeant Elias (Willem Dafoe) steht für den »guten«, Sergeant Barnes (Tom Berenger) für den »bösen« Soldaten. Beide haben sich mit ganzer Leidenschaft dem Krieg hingegeben. Doch während Elias für faire Behandlung ist, empfindet Barnes sardonische Lust am Töten.

Die Einheit macht ein Vietcong-Lager ausfindig. Dabei werden zwei Männer von einer Mine zerrissen, ein dritter wird an einem Baum aufgehängt vorgefunden. In einem benachbarten Dorf setzen die Soldaten zu einem grausamen Rachefeldzug an. Bunny (Kevin Dillon) erschlägt einen vietnamesischen Krüppel und dessen wehrlose Mutter. Barnes ermordet die Frau eines Bauern und droht, auch dessen Tochter umzubringen. Das kann Elias noch verhindern. Chris bringt unterdessen drei Soldaten davon ab, ein Mädchen zu vergewaltigen.

Im strömenden Regen wird die Abteilung in einen Hinterhalt gelockt. Elias erkennt die Gefahr, aber Wolfe (Mark Moses) gibt per Funk die falschen Koordinaten durch, so daß die Männer von ihren eigenen Leuten bombardiert werden. Barnes befiehlt den Rückzug, doch Elias will den Feind im Alleingang fertigmachen. Barnes folgt ihm und schießt auf seinen Intimfeind. Als der Rest der Truppe bereits mit Helikoptern abtransportiert wird, kommt Elias ins Blickfeld und bricht, unter dem Feuer des Vietcong tödlich getroffen, zusammen.

Chris weiß, daß Barnes für diesen Tod verantwortlich ist. Aber er hat nicht den Mut, ihn zu töten. Die Kameraden können gerade noch verhindern, daß nun Barnes seinerseits Chris umbringt.

Wenig später wird das Platoon noch einmal an denselben Ort zur entscheidenden Schlacht zurückgeflogen. Die Übermacht des Vietcong ist überwältigend. Ein grausamer Kampf Mann gegen Mann entflammt. Da befiehlt Captain Harris (Dale Dye) das Bombardement auf die eigenen Leute. Chris überlebt die Explosion gerade in dem Moment, als Barnes ihn töten will.

Kurz darauf findet Chris den schwerverletzten Sergeanten, und dieses Mal ermordet er Barnes kaltblütig. In dieser Schlacht ist Chris verwundet worden. Deshalb wird er zurück in die Heimat geschickt.

Was Oliver Stones *Platoon* von früheren Vietnamfilmen unterscheidet, ist, daß er im Kampfgebiet beginnt und auch dort

Oliver Stone, Regisseur von ›Platoon‹ und ›Born on the Fourth of July‹

endet. *Platoon* handelt ausschließlich von kämpfenden Truppen. Der Film beginnt mit der Ankunft des Kriegsneulings Chris Taylor, der aus dem Bauch eines Transportflugzeugs steigt, und endet damit, daß er mit einem Hubschrauber aus der Kampfzone ausgeflogen wird. Dazwischen liegen 115 Minuten Blut, Schweiß und Tränen, die die 18monatige Kriegserfahrung Oliver Stones und des 25. Infanterieregiments widerspiegeln.
Der Regisseur hatte *Platoon* schon ein Jahr nach Kriegsende geschrieben, »aber eigentlich«, sagt er, »kam mir die Idee dazu ein Jahr nach meinem Einsatz in New York, 1969. Nur brachte ich nichts zu Papier. Drogen, Gefängnis und Ängste verdunkelten mir jegliche kreative Erinnerung in jener Zeit, bis ich die Geschichte eines Tages im Sommer der 200-Jahr-Feier der USA, mittelloser, zukunftsloser Dreißigjähriger, der ich war, in einem Zug runterschrieb: genauso wie ich mich an sie erinnerte. Nur wollte diese Geschichte dann niemand verfilmen. Sie war ihnen zu hart, deprimierend, zu grausam. Ich begrub sie also, meine Geschichte, und fand mich damit ab, daß die Wahrheit über diesen Krieg in den USA niemand sehen würde, weil: niemand sehen wollte, konnte. In Amerika, so dachte ich, ist Geschichte nur Müll, bleibt kein Verlangen danach, das Weggeworfene

Tom Berenger (links) und Willem Dafoe geraten sich in ›Platoon‹ in die Haare

nochmals zu prüfen, gar zu bereuen. Denn wenn wir innehielten, uns selbst ins Gespräch nähmen: würden wir nicht unseren Optimismus, unser traditionelles Selbstbewußtsein riskieren?«
Es geht hauptsächlich um die Feuertaufe eines jungen Mannes, seinen Überlebenswillen und den Verlust der Unschuld. Das heißt, *Platoon* ist auch ein Genrestück, ein melodramatischer Kriegsfilm, der streckenweise an Sam Fullers *Fixed Bayonets* (1951) und Robert Aldrichs *Attack!* (1956) erinnert. Im Gegensatz zu den beiden letztgenannten Filmen bezieht Stone keinen klaren Standpunkt. Die Grenzen zwischen Gut und Böse haben sich endgültig verwischt. Dies wird vor allem an den beiden gegensätzlichen Charakteren Barnes und Elias festgemacht. Obwohl beide Amerikaner, verkörpert der eine das Böse und der andere das Gute – im wahrhaft biblischen Sinn, man denke nur an die alttestamentarischen Brüder Kain und Abel.
Platoon war 1987 der große Sieger der Oscar-Verleihung. Die Statuetten für den besten Film, die beste Regie, den besten Schnitt und den besten Ton gingen an eine Produktion, die neun Jahre lang keinen Geldgeber gefunden hatte. Erst 1986 konnte Oliver Stone mit englischen Finanziers auf den Philippinen – wie

zuvor Francis Ford Coppola bei *Apocalypse Now* – beginnen. Unter äußerst harten und realistischen Produktionsbedingungen entstand in knapp zwei Monaten eine in ihrer Wirklichkeitsnähe bis dahin unerreichte Aufarbeitung des Vietnamkriegs. Veteranen der US-Armee äußerten, daß dies der erste Film sei, der zeige, wie Vietnam wirklich war. Nämlich eine Hölle, in der die Soldaten nicht für die Ideale Amerikas stritten, sondern ums blanke Überleben.
Die ausgefeilte Kameraführung und die schnelle Schnittechnik ziehen den Zuschauer in die Kämpfe hinein. Nie kommt man zur Ruhe. Vielmehr wird man selbst zum Opfer und beginnt, sich mit den US-Soldaten zu wehren. Ähnliche Gefühle entwickelt man höchstens noch in Patrick Duncans *84 Charlie MoPic* (1988), einer unbestechlichen, unbarmherzigen Chronik dreier Tage im Leben von sechs in Vietnam kämpfenden Soldaten. Der Film wird durch Bilder erzählt, die ein Kameramann dreht, der für die Armee einen Lehrfilm realisieren soll. Die Dienstbezeichnung des Mannes, »84 Charlie MoPic«, gibt dem Werk seinen Namen. Charlies Kamera läuft erbarmungslos mit, auch, als die Männer einer nach dem anderen zu Opfern der Eskalation

Byron Thames ist ›Charlie MoPic‹ in ›84 Charlie MoPic‹

von Haß und Gewalt werden. So einen »Lehrfilm« hätten sich die Befehlshaber der US-Streitkräfte bestimmt nicht gewünscht – aber es hätte sicher nicht geschadet, wenn ein solches Werk tatsächlich realisiert und zur Aufführung gebracht worden wäre.
In *Off Limits* (1987), von Christopher Crowe, ist der Krieg lediglich ein Hintergrund für eine Kriminalgeschichte: Saigon im Jahre 1968. Draußen, im Dschungel, reiben sich amerikanische Soldaten und der Vietcong gegenseitig auf. In der Stadt selbst wird ein ganz anderer Krieg geführt. Hier wimmelt es nur so von Flüchtlingen, Deserteuren, Schwarzmarkthändlern und Geschäftemachern. Deshalb haben die beiden Militärpolizisten Buck McGriff (Willem Dafoe) und Albaby Perkins (Gregory Hines) auch keinen ungefährlicheren Job als ihre Kameraden an der Front. Sie arbeiten für das Kriminaldezernat des US-Army-Hauptquartiers.
Eines Tages werden sie vor eine besonders brisante Aufgabe gestellt. Sie sollen einen geheimnisvollen Killer, der schon sechs Prostituierte umgebracht hat, dingfest machen. Alle Spuren wei-

Die Jungs der Einheit ›84 Charlie MoPic‹

›Off Limits‹: Der Cop (Willem Dafoe) liebt die Nonne (Amanda Pays)

sen darauf hin, daß es sich um einen Offizier der eigenen Armee handeln muß.

Die Suche nach dem Mörder führt McGriff und Perkins in die miesesten Gegenden von Saigon. Sie kämpfen sich durch Rotlicht-Bezirke, durch üble Spelunken und billige Absteigen. Auch mit den geheimen unterirdischen Gängen des Vietcong und den Schlachtfeldern von Khe Sanh macht das Polizistenduo unliebsame Bekanntschaft. Ausgerechnet in einem Kloster stoßen die zwei auf einen wichtigen Hinweis.

Die junge Schwester Nicole (Amanda Pays) ist bei der Suche nach dem Massenmörder eine große Hilfe. Sie ist nicht zuletzt deshalb so kooperativ, weil sie sich im Verlauf der Untersuchungen immer mehr zu McGriff hingezogen fühlt. Schließlich geraten die Militärpolizisten auf eine Fährte, die sie in lebensbedrohliche Gefahren bringen wird. Denn ihre Verdachtsmomente richten sich auf einen Mann, der in den höchsten Rängen des US-Militärs zu finden ist.

Off Limits repräsentiert die »Normalisierung« des Vietnam-

MAPO31

Das ›Salt & Pepper‹-Cop-Paar (Gregory Hines und Willem Dafoe) machen in ›Off Limits‹ Jagd auf einen Prostituierten-Mörder

Lee Marvin und Charles Bronson im fulminanten Finale von ›The Dirty Dozen‹

kriegsfilms. Nach Filmen, die den Krieg als Metapher abhandelten *(Apocalypse Now)* oder »dokumentarisch« darstellten *(Platoon),* dient das südostasiatische Land nun lediglich als pittoresker Hintergrund für einen rasanten Actionkrimi. *Saigon,* so der deutsche Verleihtitel, ist im Grunde nichts anderes als eine Mischung aus Polizeifilm, *Film noir* und Liebesgeschichte (man denke nur an *Morocco, Macao* oder *Casablanca*).
Interessanterweise wirkt die atmosphärische Dichte der Darstellung Saigons als Hexenkessel der Gewalt – der Regisseur setzte seinen Film in Thailand in Szene – stärker als die Zeichnung der beiden gegensätzlichen Hauptfiguren. Hart und rücksichtslos, wie amerikanische Cops im Kino nun mal sind, boxt sich das Duo durch die fernöstliche Halbwelt. Daß zu guter Letzt ein hoher Offizier als Prostituiertenmörder demaskiert wird, paßt nur allzu gut ins gängige Klischee, das wie folgt lautet: Nicht der einfache Soldat hat den Krieg verloren, sprich: die Nation verraten, sondern die »integre« Geistes- und Führungsschicht.
Im Gegensatz zu Christopher Crowe, der den Vietnamkrieg lediglich als Staffage für seinen Polizeifilm verwendet, haben andere Regisseure die Auseinandersetzungen in Fernost verklau-

suliert dargestellt und/oder in andere Genres verpackt: Antikriegsfilm, Western, Satire bzw. absurde Komödie.
Wie Robert Wise mit *The Sand Pebbles* (1966), Brian G. Hutton mit *Kelly's Heroes* (1970) und Robert Aldrich mit *The Dirty Dozen* (1967) sowie *Ulzana's Raid* (1972) drehte auch Ralph Nelson einen Film, der eindeutige Parallelen zum My-Lai-Massaker aufweist: den Western *Soldier Blue* (1970).
Soldat Honus Gant (Peter Strauss) und Crester Lee (Candice Bergen) überleben als einzige einen Indianerüberfall auf einen Goldtransport, der für das Armeelager bestimmt war, zu dem sie unterwegs sind. Gant ist über die Grausamkeit der Cheyenne entsetzt und sehr verwundert, als Crester behauptet, die Weißen selbst seien noch viel brutaler. Sie erzählt weiter, daß sie die Frau eines Indianerhäuptlings gewesen sei, der sie gehen ließ, als er merkte, daß sie unglücklich war. Auf ihrem Weg zum Stützpunkt meistern die beiden zahlreiche Gefahren und verlieben sich ineinander. Als sie endlich bei Gants Einheit in Sicherheit sind, werden sie Zeugen, wie die Kavallerie ein Indianerdorf mit unglaublicher Bestialität niedermäht. Als Honus gegen dieses Massaker protestiert, wird er arretiert; Crester Lee wird mit den überlebenden Indianern abgeführt.

›Johnny Got His Gun‹: Timothy Bottoms Leben wird durch den Krieg zerstört

Es war in den späten 60er und Anfang der 70er Jahre durchaus üblich, geschichtliche Ereignisse selbstanklägerisch zu zeigen, wobei diese meist in eine andere Zeit und an einen anderen Ort verlegt wurden, aber dennoch offensichtlich genug waren, um erkannt zu werden. Dabei bestand jedoch immer die Gefahr, daß der Film nicht so rezipiert werden würde, wie er gemeint war, weil die Botschaft hinter spektakulären Bildern und aufregender Handlung verschwand.
Ein Meilenstein dieser verklausulierten Werke ist Robert Altmans *M* A* S* H** (1969), eine ikonoklastische Komödie, deren Geschichte die Erlebnisse und Albernheiten zweier Chirurgen beschreibt, die in einem Mobile Army Surgical Hospital (M.A.S.H. = ein mobiles Armeelazarett) in Korea arbeiten. Obwohl die Handlung im Hinterland eines Kriegsschauplatzes in Südkorea spielt, ist offensichtlich, daß eigentlich Vietnam repräsentiert wird. Schon das moderne Kriegsgerät, die technisch und medizinisch hervorragende Ausrüstung des Lazaretts und der Umgangston der Protagonisten, der einen eindeutigen Verweis auf die 60er Jahre darstellt, belegen dies.
Die Chirurgen »Hawkeye« (Donald Sutherland) und »Trapper John« (Elliott Gould) machen keinen Hehl daraus, daß sie den

›*M*A*S*H**‹: *Jo Ann Pflug läßt Elliott Goulds Herz höher schlagen*

*Donald Sutherland (mit Käppi) dient als Chirurg in ›M*A*S*H*‹*

Krieg verabscheuen und für ein Verbrechen halten. Ihr einziges Ziel ist es, wieder heil in die Heimat zu gelangen. Bis dahin setzen sie ihr ganzes Können ein, um Verwundeten das Leben zu retten. Um angesichts des um sie herum herrschenden Sterbens und Grauens nicht zu verzweifeln oder gar den Verstand zu verlieren, flüchten sie sich in Sarkasmus und Blödeleien. Aber der Regisseur bietet keinen Klamauk, sondern schockiert den Zuschauer mit bitterem Zynismus. Die Unfähigkeit leitender Offiziere, der Unwille der Soldaten und die Freude über jede Art von Zerstreuung (z. B. ein Football-Match, wie in *The Boys in Company C* u. a.) vermitteln ein realistisches Bild von dem Chaos, das in Vietnam herrschte.

Schon das Titellied, »Suicide Is Painless« (Selbstmord ist schmerzlos), wirkt angesichts der im Vorspann gezeigten Hubschraubertransporte von Schwerverletzten zynisch; es soll wohl ausdrücken, daß es vernünftiger sei, Selbstmord zu begehen, als als Kanonenfutter zu enden.

Die Dialoge sind oft sehr schwer verständlich, da viele Personen gleichzeitig sprechen und der Zuschauer oft nicht weiß, welcher Person bzw. welcher Linie er folgen soll – wie bei einer Schlacht, in der laufend neue, einander widersprechende Befehle auf den Soldaten einprasseln.

Das Drehbuch schrieb Ring Lardner jun., der 1947 im Zuge der Kommunistenjagd des Senators Joseph McCarthy und dessen Helfers Richard Nixon (!) vom House Committee on Unamerican Activities (HUAC) auf die Liste der Hollywood Ten gesetzt worden war. (Alvah Bessie, Herbert Biberman, Lester Cole, Edward Dmytryk, John Howard Lawson, Albert Maltz, Samuel Ornitz, Adrian Scott, Dalton Trumbo und eben Ring Lardner. Alle zehn wurden vom HUAC wegen Mißachtung des Kongresses angeklagt und zu Gefängnisstrafen verurteilt.) Nach seinem Gefängnisaufenthalt hatte er jahrelang keine Arbeit finden können. Mit diesem Film gelang es ihm, im Filmgeschäft wieder Fuß zu fassen. Vielleicht wollte er mit diesem Beitrag zum Film aufzeigen, daß die USA immer wieder in eine antikommunistische Hysterie verfallen und dabei Land und Leuten großes Unrecht antun.

Good Morning, Vietnam (1987), von Barry Levinson, spielt im Saigon des Jahres 1965. Die Soldaten kämpfen in Vietnam und benötigen dringend Aufmunterung. Zu diesem Zweck wird Diskjockey Adrian Cronauer (Robin Williams) eingeflogen. Er ist zwar ein absoluter Profi, aber einer von der unkonventionellen Sorte. Auf Kleidung legt er keinen besonderen Wert, und mit der korrekten Begrüßung seiner Vorgesetzten nimmt er es auch nicht so genau.

Cronauers Erkennungszeichen ist sein Schlachtruf »Guuuuuuuuten Morgen, Vietnam«. Um sechs und um 16 Uhr hält er seine Soldaten auf Trab und macht seine anzüglichen Witze über das Militär, den Krieg und den Präsidenten. Auch seine Musikauswahl ist vom Feinsten. Heiße Rhythmen und fetziger Rock'n'Roll sind angesagt.

Bald ist Cronauer bei den Soldaten an der Front in aller Munde, nur seine Kollegen beim Sender sind nicht so begeistert. Sergeant Hauk (Bruno Kirby) ist neidisch, und Sergeant Major Dikkerson (J. T. Walsh) kennt solche Typen wie Cronauer. Die bringen nichts als Ärger. Einzig sein treuer Begleiter Garlick (Forest Whitaker) hält ohne Umschweife zum Diskjockey.

In seiner Freizeit stellt der Radiomoderator am liebsten weißgekleideten Vietnamesinnen nach. Um an die schöne Trinh (Chintara Sukapatana) heranzukommen, schließt er Freundschaft mit ihrem Bruder Tuan (Tung Thanh Tran). Der verspricht auch, für Cronauer ein Rendezvous mit seiner Schwester zu arrangieren.

›Good Morning, Vietnam‹, so lautet Robin Williams' Kampfschrei

Als Cronauer nach einer gelungenen Witzparade über Richard Nixon in seiner Stammkneipe bei Jimmy Wah sitzt, holt ihn Tuan zu einem Treffen mit seiner Schwester ab. Kurz danach explodiert eine Bombe. Obwohl der Radio-Entertainer nicht dar-

über berichten darf, erzählt er, daß inoffiziell eine Bombe hochgegangen sei, durch die inoffiziell zwei Leute getötet worden seien. Die Strafe folgt auf dem Fuß: Cronauer wird suspendiert, und Hauk tritt an seine Stelle.
Obwohl Tausende von Soldaten in Fan-Briefen ihren Liebling zurück ans Mikrophon fordern, bleibt die Leitung des Senders hart. Cronauer, der gerade von Trinh erfahren hat, daß sie nie miteinander etwas haben können, wird von Dickerson an die Front versetzt. Dort soll er ein Interview in einem Gelände machen, das vom Vietcong kontrolliert wird. Ahnungslos marschiert Cronauer in die tödliche Falle und wird wie durch ein Wunder von seinem vietnamesischen Freund Tuan gerettet.
Da aber erfährt der Diskjockey die grausame Wahrheit über Tuan: Er ist ein Spitzel des Vietcong. Als Cronauer ihn zur Rede stellt, antwortet er: »Ihr bringt ein Volk um, das so weit von eurer Heimat entfernt lebt. Nicht wir, ihr seid der Feind.«
Die Freundschaft zu einem Terroristen ist inzwischen auch bei der militärischen Führung bekannt geworden. Im eigenen Interesse wird Cronauer ehrenhaft entlassen und in die Heimat zurückgeschickt. Bevor er abfliegt, kann er seinem treuen Freund und Nachfolger Garlick noch ein letztes Sendeband mit dem Titel »Auf Wiedersehen, Vietnam« überreichen.
Im Vergleich zu Robert Altmans *M*A*S*H**, der zu der Zeit entstand, als der Vietnamkonflikt seinen Höhepunkt noch nicht erreicht hatte, spiegelt Barry Levinsons *Good Morning, Vietnam* die Ereignisse im Rückblick wider. Bei aller Komik ist diese Rückschau nüchterner und direkter – der Hauptdarsteller Adrian Cronauer durchlebt stellvertretend für die USA Lernprozesse, die erst durch den zeitlichen Abstand möglich sind. Der Diskjockey ist eigentlich kein zynischer Charakter – Sarkasmus gehört nicht zu seiner Überlebensstrategie –, sondern ein einfacher, einfühlsamer und lernfähiger Mensch, der zunächst wenig begreift, aber allmählich die Mechanismen des Krieges durchschaut.
Good Morning, Vietnam ist ein Werk voller Verachtung, wenn nicht gar Haß gegenüber der Obrigkeit. Allgemein gesagt: Der Film greift jede Art von Regeln an und ergreift Partei für diejenigen, die sie befolgen müssen. Bei Levinson sind die Helden keine strahlenden Kämpfer mehr, die ihr Leben für die USA opfern würden, sondern Männer mit gesundem Menschenver-

stand, die Phrasen und Floskeln als solche erkennen, Unwahrheiten entlarven und den Gehorsam verweigern.

Als Militärkomödie ist *Good Morning, Vietnam* die klassische Konfrontation zwischen einem gutherzigen Individuum und dem bornierten System, vergleichbar mit Jerry Lewis' *Which Way to the Front?* (1970).

In der »Süddeutschen Zeitung« wurde treffend bemerkt, daß *Good Morning, Vietnam* einer der brillantesten Filme über das Militär im allgemeinen und den Vietnamkrieg im besonderen sei: »... er ist nicht die Klamotte, die die Werbung verspricht, und erst recht keine historische Chronik, trotz des unleugbaren Realismus, dessen sich Levinson befleißigt in seiner Detailgenauigkeit, die zum Glück nichts mit dem Riesenaufwand eines Coppola oder Kubrick zu tun hat. Wenn dieser Film überhaupt mit einem anderen vergleichbar ist, dann noch am ehesten mit *Sein oder Nichtsein* von Ernst Lubitsch. Wie Lubitsch das Grauen des Nationalsozialismus nicht zeigte, sondern als bloßen Theatercoup demaskierte, so versteckt Levinson eher das Grauen, das die Luftbombardements und die Dschungelkämpfe auslösten. Er ist sogar dort eindeutig am schwächsten, wo er

›Good Morning, Vietnam‹: Robin Williams und Forest Whitaker sind einander auf Anhieb sympathisch

Jerry Lewis (Mitte) schleicht sich in ›Which Way to the Front?‹ als Feldmarschall Retterling im deutschen Hauptquartier ein

nicht auf Napalm verzichten will. Levinson – und das ist sein Thema seit *Diner* – setzt ganz auf die Sprache. Dieser Adrian Cronauer redet in jedem Augenblick um sein Leben; der kann einfach nicht anders, als das sofort in den unmöglichsten Stimmlagen herauszuschleudern, was ihm durch seinen schlauen Kopf geht. Er ist direkt bis zur Verletzung – und das macht auch seinen Humor zur Waffe: Er zerstört alles Aufgeblasene und Falsche ...«

Um zu verstehen, warum sich Barry Levinson auf diese Art dem Trauma Vietnam nähert, muß man etwas über seinen Hintergrund wissen. Der Regisseur ist ein Junge aus Baltimore, und diese Stadt ist das Zentrum seines Universums. Baltimore liegt etwa 60 Kilometer südlich von New York und besitzt keinerlei weitere Besonderheiten außer dem zweitgrößten Hafen Amerikas und einem unnatürlich hohen Anteil von Vertretern in der Bevölkerung. Dort wurde Levinson 1932 geboren, und es ist für seine Filme das, was Manhattan für Woody Allen ist oder Paris für Truffaut war – ein magischer Kinoort. Wer aber etwas werden will in Amerika, der fängt besser anderswo an. In Washington D. C. zum Beispiel, wo Barry Levinson an der American

›Good Morning, Vietnam‹: Auch in Südostasien frönt Robin Williams seinem Lieblingssport

›Good Morning, Vietnam‹: Grüße von Star zu Star (Robin Williams und Sean Connery [Plakat])

University Rundfunkjournalismus studierte. Als er *Good Morning, Vietnam* über den Armee-Diskjockey Adrian Cronauer drehte, wußte er also, wovon er erzählt. Außerdem ist der Filmemacher ein mindestens so fanatischer Radiohörer wie Fernsehzuschauer. Aber beides macht er am liebsten zu Hause in Maryland. Bereitet ihm schon sein Job als Hollywood-Regisseur Verdruß, weil er dauernd in Los Angeles sein muß, so war ihm die Reise zu den Dreharbeiten nach Bangkok vollends unerträglich, weil man dort weder an amerikanisches Fernsehen noch an Baseball-Ergebnisse herankommt.

Bei allen Qualitäten, die Levinsons Komödie über den Vietnamkrieg zu bieten hat, ist sie im Grunde genommen nichts anderes als eine Robin-Williams-One-Man-Show. Der Erzkomödiant, die geniale Quasselstrippe, das Knautschgesicht zieht alle Register seines Könnens und schlägt so den Zuschauer vollends in seinen Bann.

Das Ausbildungs-Camp Parris Island in South Carolina. Der Rekruten-Schleifer Sergeant Hartmann (Lee Ermey) empfängt in *Full Metal Jacket,* von Stanley Kubrick, gerade eine Gruppe von Auszubildenden. Er ist eine furchteinflößende Erscheinung, die mit schwarzem Humor und Psychoterror ihren Schützlingen die Unschuld raubt. Hartmann bombardiert sie mit Fäkalsprache und Fluchkanonaden, um aus harmlosen Burschen perfekte Tötungsmaschinen zu machen. Außerdem erhalten die Grünschnäbel Spitznamen: Der intelligenteste heißt Private Joker (Matthew Modine), den Mann aus Texas nennt er Private Cowboy (Arliss Howard). Lawrence, wegen seines Übergewichts Private Gomer Pyle (Vincent D'Onofrio) genannt, wird von Hartmann so lange gequält, bis er sich zum gnadenlosen Killer-Roboter verwandelt hat.

Pyle, der mittlerweile von seinen Kameraden gehaßt wird, schnappt total über. Er beginnt, mit seinem Gewehr zu sprechen, und kapselt sich immer mehr ab. Eines Nachts überrascht Joker den Dicken Pyle auf dem Klo, als sich dieser gerade heimlich mit einem Pornomagazin vergnügt. Als Hartmann zornesrot dazukommt, erschießt Pyle den Schleifer und richtet dann das Gewehr gegen sich selbst.

Mittlerweile sind die Rekruten in Vietnam eingetroffen. Man schreibt das Jahr 1968, und Joker arbeitet als Reporter gemeinsam mit dem Photographen Rafterman (Kevyn Major Howard)

Lee Ermey, sowohl in ›Full Metal Jacket‹ als auch im richtigen Leben ein perfekter ›Spieß‹

für die Armeezeitschrift »Stars and Stripes«. Als der Vietcong und die Nordvietnamesen unerwartet eine Offensive starten, werden Joker und Rafterman in die zerstörte Kaiserstadt Hué

beordert. Dort trifft Joker auf seinen alten Kumpel Cowboy vom ersten Platoon, zweites Bataillon, fünftes Marineregiment.
Als man in Hué eintrifft, wird der Kommandant des Platoons, Lieutenant Touchdown (Ed O'Ross), getötet. Wenig später wird der Trupp auf einen Erkundungsmarsch entlang des Perfume River geschickt. Dabei kommt der Führer, Crazy Earl (Kierson Jecchinis), durch eine Mine ums Leben.
Unmittelbar bevor der Trupp erneut unter Beschuß genommen wird, übernimmt Cowboy das Kommando. Dabei werden der Farbige Eightball (Dorian Harewood) und Doc Jay (John Stafford) tödlich verwundet.
Die Dezimierung des Platoons erfährt ihre Fortsetzung, als die Soldaten näherrücken. Cowboy muß als nächster sterben, bis man endlich den Heckenschützen, eine Frau, in einem ausgebombten Gebäude stellen kann. Während sie bei Joker um Gnade bittet, kommt Rafterman dazu und schießt auf sie. Tödlich getroffen, bittet sie um den Gnadenschuß. Doch Joker stiehlt sich aus der Verantwortung, zieht sich mit seinem Platoon, das von einem einzigen Scharfschützen nahezu ausgelöscht wurde, zurück und träumt davon, endlich wieder in die Heimat zurückzukehren.
Wer glaubte, daß Oliver Stone mit *Platoon* schon die Hölle des Vietnamkriegs ausgelotet hatte, sah sich 1987 getäuscht, als Stanley Kubricks *Full Metal Jacket* in die Kinos kam. So schonungslos *Platoon* auch gewesen sein mag, Kubrick setzt noch einen drauf. Sein Film ist ungefähr so versöhnlich wie eine Stahlmantelkugel (= Full Metal Jacket Bullet) im eigenen Bauch.
Der Alptraum Vietnam beginnt hier schon im Ausbildungslager Parris Island, South Carolina, wo Sergeant Hartmann – Darsteller Lee Ermey war früher selbst Ausbilder bei den Marines – die Rekruten schleift. In einer Szene werden sogar der Massenmörder Charles Whitman und der vermeintliche Kennedy-Attentäter Lee Harvey Oswald als ehemalige Marinesoldaten gepriesen. »Hervorragende Kerle!« knurrt Hartmann. »Sie haben bewiesen, was ein einziger Marinesoldat und sein Gewehr vollbringen können.«
Full Metal Jacket ist ebenso kompromißlos wie der Roman »The Short-Timers«, auf dem er basiert und dessen Autor Gustav Hasford gemeinsam mit Kubrick und Michael Herr *(Apocalypse*

Now) das Drehbuch verfaßte. Wie Hasford wird Private Joker als Korrespondent der Armeezeitung tätig, die direkt aus dem Kampfgebiet berichtet. In einer von bissigem Humor geprägten Szene instruiert Lockhard, der Redakteur der Zeitung, seine Reporter-Soldaten: »Wir kennen hier zwei Arten von Stories. Erstens, Soldaten, die den Vietnamesen Zahnbürsten und Deodorants kaufen – damit gewinnen wir die Herzen und den Verstand der Leser –, und zweitens, Kampfaktionen, wo am Ende getötet wird – damit gewinnen wir den Krieg.« Dieser Zynismus kennzeichnet die Geisteshaltung aller »grunts« (= Marineinfanteristen).
Die zweite Hälfte des Films spielt während der Tet-Offensive 1968. *Full Metal Jacket* ist der erste Vietnamfilm, der sich nicht mit Dschungelkämpfen, sondern mit urbaner Kriegführung befaßt. Aus der einst schönen Stadt Hué ist ein Dschungel aus Trümmern geworden. Hier wird die Truppe in einem spannungsgeladenen, brillant gefilmten Höhepunkt von einem einzigen Heckenschützen aufgerieben, dessen schockierende Identität den moralischen Morast von Vietnam auf den Punkt bringt. Wie kein anderer lebender Regisseur versteht es Stanley Kubrick, eine physische Umgebung zu schaffen, durch die er die emotionale Frequenz eines Films bestimmt: Erinnert sei an die Kommandozentrale in *Dr. Strangelove or How I Learned to Stop Worrying and Love The Bomb* oder das Techno-Punk-London in *A Clockwork Orange* (1971). Während andere Regisseure in die Sahara fliegen, um ein paar Sanddünen zu filmen, konstruierte Kubrick seinen urbanen vietnamesischen Dschungel – quasi vor der eigenen Haustür – auf dem Gelände eines halb abgerissenen Londoner Gaswerks. Die dazu notwendigen Palmen ließ er aus Spanien kommen, und um seine verwundete Stadt so echt wie möglich zu rekonstruieren, vertiefte er sich in Unmengen von Photos – von der Architektur im französischen Stil der 30er Jahre bis hin zu den Werbeplakaten an den Wänden und Tafeln stimmte daher alles.
Stanley Kubrick zeigt in seinem Film den Krieg aus dem Blickwinkel eines Kriegsberichterstatters. Der südostasiatische Konflikt ist bei ihm ein Krieg der Medien, die Schlacht auch eine Frage der Sprachregelung. Kubrick dazu: »Der Vietnamkrieg war der erste Krieg, der vor allem auch als Werbekampagne in den USA geführt wurde. Die Manipulation der Wahrheit durch

die Medien wie durch die Regierung war eines seiner Ziele. Dadurch wurde der amerikanischen Öffentlichkeit während des ganzen Kriegs ein falsches, manipuliertes Bild vermittelt. Es verführte die Soldaten zum permanenten Lügen; dauernd wurden die Zahlen der getöteten Feinde übertrieben. Man projizierte Siege, wo sie unmöglich waren. Ironischerweise wurde der Krieg auch durch die Medien verloren. Weil er von Anfang an ein PR-Krieg war, wurde er auch durch die Public Relations verloren. Die Tet-Offensive war ja in Wahrheit eine Niederlage des Vietcong. Er hatte ungeheure Verluste, er erreichte seine Ziele nicht, weil sich die Bevölkerung in den Städten nicht erhob, wie er es erwartet hatte. Der Vietcong hatte gedacht, er müsse nur kommen, und es würde Aufstände geben. Nichts dergleichen geschah. Die Offensive war also ein Fehlschlag. Womit der Vietcong allerdings nicht gerechnet hatte, war der Schock, den die amerikanische Öffentlichkeit durch die Kampfkraft während der Offensive erlitten hat. Nachdem sie jahrelang mit verlogenen und übertriebenen Siegesmeldungen überschüttet worden waren, hatten die Amerikaner zu Hause nicht mehr mit der Offensive gerechnet. So wurde ironischerweise die Niederlage des Vietcong zu einem psychologischen Sieg. Im Film gibt es eine Stelle, an der Amerikas berühmtester Fernsehkommentator, Walter Cronkite, den Präsidenten über den Bildschirm auffordert, er müsse jetzt endlich über einen Waffenstillstand verhandeln. Als Präsident Johnson dies hörte, wußte er, daß der Krieg im Grunde verloren war, weil die amerikanische Öffentlichkeit nicht länger bereit war, ihn bei der Kriegführung zu unterstützen …«

Stanley Kubrick setzt sich, wie zuvor auch seine Kollegen Michael Cimino und Francis Ford Coppola, trotz genauer Kenntnisse über den Vietnamkrieg über in ihn gesetzte Erwartungen hinweg. Er zeigt weder Leid und Tragik des vietnamesischen Volkes, noch vermittelt er ein differenzierteres Bild der gegnerischen Seite als seine Vorgänger. Er arbeitet weder die politische Situation des Vietnamkriegs auf, noch betrachtet er historische Konstellationen aus der inzwischen erreichten zeitlichen Distanz.

Vietnam 1969. Nach heftigen Kämpfen im Ashau-Tal erholen sich die meisten Soldaten in *Hamburger Hill,* von John Irvin, in Mama Sans Freudenhaus. Als die Soldaten Doc (Courtney B.

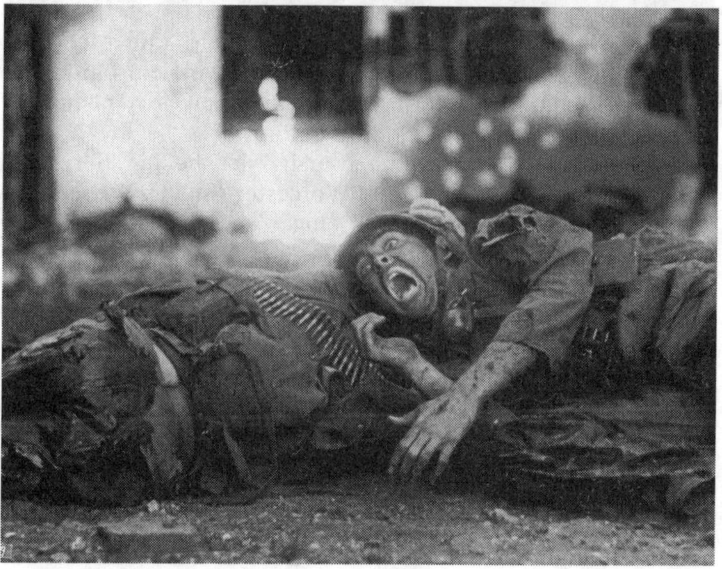

›Full Metal Jacket‹: Ein Heckenschütze löscht nahezu ein ganzes Platoon aus

Stanley Kubrick bei den Dreharbeiten zu ›Full Metal Jacket‹

Vance), Motown (Michael Patrick Boatman) und McDaniel (Don James) zur Einheit verlegt werden, wird ein blutjunger Soldat, den man im Militärjargon »fucking new guy« nennt, bei einem überraschenden Luftangriff getötet.
Unterdessen wird unter dem Vorsitz der beiden Sergeants Frantz (Dylan McDermott) und Worcester (Steven Weber) den frisch angekommenen Rekruten eingebleut, wie gefährlich die nordvietnamesischen Truppen seien.
Am 10. Mai kehrt die Einheit in das Ashau-Tal zurück. Dabei wird der Neuankömmling McDaniel von einem Scharfschützen erschossen.
Am 11. Mai bekommen die Soldaten den Befehl, den Hügel 937, wie der »Hamburger Hill« in der Militärsprache heißt, zu nehmen. Aber die Truppen kommen wegen des heftigen Artilleriefeuers nicht voran.
Am 15. Mai kann der Trupp, unterstützt von massivem Bombardement aus der Luft, einen Bunkerkomplex einnehmen. Dabei kommen einige Männer durch Maschinengewehrsalven, die aus einem amerikanischen Helikopter versehentlich abgegeben werden, ums Leben.

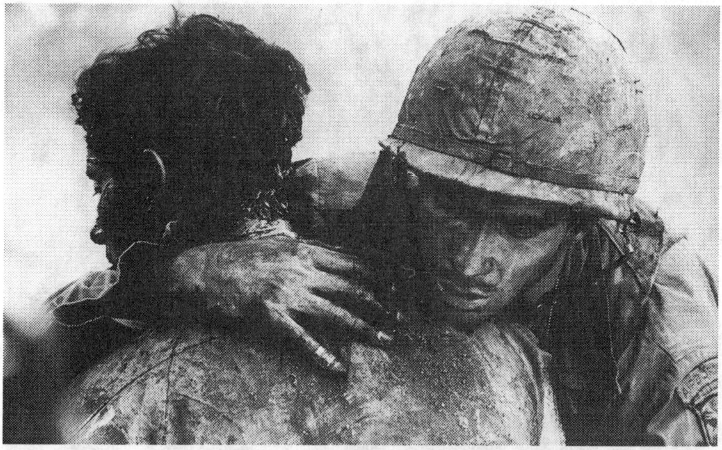

Dem Ex-Dokumentarfilmer John Irvin gelingen in ›Hamburger Hill‹ überzeugende Bilder des Krieges

›The Hanoi Hilton‹: Klopfzeichen als Mittel der Kommunikation

Auch am 16. Mai wird verbissen gekämpft, ohne nennenswerten Erfolg. Am Abend sitzen die Soldaten zusammen, debattieren und lesen sich Briefe aus der Heimat vor.
Als die Einheit am 17. Mai vom Kampf zurückkehrt, wird sie von einem Wochenschau-Team, das von Sergeant Frantz auf das übelste beschimpft wird, gefilmt.

Am 18. Mai wird der Trupp durch strömenden Regen und Schlammlöcher noch mehr behindert. Man beklagt noch höhere Verluste, unter ihnen befindet sich auch Doc.
Am 20. Mai, beim letzten Ansturm auf den Hügel, kommt eine Vielzahl von Soldaten zu Tode. Languilli (Anthony Barrile), Bienstock (Tommy Swerdlow), Motown und Sergeant Worcester fallen. Als der Hügel endlich genommen ist, bleiben auch Beletsky (Tim Quill), Washburn (Don Cheadle) und Sergeant Frantz auf der verbrannten Erde zurück. Wenig später erfolgt der Befehl von höchster Stelle, daß der eben erst eroberte Hügel wieder aufgegeben werden soll.
1987 war für den Vietnamfilm ein wichtiges Jahr. Neben *The Hanoi Hilton* (Regie: Lionel Chetwynd) – ein überlanges undifferenziertes, klischeestrotzendes Machwerk über amerikanische Soldaten, die in einem nordvietnamesischen Gefängnis schmachten –, den man trotz des interessanten und wichtigen Themas getrost vernachlässigen kann, kamen auch *Good Morning, Vietnam, Saigon* und *Full Metal Jacket* sowie John Irvins *Hamburger Hill* in die Kinos. Hier ein Interview mit dem *Hamburger Hill*-Regisseur John Irvin:
Frage: Wie kommt ein britischer Regisseur dazu, einen Film über den Vietnamkrieg zu drehen?

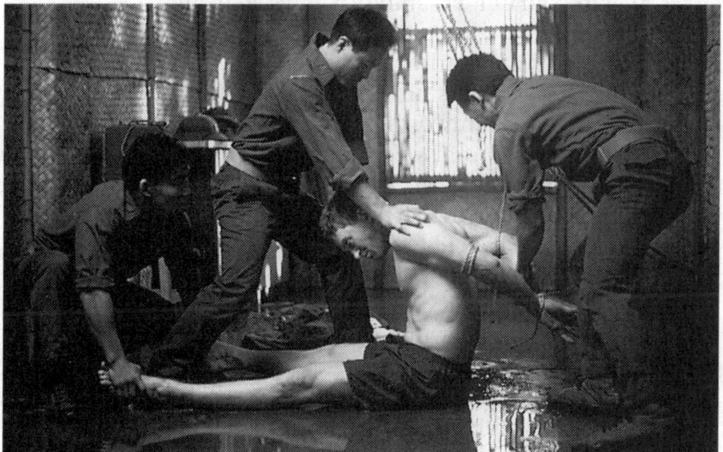

›The Hanoi Hilton‹: Der ›dritte Grad‹ macht selbst amerikanische Soldaten gefügig

John Irvin: Gute Frage. Ich bin der erste Brite, genauer Schotte, der sich dieses Themas angenommen hat. Ich wollte einen Film über Vietnam machen, weil ich dort war. Ich wollte zeigen, wie es wirklich war, welche Erfahrungen die 20jährigen in dieser Hölle gemacht haben. Ich wollte diese ganze moralische Verlogenheit von Krieg mit Ehre, Land mit Ehre etc. anprangern.
Frage: In welcher Funktion waren Sie in Vietnam?
John Irvin: Als Dokumentarfilmer für die BBC. Ich sollte einen Film über einen Kriegsphotographen drehen, speziell über den Mann vom »Life Magazine«. Wo er hinging, ging auch ich hin, und der war immer dort, wo es am schlimmsten zuging.
Frage: Vietnam wird bevorzugt in Form von Heimkehrerfilmen abgehandelt. Warum drückt man sich oft um das Thema Kampf und Krieg?
John Irvin: Dafür gibt es meiner Meinung nach mehrere Gründe. Da sind einmal diese ganzen Hollywood-Bosse und Verantwortlichen, die nie im Krieg waren und sich in gewisser Weise schuldig fühlen. Dann war Vietnam ein äußerst unpopulärer Krieg, was unpopuläre Filme zur Folge hat – zumindest nach der gängigen Meinung. Zudem haben *Apocalypse Now* und *The Deer Hunter* sehr viel Geld verschlungen, konnten kaum realisiert werden und entzogen sich der Kontrolle der Geldgeber. So etwas mag man in der Traumfabrik einfach nicht.
Frage: Das Thema Vietnam war lange tabu. Jetzt wird es aber verstärkt behandelt. Warum?
John Irvin: Hollywood ist im Augenblick etwas liberaler – vielleicht wollen die Verantwortlichen aber auch Herrn Reagan zeigen, was passieren kann, wenn man immer den Weltpolizisten spielen will. Ich denke da an Mittelamerika. Vietnam hat ja auch als Geplänkel begonnen. Ein anderer Grund ist, daß die Jugendlichen von heute nichts über ihre Eltern wissen. Den Krieg kennen sie bestenfalls aus dem Geschichtsbuch, und das ist zuwenig. Schließlich kommt hinzu, daß der Krieg schon lange zurückliegt und man langsam ungezwungener darüber reden kann.
Frage: *Hamburger Hill* kommt ganz ohne Stars aus. Warum haben Sie keine Kassenmagneten eingesetzt?
John Irvin: Ich wollte einen realistischen Film machen. So wie ich und mein Drehbuchautor, Jim Carabatsos, ihn gesehen haben. Ich wollte Jugend zeigen, die sinnlos verheizt wird. Ich wollte die Geschichte zeigen, die Sinnlosigkeit, die Anonymität

des einzelnen. Hätte ich einen Star genommen, hätte ich einen Helden gehabt, mit dem das Publikum mitfiebert – aber das ist ja nicht der Sinn der Sache.
Frage: Sind Sie vom Krieg besessen?
John Irvin: Kann sein, ich wurde schließlich während des »Blitz« (= Hitlers Bombenangriffe auf London) geboren. Nein, im Ernst. Durch meine Arbeit für das Fernsehen bin ich an zahlreiche Kriegsschauplätze gekommen und war immer wieder sowohl abgestoßen als auch fasziniert. Vielleicht betreibe ich mit meinen Filmen eine Art Therapie.
Frage: Warum kommt es zu dem pompös-heroischen Musikeinsatz, als der Hügel endlich genommen wird?
John Irvin: Das hat Pauline Kael auch gefragt. Die Musik ist nicht heroisch, sondern ironisch. Vielleicht kommt das auch nicht ganz richtig rüber. Die Musik soll aufrütteln, verstören, Adrenalinstöße verursachen. Außerdem ist sie eine Botschaft an die Zuschauer. Sie soll signalisieren, daß jetzt alles vorbei ist, kein Blutbad mehr – man kann aufatmen, aber man soll nicht aufhören zu denken.
Frage: Hatten Sie Schwierigkeiten mit dem Produzenten oder dem Militär?
John Irvin: Überhaupt nicht. Das Militär hat uns sogar unterstützt. Sie stellten Material zur Verfügung, gaben uns Originaltöne von Granateneinschlägen usw. Hätten wir diese Hilfe nicht gehabt, hätten wir mit dem geringen Budget von sechseinhalb Millionen Dollar den Film so gar nicht realisieren können.
Frage: In der Stabliste taucht auch ein Militärberater auf. Was hatte er für eine Funktion?
John Irvin: Ich hatte zwei. Der eine war der Kommandant des Gefechts um »Hamburger Hill«. Er war für die historisch-strategische Richtigkeit des Films verantwortlich. Für die Kampfhandlungen selbst hatte ich einen Sergeant Major, der vor Ort gekämpft hatte und genau wußte, wie es auf dem verdammten Hügel zugegangen war. Ich habe eigentlich nur seine Anweisungen filmisch umgesetzt. Er hat auch die Schauspieler so gedrillt, daß sie wie richtige Soldaten wirkten.
Frage: Worin unterscheidet sich Ihrer Meinung nach *Hamburger Hill* von anderen Vietnamfilmen?
John Irvin: Wahrscheinlich hauptsächlich dadurch, daß ich Emotionen zeige. Meine Soldaten haben Angst, trösten sich ge-

genseitig, nehmen sich in die Arme. Sie sind keine strahlenden Helden, sie wollen überleben, nach Hause zurückkehren und ein normales Leben führen. Ich hoffe zumindest, daß all das begreiflich wird. Ich will den Wahnsinn des Kriegs sichtbar machen.

Südvietnam, Anfang des Jahres 1968, die Tet-Offensive hat gerade begonnen, der Krieg steuert in *Bat 21* von Peter Markle auf seinen traurigen Höhepunkt zu.
Mit 46 Jahren gehört Lieutenant Colonel Iceal Hambleton (Gene Hackman) schon zum alten Eisen. Trotzdem fliegt der Elektronikspezialist nach wie vor sein Aufklärungsflugzeug, um den Radar des Vietcong zu stören und so den Weg für die B-52-Bomber frei zu machen. Dieses Mal aber trifft ihn eine feindliche Rakete, und er muß im Feindgebiet abspringen.
Major Dennis Clark (Danny Glover) wollte eigentlich gerade die Heimreise antreten. Aber da der Kundschafter das Gebiet, in dem sich Hambleton befindet, so gut wie kein anderer kennt, muß er sich noch einmal in seine kleine Propellermaschine setzen und ihn ausfindig machen. Inzwischen konnte sich Hambleton gerade noch vor dem anrückenden Vietcong verstecken. Die Soldaten haben seinen Fallschirm gefunden und suchen das Gebiet peinlich genau ab. Obwohl der Pilot den Krieg bisher nur aus angenehm luftiger Höhe miterlebt hat, gelingt es ihm, im Dschungel unentdeckt zu bleiben. Endlich erreicht ihn Clark über das Funkgerät und teilt ihm mit, daß seine Rettung vorbereitet werde. Hambleton steht jetzt vor der schwierigen Aufgabe, seine Position und Marschrichtung durchzugeben. Denn natürlich hört der Vietcong seine Funksprüche ab. Über Nacht hat der passionierte Golfspieler eine grandiose Idee. Er zeichnet anhand eines berühmten Golfplatzes seinen Fluchtweg auf und gibt ihn so verschlüsselt an Clark weiter.
Tatsächlich begreift Clark Hambletons Code. Er versucht ihn nun sicher von »Loch« zu »Loch« zu führen. Obwohl sich die beiden Männer noch nie gesehen haben, entwickelt sich in dieser brisanten Situation eine tiefe Freundschaft.
Nur mühsam kann er sich seinen Weg durch den Dschungel bahnen. Hambleton, immer auf der Hut vor Spähtrupps, wird in einer Hütte, wo er endlich etwas zu essen findet, von einem Bauern entdeckt. Der Vietnamese greift ihn mit einem Messer an, und der Soldat muß ihn in Notwehr töten.

›BAT 21‹: Gene Hackman schlägt sich durchs Feindesland

Endlich hat er das Reisfeld, wo ihn ein Helikopter aufnehmen soll, erreicht. Doch die feindlichen Soldaten nehmen das rettende Objekt unter Beschuß. Hilflos muß Hambleton mitansehen, wie der Helikopter abstürzt und der Pilot in ein Minenfeld getrieben wird.

Nun hat man im Hauptquartier alle Hoffnung aufgegeben, den verschollenen Piloten zu retten. Man beschließt die sofortige Bombardierung des Gebiets. Aber Clark gibt nicht auf. Er hat sich in den Kopf gesetzt, seinen neuen Freund aus der Hölle des Dschungels zu holen.

Aus dem Vietnamfilm ist die Luft raus. Die Gefechte sind endgültig geschlagen, der Krieg – je nach Standpunkt – verloren oder gewonnen. Weder politische noch militärische Analysen sind gefragt, Vietnam schafft es nicht mehr in die Leitartikel, offizielle Statements und amtliche Erklärungen werden nicht mehr abgegeben.

1988, im Jahr, in dem Peter Markle *Bat 21* inszeniert, sind höchstens noch persönliche Bekenntnisse, authentische Augenzeugenberichte oder subjektives Zeugnis gefragt. »Ich war dabei«, lautet die Zauberformel. Folgerichtig beruht *Bat 21* auf der »wahren Geschichte« William C. Andersons, der im Vorspanntitel auch stolz als technischer Berater genannt wird.

Danny Glover rettet Gene Hackman in ›BAT 21‹ aus dem Dschungel

»Bat 21» – so der Funkname von Iceal Hambleton – ist weniger ein Vietnamfilm als vielmehr ein abenteuerlicher Actionfilm, der nun mal in Vietnam spielt. Markle variiert einmal mehr die Geschichte eines Mannes, der im Feindesland feststeckt und mit

Hilfe eines Unbekannten – der natürlich zum Freund wird – gerettet wird. Auch daß von den beiden Protagonisten der eine weiß und der andere schwarz ist, stellt keine Neuerung dar. Nicht vietnamspezifisches Kriegsgerät rettet den Schreibtischhengst aus seiner mißlichen Lage, sondern der persönliche Überlebenswille und gute Golfkenntnisse sowie die Ortskenntnis und der Mut des Aufklärungsfliegers Captain Clark, der auf den bezeichnenden Spitznamen »Bird Dog« hört.
Seit drei Wochen ist Erikkson (Michael J. Fox) in *Casualties of War,* von Brian De Palma, in Vietnam. Den Feind hat er noch nicht gesehen. Deshalb wird er von seinen Kameraden spöttisch »Jungfrau« genannt. Wenig später gerät er zum erstenmal in ein Gefecht mit dem Vietcong. Da passiert Erikkson ein Mißgeschick. Er bleibt im unterirdischen Tunnelsystem der Vietnamesen stecken und kann gerade noch von Sergeant Meserve (Sean Penn) gerettet werden. Der streckt nun seinerseits den hilflosen feindlichen Soldaten mit einer MG-Salve nieder.
In einem vietnamesischen Dorf kommt es zu einem weiteren Zwischenfall. Ein Heckenschütze erschießt den Kameraden Brown (Erik King), der in wenigen Tagen in die Heimat zurück-

›Casualties of War‹: Michael J. Fox (rechts) legt sich mit Sean Penn (links) und Don Harvey an

kehren sollte. Brown verblutet, ehe die Rettungsmannschaften eintreffen. Am Stützpunkt vergessen die Soldaten beim Alkohol ihren Frust. Meserve möchte am liebsten in der nahegelegenen Stadt ein vietnamesisches Mädchen organisieren. Doch das Vergnügungsviertel ist Sperrgebiet.
Der nächste Befehl schickt den Trupp tief in das feindliche Gebiet hinein. Meserve schlägt einen kleinen Umweg vor. Er will in einem Dorf ein Mädchen als »tragbare Freizeitentspannung« aufspüren. Nur zu bald wird Erikkson klar, wie ernst es Meserve damit meint. Die Vietnamesin Oahn (Thuy Thu Le) wird zitternd vor Angst ihrer Familie entrissen.
Der Gewaltmarsch durch den Dschungel geht weiter. Oahn leidet am meisten, da sie weder Nahrung noch Wasser bekommt und barfuß gehen muß. Erikkson beklagt sich bei seinen Kameraden über diese unmenschliche Behandlung. Aber er stößt auf taube Ohren. Er merkt, daß er seine Mitstreiter mindestens ebenso fürchten muß wie den Feind.
Besonders Meserve macht sich immer wieder über Erikkson und seine Moralvorstellungen lustig. Er provoziert ihn damit, daß er Oahn vor seinen Augen vergewaltigt.

Michael J. Fox nimmt sich in ›Casualties of War‹ der mißhandelten Thuy Thu Le an

Erikkson versucht, dem Mädchen zur Flucht zu verhelfen. Doch das mißlingt. Statt dessen wird der Trupp vom Vietcong angegriffen. Da naht Unterstützung durch die US-Luftwaffe. Meserve läßt die Vietnamesin kurzerhand ermorden, damit die Piloten das Mädchen nicht bei der kämpfenden Truppe entdecken. Nachdem sie wieder zum Stützpunkt zurückgekehrt sind, vertraut Erikkson seinem Vorgesetzten das scheußliche Verbrechen an. Doch der will davon nichts wissen, bagatellisiert den Mord als unglücklichen Unfall.
Aber Erikkson will Gerechtigkeit. Ermutigt durch einen Priester, fordert er eine Untersuchung des Mordes. Tatsächlich findet man im Dschungel die Leiche des Mädchens. Trotzdem wird dem Moralisten bedeutet, daß man ihn als Verräter betrachte. Schließlich hat er Meserve das Leben zu verdanken.
Es kommt zur Verhandlung, und Meserve und seine Kameraden, die keine Spur von Reue zeigen, werden zu langen Haftstrafen verurteilt. Meserve erklärt sich deshalb für unschuldig, weil er sich auf die Ausnahmesituation des Kriegs beruft.
Einige Jahre später sieht Erikkson in einer Schnellbahn in San Francisco eine Vietnamesin, die der ermordeten Oahn zum Verwechseln ähnlich sieht. Er spricht sie schüchtern an. Sie scheint zu ahnen, was in dem Vietnamveteranen vor sich geht, und erweckt ihn mit den Worten »Es ist alles vorüber« aus dem Alptraum.
Basierend auf der wahren Geschichte von Daniel Lang, die im Oktober 1969 erstmals in der Zeitschrift »The New Yorker« zu lesen war, inszenierte Brian De Palma 1989 *Casualties of War.* 19 Jahre zuvor hatte Michael Verhoevens Leinwandadaptation dieses Stoffs mit dem Titel *O. K.* zu heftigen Kontroversen und zum Abbruch der Berliner Filmfestspiele geführt.
De Palmas übertrieben blutiger Film – der Filmemacher neigt zu explizit dargestellten Gewaltszenen – beginnt in einem klaustrophobischen, ziemlich irrealen Tunnel und endet im gleißenden kalifornischen Sonnenlicht am Tag von Präsident Richard Nixons lang erwartetem Rücktritt. Als Oahn entführt wird, bittet ihre Mutter die Soldaten, einen Schal mitzunehmen, der das Mädchen an zu Hause erinnern soll. Am Schluß gibt Erikkson einer jungen Asiatin in San Francisco einen anderen Schal. Beide Elemente sollen symbolisieren, daß sich letztendlich alles zum Guten gewendet hat. Für Brian De Palma ist das Abenteuer

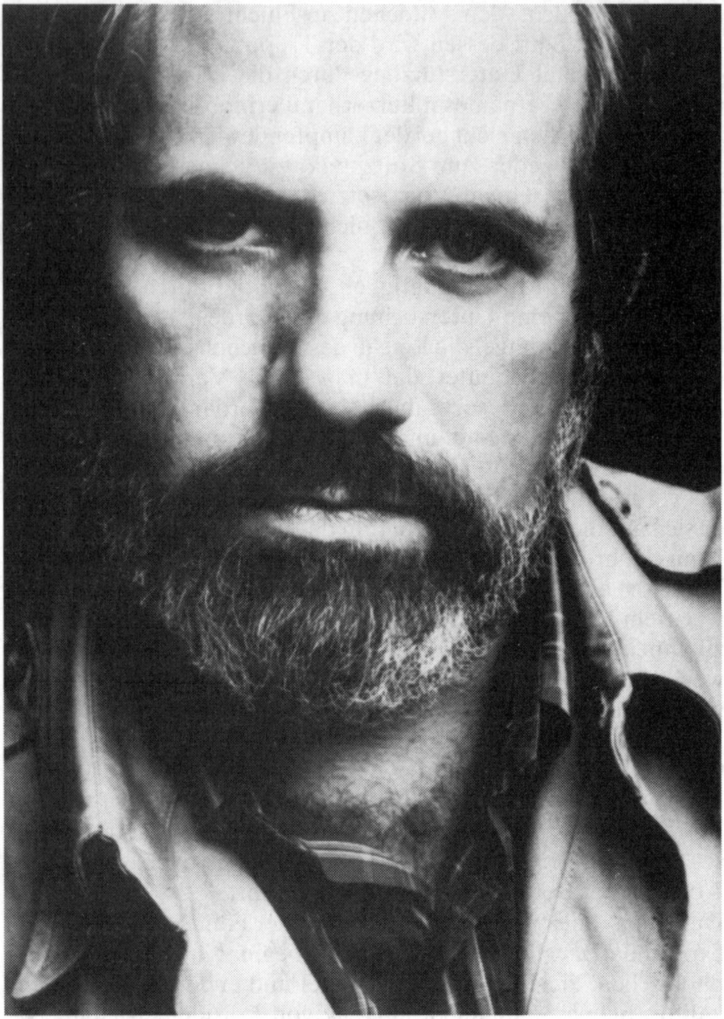

Nach ›Greetings‹ und ›Hi, Mom!‹ realisierte Brian De Palma mit ›Casualties of War‹ seinen dritten Vietnamfilm

Südostasien beendet, er glaubt, daß die Amerikaner aus dem Vietnamkrieg inzwischen gelernt haben.
In *Casualties of War* geht es nicht mehr um den Konflikt zwi-

schen Zivilisation und Dschungel, nicht mehr um die Errettung amerikanischer Ideale und schon gar nicht mehr darum, den Kommunismus aufzuhalten, sondern um persönliche Wert- und Moralvorstellungen. Das eigene Gewissen ist das Maß aller Dinge. Erikkson, ein Familienmann lutheranischer Prägung, bewahrt sich seinen Gerechtigkeitssinn und zieht die seiner Meinung nach – im Gegensatz zur militärischen Führungsspitze – schuldigen Kameraden zur Verantwortung. Folgerichtig könnte Meserves Bösartigkeit auf den deformierenden Wahnsinn Krieg zurückgeführt werden. Ebensogut ist es aber möglich, daß dieser Wesenszug schon in seinen Erbanlagen festgelegt ist. Ergo: Hielte sich der Sergeant nicht in Vietnam auf, sondern in einer amerikanischen Metropole, könnte er genausogut Boß einer Straßen-Gang sein.

Auch Brian De Palma findet für den Krieg in Südostasien keine neuen Bilder. Vielmehr bleibt er mit seinem Werk hinter denen von Cimino, Coppola, Stone und Kubrick zurück. De Palma bleibt De Palma, das heißt: optische Opulenz, wo es nur geht, und eine allmähliche Steigerung der Spannung nach den Regeln des *suspense* (den er von seinem Vorbild Hitchcock zu kopieren versucht).

In Roger Spottiswoodes *Air America* läuft der Vietnamkrieg gerade auf Hochtouren. Viele befürchten bereits, daß auch Laos bald zum Schauplatz der Kämpfe werden wird. Doch Präsident Richard Nixon erklärt der Nation in einer Fernsehansprache, daß die CIA Laos nicht miteinbeziehen werde.

Unterdessen fliegt der junge Pilot Billy Covington (Robert Downey jun.) über die vollen Highways von Los Angeles. Für einen Radiosender gibt er die momentane Verkehrslage durch. Leider übertreibt er ein wenig. Denn als er von seinem Helikopter aus mit einem Lkw-Fahrer einen Streit vom Zaun bricht, flattert ihm am nächsten Tag die Entlassung ins Haus. Auch seine Fluglizenz wird ihm aberkannt.

Wenig später bietet ihm ein mysteriöser Mann einen lukrativen Job an: Man sucht waghalsige Piloten, die schweigen können. Da Billy nichts Besseres zu tun hat, nimmt er den Auftrag an und landet wenig später im Dschungel von Laos. Der kühne Flieger gehört nun zur »Air America«, einer geheimen Fluglinie, die den Kampf der laotischen Bevölkerung gegen die Kommunisten unterstützt.

Plakatmotiv von ›Air America‹

Billy schließt Freundschaft mit seinem Kollegen Gene Ryack (Mel Gibson), einem erfahrenen Mann, der mit einer Einheimischen verheiratet ist und den Job nur noch so lange machen will, bis er genug Geld beiseite geschafft hat. Schon bald erfährt der

›Mad‹ Mel Gibson als verwegener Pilot in ›Air America‹

Newcomer, auf welche Weise sich Gene seine finanziellen Rücklagen schafft: Er ist Waffenschmuggler.

Nur kurze Zeit kann sich Billy darüber aufregen. Denn auch sein Vorgesetzter, Major Lemond (Ken Jenkins), hat keine saubere

Weste. Der duldet nämlich die Massenproduktion von Heroin, das der laotische General Soong (Burt Kwouk) braucht, um seinen Privatkrieg gegen die Kommunisten bezahlen zu können. Inzwischen sind der Regierung in Washington Unregelmäßigkeiten aufgefallen. Sie schickt Senator Davenport (Lane Smith) nach Laos. Er soll sich an Ort und Stelle der Sache annehmen. Doch Soong denkt gar nicht daran, sein lukratives Geschäft aufzugeben. Lemond sucht unterdessen nach einem Sündenbock.
Auch Billy bekommt am eigenen Leib zu spüren, mit welchen Mitteln General Soong seine Ziele durchsetzen will. Er wird bei einem Opiumflug abgeschossen und muß im Niemandsland notlanden. Gene kann seinen Kumpel gerade noch vor den anrükkenden Kommunisten retten. Aber auch Genes Helikopter wird abgeschossen, und mit viel Glück gelingt es ihnen, heil aus dem Dschungel zu fliehen.
Billy holt nun zum Gegenschlag aus und macht Soongs Heroinfabrik dem Erdboden gleich. Jetzt weiß Major Lemond, wen er verantwortlich machen kann. Er setzt Billy auf einem Routineflug ein. Billy ahnt die Falle, und tatsächlich bemerkt er bei der Durchsicht der Ladung, daß er zwei Kilo reinen Heroins an Bord hat. Die Schlinge um Billys Hals zieht sich immer enger …
Roger Spottiswoodes *Air America* (1990), der 35 Millionen Dollar kostete, aber in den USA weniger als 30 Millionen einspielte, wird als gescheitertes Nebenwerk in die Annalen der Hollywood-Vietnam-Geschichte eingehen. Der Film beleuchtet eine bisher noch nicht thematisierte Randerscheinung des Kriegs, die von Präsident Nixon – am Anfang des Films wird dessen Konterfei von einer Parallelmontage mit dem eines Schweins in Verbindung gebracht – stets geheimgehalten wurde: Die Berufsflieger der »Air America« führten zwar offiziell Frachtaufträge der Regierung von Laos aus, aber inoffiziell dienten sie der CIA für ihre illegalen Machenschaften in Vietnam. Zudem war zu erfahren, daß die amerikanische Regierung durch Drogenverkäufe Laos zu Devisen verhalf, wofür das Land stillschweigend die US-Operationen duldete. Alles in allem ist *Air America* nicht mehr als ein aufwendig in Szene gesetzter Actionklamauk, ganz im Stile der 80er Jahre. Das Werk funktioniert, wenn überhaupt, wegen seiner Stars Mel Gibson und Robert Downey jun. und deren markigen, lockeren Sprüchen, seiner gewaltigen Pyrotechnik sowie der spektakulären Hubschrauber- und Flugzeugstunts.

›Air America‹: Mel Gibson und Robert Downey jr. vor und nach getaner Arbeit

Der Kriegsschauplatz Vietnam dürfte keinen weiteren Stoff für Kriegsfilme hergeben. Sämtliche Aspekte des Dschungel- und Guerillakriegs wurden auf verschiedenste Art und Weise beleuchtet. Formal, inhaltlich und technisch hat der Vietnamkrieg den Film nicht weitergebracht. Vielmehr erinnern jüngste Versuche, die Kämpfe in Fernost auf die Leinwand zu bannen, an die herkömmlichen, patriotischen Spielfilme über den Zweiten Weltkrieg und den Koreakrieg – es gibt wieder festgefügte Feindbilder, und Helden haben erneut Konjunktur. Ein trauriges Beispiel für diese Tendenz ist John Milius' revanchistisches Fliegerspektakel *Flight of the Intruder* (1991), das pikanterweise beim Ausbruch des Golfkriegs in den USA einen Paradestart erlebte.

KAPITEL 5

Don't Muck Around With a Green Beret's Mama

Ein Zwischenspiel auf heißen Öfen

Motoren heulen auf, verwegene Typen in abgeschabter Ledermontur sitzen auf ihren chromglänzenden und barockverzierten schweren Motorrädern. Ihre Gesichter sind grobschlächtig, und sie hören auf die ebenso abenteuerlichen wie vielsagenden Namen »Angel«, »Dirty Denny«, »Speed«, »Joint« oder »Acid«. Auf dem Rücken ihrer Lederjacken tragen sie den Namen ihrer Gang: »Mad Dogs from Hell«, »Devil's Angels«, »Devil Riders« oder »Hell's Angels«. Hakenkreuze, Orden, deutsche Stahlhelme, Totenkopf-Embleme und Lederbänder mit Stahlnieten verleihen ihnen ein martialisches und bedrohliches Aussehen, das die übrige Gesellschaft abschreckt.
Wenn sie im Pulk von 80 oder 100 Mann röhrend in Kleinstädte einfallen, ist es meist um die bürgerliche Ruhe und Ordnung geschehen. Provokationen und Schlägereien sind an der Tagesordnung. Das Leeren von Bierdosen gehört zu ihren Lieblingsbeschäftigungen. Und wenn ein paar flotte Miezen ihren Weg kreuzen, lassen sie erst recht die Sau raus.
Auflehnung und Rebellion gegen die gesellschaftliche Ordnung stehen auf ihrem Programm. Sie sind Außenseiter, und ihre Liebe gilt einzig ihrer Maschine, mit der sie die Freiheit endlos flimmernder Asphaltschlangen suchen. Doch was hat diese »Wilde Reiter GmbH« mit dem Vietnamkrieg zu tun? Auf den ersten Blick ist diese Frage nur schwer zu beantworten, denn eine direkte Verbindung zwischen dem Krieg im südostasiatischen Dschungel und den Motorrad-Gangs besteht nicht. Trotzdem wurden ab Mitte der 60er Jahre zahlreiche Motorradfilme gedreht, in denen die semantischen Bezüge nicht zu übersehen sind. Um diese Frage also beantworten zu können, muß auf die Entwicklung und die Eigengesetzlichkeiten des Genres der Biker-Movies eingegangen werden.
Nach dem Zweiten Weltkrieg, dessen Folgen der Siegermacht USA eine politische Führungsrolle in der Welt bescherten,

wurde die amerikanische Gesellschaft einer neuen Belastungsprobe ausgesetzt. Einer Belastungsprobe, in der der »American Way of Life« und das amerikanische Demokratiemodell nicht gegen einen äußeren Feind verteidigt werden mußten, sondern gegen den plötzlich im Inneren entstandenen Generationskonflikt. Die Werte, die sich im Krieg anscheinend so hervorragend bewährt hatten, wurden nun in zunehmendem Maße von der Jugend in Frage gestellt.

Die Ideale der sieggewohnten und respektheischenden Vätergeneration hatten für die Jugend der 50er Jahre an Überzeugungskraft verloren. Bürgerlicher Wohlstand, berufliche Karriere, die satte Zufriedenheit der Allgemeinheit ließ die Jugend revoltieren. Orientierungslos geworden, suchte sich die Nachkriegsgeneration ihre Fluchtwege aus der verklemmten und sterilen Atmosphäre einer spießbürgerlichen Welt. Man schloß sich zu Banden von Halbstarken und Rockern zusammen, die nicht selten den Konflikt mit dem Gesetz suchten.

Der erste Film der amerikanischen Kinogeschichte, der eine Motorrad-Gang in den Mittelpunkt rückte, war *The Wild One* (1953) von Lazlo Benedek. Seine Geschichte beruht auf tatsächlichen Ereignissen, die sich am 4. Juli 1947 in einer kalifornischen Kleinstadt zugetragen haben, als Hunderte von Motorradfahrern in die friedliche Gemeinde einfielen und deren Einwohner terrorisierten.

Von diesem Vorfall ist das Drehbuch jedoch meilenweit entfernt. Der Film erzählt vielmehr den Konflikt zweier Motorradbanden, die zufällig in einer Kleinstadt aufeinandertreffen, und nicht die Auseinandersetzungen jugendlicher Halbstarker mit ihrer spießigen gesellschaftlichen Umgebung. Sozial entschärfend wirkt auch die Liebesgeschichte, die sich zwischen dem Anführer der einen Gang und der hübschen Bedienung der örtlichen Bar anspinnt, da sie als Tochter des Polizeichefs mäßigenden Einfluß auf beide Seiten ausüben kann.

Mit Marlon Brando in der Rolle des Anführers und Lee Marvin als seinem Gegenspieler wurde der Film ein großer Box-office-Erfolg. Und von diesem Zeitpunkt an wurden Motorrad-Gangs zum Bestandteil vieler Low-budget-Produktionen, in deren Mittelpunkt jugendliche Rebellen sich gegen gesellschaftliche Konventionen auflehnten.

In den 60er Jahren rückte dann vor allem eine Motorrad-Gang in

Plakatmotiv von ›Chrome and Hot Leather‹

das gesellschaftliche Rampenlicht: die »Hell's Angels«. Sie wurden zum berühmtesten, aber auch berüchtigsten amerikanischen Motorrad-Club. Ihr Name wurde zum Symbol für die Verhöhnung der bürgerlichen Wertordnung und die Auflehnung gegen deren Institutionen.

Besonders die Semidokumentation *Scorpio Rising* (1962–1964) des Underground-Filmemachers Kenneth Anger trug viel zur Mythologisierung der »Hell's Angels« in der amerikanischen Kultur der 60er Jahre bei. Anger zeigte darin in Nahaufnahmen, wie die Mitglieder der Gang ihre Maschinen startbereit machten und wie sie sich auf ihre Kämpfe untereinander vorbereiteten. Rituale, die einen religiösen Charakter hatten und von der Gang mit der Inbrunst eines Gottesdienstes praktiziert wurden. Nur wenige Filme rückten dabei die homoerotische Natur dieses der Gewalt huldigenden Männerbundes so deutlich in den Vordergrund.

Als 1965 in der Zeitung »The Nation« der Erlebnisbericht »Hell's Angels – the Strange and Terrible Saga of the Outlaw Motorcycle Gangs« des jungen Hunter S. Thompson erschien, der lange Zeit die Gruppe auf ihren Streifzügen durch das Land begleitet hatte, war endgültig das Fanal für eine Beschäftigung der amerikanischen Medien mit den zweirädrigen Rockern gesetzt.

Einer, der für die Konsuminteressen der Gesellschaft schon immer eine feine Nase hatte und daraus seinen kommerziellen Nutzen zog, war der Regisseur und spätere Produzent Roger Corman. Er drehte 1966 mit *The Wild Angels* – mit Peter Fonda, Nancy Sinatra und Bruce Dern in den Hauptrollen – wohl einen der erfolgreichsten und besten Filme dieses Genres.

Peter Fonda spielt darin als »Heavenly Blues« den Anführer eines verwegenen Haufens in Leder gekleideter und mit Hakenkreuzen behängter Typen, die sich mit allen erdenklichen sozialen Institutionen und Instanzen anlegen. Das Verprügeln von Kleinstadtspießern wird dabei zur Lieblingsbeschäftigung der Gang – nach dem Motto ihres Anführers: »Wir wollen unsere Freiheit, und wir wollen unsere Maschinen fahren, ohne vom Rest der Menschheit behelligt zu werden. Außerdem wollen wir unseren Spaß!«

Höhepunkt des Films ist ein Begräbnis für »Loser«, den von der Polizei erschossenen Gefährten des Gang-Leaders. Billiger

Fusel und das rhythmische Getrommel von Bongos heizen die Stimmung an, die sich schließlich in einem chaotischen Rausch von Gewalt und Zerstörung entlädt. Die »Angels« nehmen die Kirche auseinander, vergewaltigen eine Witwe, setzen den Leichnam von »Loser« in eine Ecke und stecken ihm einen Joint in den Mund. Der Pfarrer wird mit Karateschlägen traktiert und als überflüssiges Stück Abfall in einem Behälter entsorgt.
Diese unverhohlene Darstellung von Gewalt und die Mißachtung jeglicher gesellschaftlicher Autorität veranlaßte die zeitgenössische Filmkritik zu vernichtenden Besprechungen. Dennoch war Cormans Film 1966 ironischerweise als einziger amerikanischer Beitrag auf dem Filmfestival in Venedig zu sehen. Hier schien man zu erkennen, daß die Grenzen in der Darstellung von Sex und Gewalt in diesem Genre neu definiert werden mußten.
Nach Cormans großem Erfolg sollten die nächsten zehn Jahre ganze Horden von Rockern über die Leinwände rasen und sich ihren wilden Spielen hingeben. Schon die Titel lassen eine Ahnung aufkommen, nach welchen Strickmustern verfahren wurde: *Hell's Angels on Wheels* (1967), *The Savage Seven* (1968), *Devil's Angels* (1967), *Hell's Angels '69* (1969) und *Angels Die Hard* (1970).
Und obwohl die meisten Produktionen lediglich »Trash«-Charakter hatten und nur den niedrigsten Ansprüchen genügten, konnte man in den Credits Namen von Schauspielern lesen, die es später zu Weltruhm brachten. John Cassavetes, Dennis Hopper, Bruce Dern, Peter Fonda, Chuck Norris, Jack Nicholson, Harry Dean Stanton, Cameron Mitchell und andere saßen alle auf heißen Öfen und machten gehörig Putz. Für viele waren die Biker-Movies die Chance für ein erstes Engagement.
Nach und nach fanden dann verschiedene soziale Strömungen der Zeit thematisch Eingang in das Genre: die Frauenbewegung in Filmen wie *She Devils on Wheels* (1968), *Sister in Leather* (1969) oder *Angel's Wild Women* (1972); die zunehmende Spiritualisierung der amerikanischen Gesellschaft in *The Jesus Trip* (1972); die Übernahme von übernatürlichen Elementen aus dem Horrorgenre in *Werewolves on Wheels* (1971) oder *Psychomania* (1971). Viele wichtige Themen, die zu dieser Zeit Amerika beschäftigten, schlugen sich in diesem Genre nieder. Und dazu gehört natürlich auch der Krieg in Vietnam.

Mit den ›Born Losers‹ ist nicht zu spaßen

Biker-Movies, die in ihrer erzählten Geschichte auch auf den Vietnamkrieg Bezug nehmen, sind bis auf wenige Ausnahmen eine Variante der »Heimkehrerfilme«. Im Mittelpunkt steht häufig ein ehemaliger Soldat, der in Vietnam Kampferfahrung gesammelt und seinen Mut bewiesen hat. Nach seiner Rückkehr aus dem Krieg stellt er nun die mit dieser Erfahrung zusammenhängenden besonderen Fähigkeiten in den Dienst der Gesellschaft. Die Motorrad-Gangs werden als gesellschaftliche Außenseiter dargestellt, die Unruhe stiften, in vielen Fällen das Gesetz brechen und von den örtlichen Polizeibehörden nicht kontrolliert werden können. Der Veteran erscheint als positiver Held, der die gesellschaftliche Ordnung wiederherstellt, die durch die Rockerbanden bedroht ist. Er trägt somit deutlich reaktionäre Züge.

The Born Losers (1967), von T. C. Frank (ein Pseudonym für den jungen Regisseur und Schauspieler Tom Laughlin), ist der erste Film dieser Provenienz. Eindeutig geht es um die Aufrechterhaltung von Law and Order mit allen Mitteln. Brutalitäten und Selbstjustiz sind dann gerechtfertigt, wenn durch sie die bürgerliche Ordnung wiederhergestellt wird. Und obwohl sich der Film an verschiedenen Stellen mehrfach gegen sinnlose Gewalt ausspricht, verhalten sich die dargestellten Charaktere gerade entgegengesetzt dazu.

Der Held der Geschichte trägt den Namen Billy Jack. Als Angehöriger einer Spezialeinheit in Vietnam, der »Green Beret Rangers«, ist er so etwas wie ein Vorläufer von Rambo. Er kennt alle Tricks und Kniffe, seine Gegner ins Jenseits zu befördern. Gesellschaftlich gehört er als Halbblut einer diskriminierten Minderheit an und hat sich weltabgewandt in die Berge zurückgezogen, um den Dschungelkrieg zu vergessen. Doch als eines Tages eine wilde Rocker-Gang in eine kalifornische Kleinstadt einfällt, ist es auch mit Billy Jacks friedfertiger Zurückgezogenheit vorbei.

Die Rocker veranstalten in einer verlassenen Kirche eine heiße Party, in deren Verlauf vier junge Mädchen vergewaltigt werden. Keiner der biederen Kleinstädter wagt es, der Bande entschlossen entgegenzutreten. Selbst dem Sheriff sind die Hände gebunden, solange niemand sich bereit findet, gegen die Gang als Zeuge auszusagen. Nur Billy Jack läßt sich von der Brutalität und Roheit der Bande nicht einschüchtern und nimmt blutig Rache. Nur er vermag es in einem Akt der Selbstjustiz, diesen asozialen Elementen zu ihrer verdienten Strafe zu verhelfen.

Laughlins Film lief trotz seiner unübersehbaren handwerklichen Schwächen erfolgreich im Kino. Und damit war auch das Überleben seiner Hauptfigur Billy Jack für weitere drei Produktionen gesichert. *Billy Jack, The Trial of Billy Jack* und *Billy Jack Goes to Washington* hatten alle ein weitaus höheres Budget und waren dementsprechend professioneller, jedoch leider auch stromlinienförmiger und weniger originell.

Dieselbe Ideologie findet sich vier Jahre später auch in Lee Frosts *Chrome and Hot Leather* (1971). Dort nimmt ein »Green Berets«-Ausbilder mit seinen drei Kollegen Rache für den Tod seiner Verlobten, die von einem Mitglied einer Motorrad-Gang, der »Devils«, mit ihrem Wagen von der Straße abgedrängt wurde und verunglückte. Zunächst überlassen die Soldaten den Fall der Polizei. Als diese aber zu langsam arbeitet und keine Ergebnisse vorzuweisen hat, nehmen sie die Ermittlungen selbst in die Hand.

Selbstverständlich werden die vier Soldaten absolut positiv gezeichnet. Konflikten und Provokationen gehen sie aus dem Weg. Um sich den Verhaltensweisen ihres Gegners anzupassen und um nicht aufzufallen, kaufen sie Motorräder, auf denen sie jedoch nach wie vor harmlos aussehen und vom Habitus eines echten »Hell's Angel« meilenweit entfernt sind.

Doch auch die Motorrad-Gang hat kein homogen negatives Erscheinungsbild. Der Anführer der Gang zeigt gegenüber seiner Gefolgschaft soziale Verantwortung und versucht, Auseinandersetzungen mit den Behörden weitestgehend zu vermeiden. Zwischen ihm und dem Mörder des Mädchens entsteht Streit über den Unfall, der sich zu einem Machtkampf um die Führung der Gang auswächst.

Der Gang-Leader möchte den Rivalen und Mörder, der die Aufmerksamkeit der Behörden auf sich gelenkt hat, loswerden.

Schließlich kommt es in einer Bergschlucht zu einem Showdown. Da der Gegner zahlenmäßig überlegen ist, müssen die »Green Berets« ihr gesamtes Kriegsgerät und die erworbene Kampferfahrung einsetzen. Von Rauchbomben, Tränengas, Platzpatronen und simulierten Explosionen mürbe gemacht, geben die »Devils« auf und wandern ins Gefängnis.

Die »Green Berets« zeichnen sich durch strenge Disziplin und Moral aus. Sie führen ihre Angriffe mit hoher Zielgenauigkeit durch, denn niemand soll ernsthaft verletzt werden. »Paß auf die Koordinaten auf«, warnt ihr Anführer, »ich möchte niemanden umbringen!«

Daß aber die Rechte der am Mord unbeteiligten Bandenmitglieder verletzt werden, scheint niemanden zu stören; auch wird dem Umstand, daß alle in die Strafvollzugsanstalt eingeliefert werden, obwohl es nur *einen* Schuldigen gibt, keine Rechnung getragen. Das Kriegsrecht hat auch in den Vereinigten Staaten Gültigkeit erlangt; der Vietnamveteran bleibt auch in der Heimat ein Kämpfer.

Diese reaktionäre Law-and-Order-Botschaft findet sich in abgewandelter Form auch in *The Angry Breed* (1968) von David Commins. Sein Vietnamveteran heißt Johnny Taylor und träumt von einer steilen Karriere als Schauspieler. Gleich nach seiner Rückkehr in die Heimat versucht er, ein Filmdrehbuch auf seine Person hin umzuschreiben, das er von einem gefallenen Drehbuchautor, der in seiner Einheit war, erhalten hat. Dabei gerät er in die absurdesten Abenteuer, in denen er ein hübsches Mädchen retten muß, das von einer Motorrad-Gang in Nazi-Uniform verfolgt wird.

Satan's Sadists (1969), von Al Adamson, schwelgt – in Erfüllung des verheißungsvollen Titels – in Gewaltdarstellungen. Der Vietnamveteran Johnny Martin ist ein sozialer Saubermann, der rücksichtslos gegen gesellschaftlichen Abschaum wie beispielsweise eine Rockerbande zu Felde zieht. Dabei zieht er alle Register der ihm antrainierten Kampftechniken. Auf dem Kopf eines Rockers wird ein Spiegel zertrümmert, dem anderen wird eine Giftschlange an den Hals geworfen, und dem Anführer wird mit einem gezielten Messerwurf das Lebenslicht ausgeblasen. Der absolute Höhepunkt besteht jedoch darin, einen der Kerle in einer Toilettenschüssel zu ertränken.

Unmißverständlich gibt Al Adamson somit zu verstehen, welche Einstellung er gegenüber den Motorrad-Gangs hat und wohin er sie wünscht.

Die Brutalisierung des Genres nimmt Ende der 60er Jahre im gleichen Maße zu, wie die Handlungslogik der erzählten Geschichten abnimmt. Längst geht es nicht mehr um Aussagen über soziale Randgruppen oder um jugendliche Protesthaltungen, vielmehr dient der Krieg für die Protagonisten nur als eine Erfahrung, die für den Kampf zu Hause das Überleben erleichtert. Und manchmal, wie in Burt Toppers *The Hard Ride* (1970), genügt auch diese Erfahrung nicht. Wenn sein Held mit dem Leichnam seines schwarzen Freundes zurückkehrt und für eine angemessene, ehrenvolle Bestattung kämpft, kann es auch passieren, daß daraus ein Doppelbegräbnis wird.

Daran knüpft eine andere ideologische Variante an, die die Biker-Movies zur Zeit des Vietnamkriegs auszeichnet. Die Motorradfahrer sind Vietnamveteranen, die in der Heimat keinen Anschluß an die Gesellschaft mehr gefunden haben. Die Zeiten, in denen sie als Helden aus dem Krieg heimkommen, sind vorbei. Soldat gewesen zu sein ist keine Ehre mehr. Die Familie hat den Heimkehrer verstoßen, alte Freundschaften sind zerbrochen. Arbeit bekommen nur gewissenhafte junge Männer; Soldaten werden wie bezahlte Killer behandelt und finden keine Beschäftigung. Der Staat, dem sie treu gedient haben, kümmert sich nicht um sie. Also schließen sie sich mit Leuten zusammen, die ebenfalls Außenseiter der Gesellschaft sind, und nehmen mit ihnen Rache am Staat. Ihre im Krieg erworbenen Fähigkeiten

machen sie der Polizei überlegen. Um das Gesetz kümmern sie sich nicht mehr und fühlen sich zunehmend wohler in ihrer Rolle als »Outlaw«. Am Schluß ereilt sie ein grausamer Tod, oder im günstigeren Fall werden sie von einer Person (häufig einer Frau) wieder sozial integriert.
Interessant erscheint die Tatsache, daß die ersten Filme, die sich mit dem amerikanischen Krieg in Südostasien auseinandersetzen, das Heimkehrerproblem behandeln. Dabei wird nicht darauf eingegangen, wie Vietnam die Psyche der Soldaten beeinflußt hat, sondern nur gezeigt, wie verroht die Akteure sind. Nach Gründen, die zu diesem Umstand führten, wird nicht gesucht. Daß der Staat ihnen befohlen hat zu kämpfen, wird nicht erwähnt. Der Held dieser Filme ist der brave amerikanische Junge, der als böser Bube in die Staaten heimfindet (in den älteren Kriegsfilmen war immer das Gegenteil der Fall). Er hat seine Schuldigkeit getan und wird verstoßen, was ihn zum Paria macht.
Exemplarisch hierfür ist Bruce Kesslers *Angels from Hell* (1968), in dem der Held aus Vietnam zurückkehrt und seinen Führungsanspruch in seiner alten Motorradbande wieder geltend machen will. Der jetzige Chef, ein alter Freund von ihm, der nicht in Vietnam gedient hat, wird zu seinem Feind und unterliegt in einem dramatischen Kampf.
Hier ist der Held schon Mitglied einer Motorrad-Gang gewesen und nützt seine im Krieg erworbenen Fähigkeiten, um die alte Vormachtstellung wiederzuerlangen. Angesichts seiner kämpferischen Überlegenheit wird er immer machthungriger. Bald, meint er, werde er eine riesige Anzahl von Gefolgsleuten haben, die ihm bei seinem Kreuzzug gegen den Staat folgen würden. »Du bist verrückt!« sagt seine Freundin. Doch er antwortet: »Ich bin ein Genie!« Bald darauf, noch bevor er seine revolutionären Pläne in die Tat umsetzen kann, wird er von einem Polizisten vom Motorrad geschossen. Dabei hört man das Titellied »No Communications«.
Angesichts der Tatsache, daß sich zu Beginn der 70er Jahre die militärische Niederlage der Amerikaner immer deutlicher abzeichnete und die Verluste enorme Ausmaße erreichten, schien dieses Schicksal von verkommenen, sozial nicht integrierbaren Veteranen geradezu eine Verschwendung zu sein. War es da nicht besser, diese »lost boys« der amerikanischen Gesellschaft

Dieses Emblem ziert die ›Kutten‹ der ›Born Losers‹

wenigstens sinnvoll und für das Vaterland nutzbringend zu entsorgen?

Jack Starretts *The Losers* (1971) dürfte die perfideste Antwort und den radikalsten Entwurf dazu enthalten. Bei ihm werden zwei Veteranen und drei Motorradbanden-Mitglieder nach Kambodscha geschickt, um einen gefangenen CIA-Agenten aus einem Gefangenenlager zu befreien. Das Unternehmen gelingt, die Helden verlieren dabei ihr Leben.

Anstoß für Starretts Film dürfte dabei vielleicht eine skurrile Begebenheit gewesen sein, die sich 1965 ereignete. Damals sandte »Sonny« Barger, der Anführer der »Hell's Angels«, Präsident Johnson ein Telegramm mit folgendem Wortlaut:

Präsident Lyndon B. Johnson
1600 Penn Ave.
Washington D. C.

Sehr geehrter Herr Präsident,

Meine Kumpels und ich würden uns als loyale Amerikaner glücklich schätzen, wenn wir hinter den Linien in Vietnam unsere Pflicht tun könnten. Wir glauben, daß eine Handvoll ausgebildeter Gorillas (sic!) den Vietcong demoralisieren würde und

der Sache des Friedens dienlich wäre. Wir stehen Ihnen für Ausbildung und Einsatz augenblicklich zur Verfügung.
Mit freundlichen Grüßen
Ralph Barger jr.
Oakland, Kalifornien
Präsident der Hell's Angels

Das Telegramm erregte im Weißen Haus große Belustigung und wurde natürlich keinen Augenblick ernst genommen. Niemand dachte ernsthaft daran, einen militärisch unkontrollierbaren Haufen von Motorrad-Rockern nach Südostasien zu schicken, um dort den Krieg zu gewinnen. Diese Vorstellung war zu absurd.

Darüber hinaus kamen in der militärischen Geschichte des Vietnamkriegs nie Motorradstaffeln zum Einsatz. Ein direkter Zusammenhang zwischen diesem Angebot der »Hell's Angels« und Starretts sechs Jahre später gedrehtem Film ließ sich in der Literatur nicht finden. Trotzdem scheint es nahezuliegen, daß man in dieser Aktion der »Hell's Angels« die Idee für den Plot von *The Losers* vermutet.

Die Geschichte ist so angelegt, daß die einzig mögliche Lösung für die Protagonisten der Tod zu sein scheint. Im Kampf kennen sie alle Tricks und Schliche, beherrschen ihre Motorräder im Schlaf, doch im zivilen Leben sind sie nicht verwendbar. Darum werden sie nach Südostasien zurückgeschickt, dieser Lebensraum ist ihre Heimat geworden. Dort hat der eine seine vietnamesische Freundin zurückgelassen, während der andere sein Bordell, das er sich aufgebaut hatte, aufgeben mußte, nachdem sie aus der Armee entlassen worden waren. Sogar der CIA-Agent, der ihnen sein Leben verdankt, hält sie, nachdem er sich in Sicherheit weiß, für sozialen Abfall.

Der wohl mit Abstand herausragendste Film dieses Genres ist *Easy Rider* (1969) von Dennis Hopper. Obwohl die direkten Verweise auf den Vietnamkrieg fehlen, sei es durch das Auftauchen von Veteranen oder beispielsweise durch Einblendungen von Kriegsberichten des Fernsehens, fängt er in unnachahmlicher Weise das Lebensgefühl der Jugend – ihre Sehnsüchte und Träume von Freiheit und dem Ausbrechen aus gesellschaftlichen Zwängen – ein. Diese Werte gehören zur amerikanischen Jugendkultur der 60er Jahre und gehen eine Verbindung mit

dem Protest gegen den Vietnamkrieg und dem Versuch ein, sich der drohenden Einberufung zu entziehen. Der Krieg ist eine Sache der älteren Generation, die wiederum ihre Werte und ihre Vorstellung vom »American Dream« durch den Eskapismus der Jugend bedroht fühlt. Lange Haare, parodistisch buntfarbene Hippie-Klamotten und Motorräder stehen für eine zügellose Lebensweise, die als Bedrohung aufgefaßt wird. Nostalgie beherrscht die Grundstimmung des gesamten Films. Die Aufnahmen von Landschaften und Städten zeigen Amerika einerseits von seiner romantischen Seite, gleichzeitig aber werden die Helden mit den Bewohnern dieses Amerikas konfrontiert, die die geringste Provokation mit brutaler Gewalt beantworten.
»Easy Rider« nennt man in den Südstaaten den Geliebten (nicht den Zuhälter) einer Prostituierten. Produzent und Hauptdarsteller Peter Fonda erläutert den Filmtitel so: »In Amerika ist die Freiheit zur Hure geworden; und wir alle versuchen's mit dem ›easy ride‹.«

Dennis Hopper und Peter Fonda suchen in ›Easy Rider‹ Freiheit und Abenteuer

Entsprechend verhalten sich die Helden des Films. Wyatt »Captain America« und Billy verkaufen an einen reichen Rauschgifthändler Kokain, um sich mit dem Erlös aus diesem Geschäft ihren Traum zu erfüllen: Sie wollen mit ihren umgebauten Motorrädern (die auch »easy rider« genannt werden) quer durch die Vereinigten Staaten zum Mardi Gras nach New Orleans fahren. Auf dieser Reise lernen sie das wahre Gesicht der USA kennen. Eigentlich wollen sie nur frei und ungebunden sein, aber überall begegnet man den langhaarigen Hippies mit Haß und Unverständnis. Zu sehr unterscheiden sie sich in ihrem Aussehen von den Middle-class-Amerikanern, und auch die Tatsache, daß sie weder arbeiten noch angepaßt sind, macht sie verdächtig. Nur eine alternative Landkommune nimmt sie freundlich auf; man lebt dort friedlich in den Tag hinein, ernährt sich von dem, was der Boden hergibt, und fühlt sich keinen gesellschaftlichen Regeln unterworfen. Krieg und Wettbewerbsdenken sind weit entfernt. Hier scheint sich eine Insel der Seligkeit etabliert zu haben.
Die Realität holt die beiden aber schnell wieder ein. An ihrer nächsten Station treffen sie den alkoholabhängigen Hanson, der seinen Beruf als Rechtsanwalt an den Nagel gehängt und damit Geld und Karriere den Rücken gekehrt hat.
In dem Coffee Shop, in dem sie Rast machen, wird ihr sozialer Rang sichtbar gemacht: Einerseits sind da die kichernden, Cola trinkenden Mädchen, die um die Gunst der Männer buhlen, und andererseits die Farmer und der Sheriff, die sich über die »Gammler« lustig machen und ihnen drohen. In der folgenden Nacht machen die Bürger ihre Drohungen wahr. Da die drei Freunde kein Motelzimmer bekommen haben – Leute wie sie kann man nicht in sauberen Betten schlafen lassen –, müssen sie im Freien übernachten. Die »gute Gesellschaft« überfällt sie, um ihnen einen Denkzettel zu verpassen; dabei wird Hanson erschlagen.
Die Szene macht tief betroffen und läßt den Zuschauer unwillkürlich für die Außenseiter Partei ergreifen, nicht zuletzt deshalb, weil man eben noch Wyatt, Billy und Hanson friedlich diskutierend und Haschisch rauchend am Lagerfeuer sitzen sah. In einer vorhergehenden Szene resümierte der ehemalige Rechtsanwalt sehr treffend: »Wißt ihr, das war mal ein ganz herrliches Land. Ich kann nicht verstehen, was auf einmal damit los ist.«

›Born Losers‹: Der erste der ›Billy Jack‹-Filme ist gleichzeitig ein biker movie

Um ihrem Freund die letzte Reverenz zu erweisen, besuchen Wyatt und Billy in New Orleans ein Bordell, von dem Hanson immer geschwärmt hatte. Mit zwei Mädchen, die sie dort kennenlernen, besuchen sie einen großen Friedhof und nehmen dort LSD. Der Trip erweist sich als schlecht, sie werden von furchtbaren Horrorvisionen geplagt.
Sie verlassen die Stadt und fahren weiter. Billy wird von einem Farmer, »nur so zum Spaß«, vom Motorrad heruntergeschossen; »Captain America«, der Hilfe holen will, ereilt dasselbe Schicksal.
Easy Rider verknüpft in seiner Geschichte verschiedene Komplexe. Als klassisches Road-Movie, in dem die Helden ständig unterwegs von einem Ort zum anderen sind, zeigt er eine Odyssee durch das Amerika zur Zeit des Vietnamkriegs. Als Biker-Movie ist es die Ultima ratio in der Ästhetisierung des Genres: Die chromglänzenden Harley-Davidson-Motorräder wurden zu einem Symbol für einen ganzen Zeitabschnitt und stehen zu ihm vergleichsweise in derselben Relation wie die Hispano-Suiza-Autos zu den 20er Jahren. Poster, auf denen Peter Fonda und Dennis Hopper mit ihren Harleys dem Sonnenuntergang entge-

genfahren, fanden sich in nahezu jeder Wohngemeinschaft der frühen 70er Jahre.

Easy Rider wurde zu einem Kultfilm, der als Independent-Produktion auf einzigartige Weise an die Affekte der jungen Generation appellierte, die sich vom amerikanischen Kino immer unterrepräsentiert gefühlt hatte. Die Realisierung des Films belief sich auf etwa 355.000 Dollar – ein lächerlicher Betrag, wenn man sich die Budgets von Produktionen ansieht, mit denen die Majors kalkulierten. Und trotzdem konnte ein Einspielergebnis von über 22 Millionen Dollar erzielt werden. Viele Studiobosse versuchten daraufhin im Fahrwasser des Films mit ähnlichen jugendorientierten Themen den Erfolg zu wiederholen. Vergeblich. Das Resultat war immer ein kommerzielles Desaster, denn nur *Easy Rider* ließ unter der protestierenden Jugend ein »Wir-Gefühl« aufkommen.

Easy Rider vermittelt den Eindruck, die USA seien ein einziger schlechter Trip. Die Jugend hat keine Chance mehr, ihre Fluchtmöglichkeiten sind harte Drogen oder der Tod. Entweder sie passen sich an, oder sie gehen unter. Die Fehler, die schon in der Gesellschaft erkennbar sind, werden ihr logisches Ende im sinnlosen, ungerechtfertigten Vietnamkrieg finden. Der Pessimismus der Bilder ist suggestiv, Lieder wie »Born to Be Wild«, »The Pusher« (beide von der Rockgruppe »Steppenwolf«) und »It's Allright Mama (I'm Only Bleeding)« (Roger McGuinn) stehen exemplarisch für die Stimmung der Zeit.

KAPITEL 6

The War Comes Home

... und was zu Hause geschah. Der Krieg an der Heimatfront

»Es war notwendig, die Stadt zu zerstören, um sie retten zu können!« war der Kommentar eines amerikanischen Artillerieoffiziers, der Fernsehbilder von unbeschreiblichen Verwüstungen und menschlichem Leid begleitete. Zur selben Zeit erschoß der Saigoner Polizeichef höchstpersönlich vor den laufenden Kameras der Reporter einen Verdächtigen, der angeblich den Vietcong unterstützt hatte.

Diese Vorfälle im Zuge der Tet-Offensive des Jahres 1968, die in den amerikanischen Massenmedien breiten Raum einnahmen, hatten eine verheerende Wirkung auf die öffentliche Meinung. Vielen Amerikanern wurde nun bewußt, daß dieser Krieg alles andere zuließ, nur nicht die Aufrechterhaltung der edlen Rolle des Verteidigers westlicher Freiheit und demokratischer Wertsysteme oder des nationalen Mythos einer »zivilisatorischen Befriedung des Westens«. Sorgte schon die Eskalation des Krieges ab 1965 durch die verstärkten Einberufungen für Unruhe unter der jungen Generation, die direkt von den Colleges und Universitäten nach Vietnam geschickt wurde, so waren die Fernsehbilder von der Tet-Offensive nun auch für viele aus der Mittelklasse der Anstoß, diesen schmutzigen Krieg für einen Fehler und einen Irrtum zu halten. Führende Politiker wie Robert Kennedy begannen sich öffentlich von der Politik der Regierung zu distanzieren.

Das Fernsehen hat mit seiner Berichterstattung direkt von der Front wesentlich zur Antikriegsbewegung beigetragen. Eine Untersuchung über das Medienverhalten des Durchschnittsamerikaners kam bereits 1961 zu dem Ergebnis, daß tagtäglich etwa fünf Stunden und 22 Minuten Fernsehen konsumiert wurde. In nahezu jedem Haushalt stand sowohl im Wohnzimmer als auch im Schlafzimmer, im Kinderzimmer, in der Küche usw. ein Empfangsgerät. Fernsehen war eindeutig die Lieblingsbeschäftigung des Mittelklassebürgers.

Es ist daher nicht verwunderlich, daß das Fernsehen politisch eine große Rolle spielte. Schon Kennedy hatte sein Charisma zu nicht geringem Anteil dem Fernsehen zu verdanken. Während seiner etwa dreijährigen Präsidentschaft wurden 19 Ansprachen ausgestrahlt, und viele Features porträtierten die einzelnen Familienmitglieder.

Damals bereiteten allerdings die Fernsehsender die amerikanische Gesellschaft jahrelang auf den kommenden Vietnamkrieg vor. In UNO-Reden wurde regelmäßig auf die kommunistische Gefahr und die Domino-Theorie hingewiesen. Die Berichterstattung war tendenziös und einseitig.

Sie teilte die Welt in Gut und Böse auf und polarisierte auf geradezu unerträgliche Weise. Statt genauer Analysen wurden Plattitüden, Seichtheiten und Propaganda geboten, so daß die amerikanischen Tugenden immer triumphierten und an der Weisheit amerikanischer Antworten auf globale Probleme die Welt genesen konnte.

Die Objektivität der Berichterstattung fiel meistens den eindeutigen Interessen der Rüstungsindustrie zum Opfer, die viele Fernseh- und Radiostationen besaß. Der Konflikt in Vietnam wurde als Auseinandersetzung mit gottlosen kommunistischen Guerillas dargestellt, die mit subversiven Mitteln die Herrschaft über das friedliebende, tief gläubige südvietnamesische Volk erringen wollten. Der korrupte südvietnamesische Diktator Diem wurde einmal sogar von Vizepräsident Johnson 1961 als »Winston Churchill Asiens« bezeichnet. Damit jedoch nicht genug. Seine Militärpolitik in Vietnam verglich er noch 1964 mit der Invasion der Alliierten 1944 in der Normandie, seine Berater Dean Rusk und McBundy wurden dagegen zu Vertretern einer Anti-Appeasement-Politik.

Doch Johnson war kein Einzelfall. Viele Politiker und Journalisten waren so von den strategischen Modellen des Zweiten Weltkriegs geprägt, daß sie den Vietnamkrieg völlig undifferenziert nach den gleichen Maßstäben beurteilten. Man verurteilte die Appeasement-Politik, mit der man Hitler vergeblich hatte bremsen wollen, und wollte diesen Fehler nicht noch einmal machen. Diese Einschätzung wurde in der Öffentlichkeit durch die Programmpolitik der Fernsehsender noch verstärkt.

Man sendete hauptsächlich Kriegsfilme oder Serien, die den Zweiten Weltkrieg zum Thema hatten und in denen Winston

Churchill in seinem Kampf gegen den Nationalsozialismus verherrlicht wurde.
Die Botschaft war unmißverständlich: Die weiße angelsächsische Demokratie muß zum Kampf gegen einen Kommunismus antreten, der den kleinen Mann in seiner Lebensweise bedroht.
Diese ideologischen Verzerrungsstrategien im Fernsehen konnten aber auf Dauer nicht durchgehalten werden. Immer stärker fluteten seit dem Einsatz regulärer Kampfverbände im Jahre 1965 Bilder und Berichte über den Bildschirm, die von Blutvergießen, Gefallenen, ungewissen Siegen und Verlusten kündeten, die für Guerillakriege typisch sind. Obwohl auch hier zunächst versucht wurde, die feindlichen Verluste zu überhöhen und einen baldigen Sieg anzukündigen, ging der Krieg weiter, und die eigenen Verlustraten stiegen. Diese Lücke zwischen erhältlicher Information und wahrgenommener Wirklichkeit begünstigte den öffentlichen Protest.
Johnson selbst war nicht in der Lage, diese Lücke zu füllen und die charismatische Rolle Kennedys zu übernehmen, nachdem dieser ermordet worden war – geschweige denn, dessen Visionen der »New Frontier«, dessen romantischen Idealismus und telegene Überzeugungskünste. Mit ihm entstand ein kulturpsychologisches Loch, denn er konnte diese grauenhaften Bilder im Fernsehen nicht erklären. Seine Auftritte vor der Kamera wirkten fast immer hölzern und unsicher. Er vermied sie, wenn er konnte. Darüber hinaus war er für die Eskalation der Bombenangriffe auf nordvietnamesische Ziele und Städte verantwortlich. Für die Protestbewegung war Amerika ein brutaler Technologiegigant, der ein kleines Agrarland »in die Steinzeit zurückbombte«, wie sich ein amerikanischer General auf zynische Weise einmal ausdrückte.
Dieser Kampf wurde als Projektion eines inneramerikanischen Konflikts gesehen, in dem eine bürokratische und dekadente Gesellschaft gegen eine Minderheit vorging, die für Demokratie, rassische Gemeinschaft und eine alternative Lebensweise in Harmonie mit der Natur eintrat.
Der Vietnamkrieg vereinte Protestbewegungen mit völlig unterschiedlichen Motiven und sozialen Wurzeln. Bürgerrechtler, Feministinnen, »Black Panther« – alle sahen im Krieg und seinen Auswirkungen zu Hause einen Ausdruck der zunehmenden Militarisierung und Spaltung der amerikanischen Gesellschaft. Tat-

sächlich entwickelte sich eine Art Gegenkultur, in der gegen überkommene Zwänge rebelliert und für eine Erweiterung des Bewußtseins und der Wahrnehmung durch Drogen geworben wurde. Neue Religionen oder fernöstliche Philosophien fanden großen Zulauf. Zum Rhythmus der »Doors« und der »Rolling Stones« tanzte man mit langen Haaren und ausgeflippten Flower-Power-Klamotten.

Von 1968 an war es auch für die Filmindustrie nicht mehr ohne weiteres möglich, den Krieg auf die herkömmliche Weise zu behandeln, indem man entweder klischeehafte Propagandafilme drehte oder den Krieg als Sujet vollkommen aussparte. Daher waren es in der Anfangszeit des Kriegs, in der die die Spaltung der amerikanischen Gesellschaft in Kriegsbefürworter und -gegner für kommerzielle Produzenten unattraktiv war, vor allem ausländische Regisseure, die sich des Themas annahmen: beispielsweise französische Regisseure wie Claude Lelouche mit *Vivre pour vivre* (1967), Jean-Luc Godard mit *Deux ou trois choses que je sais d'elle* (1966) oder mit *La chinoise* (1967) und Alain Resnais in Co-Regie mit anderen Europäern in *Loin du Vietnam* (1967).

In einer Untersuchung stellte man fest, daß das Alter von zwei Dritteln aller Kinogänger unter 30 Jahren lag, diese somit mehrheitlich einer Generation angehörten, die in Vietnam kämpfte. Die Filmindustrie konnte es sich folglich überhaupt nicht leisten, diesen Markt aus dem Blickwinkel zu verlieren. Doch obwohl von 1968 bis etwa 1973 das Thema Vietnam eindeutig alle amerikanischen Medien tagtäglich beherrschte, hatte das Kino nur geringen Anteil an der Prägung der öffentlichen Meinung. Denn die Fernsehbilder direkt von der Front waren in ihren Aussagen viel radikaler und authentischer, als ein Kinofilm damals je hätte sein können. Daher versuchte man, den Krieg als Hintergrund für ein normales Drama zu verwenden oder – in einer anderen Variante – den Studentenprotest zu verarbeiten.

Trotzdem blieb die Zahl der Filme, die sich mit den Auswirkungen des Kriegs auf das zivile Leben befaßten, bis zu dessen Ende im Jahr 1975 relativ überschaubar. Viele Produktionen entstanden abseits von Hollywood, wurden von jungen Newcomern projektiert, deren Aussagen zu kompromißloser Radikalität neigten und daher häufig schon im Anfangsstadium aus Geldmangel scheiterten.

Zeitgeistfilme

In diese Kategorie fallen Filme, die Stimmungsbilder der amerikanischen Gesellschaft zur Zeit des Krieges abgeben. Im Mittelpunkt der Handlung können Jugendliche mit ihren Sorgen und Hoffnungen stehen oder Personen des öffentlichen Lebens, die durch die politischen und sozialen Ereignisse und Veränderungen berührt werden. Dabei werden Möglichkeiten dargestellt, alten Konventionen zu entfliehen und mit überkommenen, verkrusteten Idealen zu brechen. Auf Vietnam als Thema muß nicht notwendigerweise direkt Bezug genommen werden, aber immer sind die dargestellten Ereignisse eine indirekte Folge des Kriegs. Insofern bleibt diese Kategorie sehr ungenau, und ihre Elemente tauchen auch in anderen Filmkategorien wie den Rekrutierungsgeschichten *(Alice's Restaurant)* oder Biker-Movies *(Easy Rider)* usw. auf. Es kann hier also nur eine Auswahl vorgestellt werden.

In *Medium Cool* (1968; Regie, Kamera: Haskell Wexler) steht beispielsweise der Bewußtseinswandel eines Fernsehjournalisten im Zentrum des Geschehens. John (Robert Forster) soll eine Übung der Nationalgarde filmen, die zur Vorbereitung eines Aufstands dient. Der martialisch aussehenden Truppe mit aufgepflanztem Bajonett stehen als Studenten und Hippies verkleidete Gardisten gegenüber, deren Aufgabe es ist, ihre Kollegen zu provozieren.

Weitere Berichte handeln von einem Autounfall, dessen eingeklemmtes Opfer verzweifelt um Hilfe schreit, von der schwarzen Widerstandsbewegung, der tiefen Armut der Bevölkerung in den Appalachen und den Unruhen während des Parteitags der Demokraten im Jahr 1968 in Chicago, bei denen die Polizei sich durch ihre brutale Vorgehensweise einen unrühmlichen Namen gemacht hat.

Einer der teilnehmenden Demonstranten ist ein Vietnamveteran, mit dessen Frau John das Bett teilt und der am Schluß von der Polizei erschossen wird.

Wexler stellt in seinem Film die Frage nach der politischen Verantwortlichkeit eines Journalisten bei der Auswahl und im Umgang mit seinem Material. Wie kann man in diesem Job ruhig bleiben, wenn die Welt um einen herum in Scherben fällt und nach und nach vollkommen verrückt wird? Kann angesichts

Die fulminante Schlußsequenz von Antonionis ›Zabriskie Point‹

einer offenen Brutalisierung der Gesellschaft noch journalistische Objektivität gewahrt werden? Wann vor allem findet eine Politisierung statt, der man sich als Reporter nicht mehr entziehen kann? Es kann nicht übersehen werden, daß Wexler dabei seine eigene Entwicklung zum Kameramann in diese Fragestellung mit einbezieht.

In *Zabriskie Point* (1969), von dem italienischen Regisseur Michelangelo Antonioni, versuchen die Protagonisten dem Problem Vietnam zu entfliehen. Die Hauptfigur Mark nimmt zu Beginn des Films eher aus Langeweile dann aus innerer Überzeugung an einer Antikriegsdemonstration teil und glaubt, in deren Verlauf einen Polizisten getötet zu haben. Daraufhin stiehlt er ein Privatflugzeug und flieht in die Wüste. Auf seinem Flug sieht er unter sich ein Mädchen und erregt ihre Aufmerksamkeit. Er landet und freundet sich mit ihr an. Daria und Mark haben eine kurze Liebesaffäre und trennen sich wieder. Der junge Mann kehrt in die Stadt zurück, um sich der Justiz zu stellen, und wird dabei von der Polizei getötet. Das Mädchen hört dies im Radio

und träumt davon, aus Rache die Luxusvilla ihres Arbeitgebers in die Luft zu sprengen.
Man sieht, daß sich die junge Generation schon darüber im klaren ist, daß sich die Dinge falsch entwickeln, daß sich im Lauf der Zeit Fehler ins System eingeschlichen haben, aber sie noch nicht weiß, wie diese zu tilgen sind. Überzivilisation, Genußsucht, Machtgier und hemmungsloser Konsum haben die alten Werte Amerikas verdrängt. Die Vereinigten Staaten glauben, den Stein der Weisen zu besitzen, sie fühlen sich dazu verpflichtet, den Weltpolizisten zu spielen, und erkennen nur ihre Lebensauffassung als die einzig richtige an. Die Jugend hingegen will zurück zu den Wurzeln ihrer Väter, zu den alten Idealen Gleichheit, Freiheit und Brüderlichkeit.
Im Film offenbart sich dies in der Tatsache, daß Mark und Daria in die Wüste fliehen. Sie wollen sich an der Reinheit der Natur erfreuen, am Unveränderten, dem natürlich Gewachsenen. Aber auch in die Einöde ist der Kapitalismus schon vorgedrungen. Die riesige Villa des Chefs, Symbol der Macht, thront auf einer Erhebung und überblickt das weite, (noch) leere Land.
Das Flugzeug, das Mark nach dem Vorbild der »Psychedelic Art« bemalt, soll ihm helfen, der Realität zu entfliehen, es soll ihn zu den Wolken, dem Traumhaften, dem Besseren transportieren. Die letzten Freiräume sind aber längst erschlossen. Für die Jugendlichen sieht die Lage so aus: Entweder man läuft mit der Masse, oder man wird von ihr getötet. Es scheint, als müsse man kämpfen, um die bestehenden Zustände zu ändern. Die Zeit, in der man nur davon träumte, Dinge in die Luft zu sprengen, ist vorbei – Taten werden folgen.
Das Lebensgefühl der Jugendlichen wird besonders gekonnt in *American Graffiti* (1971), von George Lucas, vermittelt, obwohl der Film in einer Kleinstadt der späten Eisenhower-Ära spielt. Es wird die letzte Nacht von vier Freunden beschrieben, die am nächsten Tag ihren Heimatort verlassen: einmal noch Autorennen und Hamburger-Bude, der Übergang von platonischen Liebschaften zu selbsterfahrenem Sex, Rock'n'Roll statt Country-und-Western-Musik.
American Graffiti ist ein Bildungsfilm über den Reifungsprozeß Jugendlicher, der vom Verlust der Unschuld und dem Ende der behüteten Kindheit erzählt. Alle Charaktere müssen Entscheidungen treffen, die sie für den Rest des Lebens beeinflussen wer-

George Lucas' ›American Graffiti‹ hat auf den ersten Blick nichts mit dem Vietnamkrieg zu tun

den. Bei manchen allerdings führen sie zu einem tragischen Ende. »Terry, die Kröte«, der ewige Verlierer der vier Freunde, geht nach Vietnam und fällt.

Campusfilme

Eine charakteristische Variante der Filme, die die Antikriegsbewegung und deren Auseinandersetzungen mit der Staatsmacht zeigen, spielt auf dem Campus der Universitäten. Demonstrierende Studenten, die von der herbeigerufenen Nationalgarde niedergeknüppelt werden, verknöcherte alte Professoren, die entweder die politische Dimension des Konflikts ignorieren oder mit autoritären Mitteln den Widerstand brechen wollen, und revolutionäre Parolen an den Wänden der Vorlesungssäle, die zum Umsturz der bestehenden Ordnung aufrufen. Bevor der Krieg in Südostasien eine breite Welle der Entrüstung entfachte, hat er als erstes die amerikanische Intelligenz in den Bildungsinstitutionen gespalten. Dort stehen nun tatsächlich wie in *Thaddeus: the Activist* (1970) die Grenzen der Redefreiheit zur Debatte, nachdem von den Studenten ein pornographischer Antikriegsfilm gedreht wurde.

Eine noch direktere und unmittelbarere Konfrontation wegen des Vietnamkriegs findet in *The Strawberry Statement* (1970), von Stuart Hagman, statt. Der Titel, bezeichnend für die entgegengesetzten Standpunkte der rivalisierenden Parteien, bezieht sich auf einen Ausspruch des Rektors der Universität, der besagt, daß die Studenten in derselben Pawlowschen Art gegen den Krieg sind wie sie Erdbeeren lieben.

Die Studenten haben das Hauptgebäude der Columbia-Universität besetzt, um gegen den Krieg mit all seinen Grausamkeiten und fragwürdigen Zielen zu protestieren. Damit stoßen sie beim größten Teil des Volks und der Führungsspitze nur auf Unverständnis und Zorn. Vermittlungsversuche scheitern, Kompromisse werden keine gemacht. Mit Polizeigewalt wird die Kundgebung aufgelöst und die alte Ordnung wiederhergestellt. Noch ist die Zeit nicht reif für Veränderungen, der Wunsch, neue Wertvorstellungen durchzusetzen, nicht ausgeprägt genug.

Der Student Simon (Bruce Dern), der Held der Geschichte, wird durch die Vorgänge um ihn herum immer stärker politisiert. Zu Beginn des Films kommt er nach Hause und findet seinen Freund mit einem Mädchen im Bett, das er bei einem Campus-Sit-in kennengelernt hat. Langsam fährt die Kamera durch die Wohnung und hält den Lebensstil fest, der für die 60er Jahre in diesem Milieu typisch war: ein Poster mit dem Bild Robert Kennedys, eine nasse Jeans, die im Fenster zum Trocknen aufgehängt wurde, und ein Wegweiser, der aus dem städtischen Zoo stammt. Als Simon eine Küchenschabe am Boden bemerkt, meint er: »Ihr seid wohl überall! Wie der Vietcong!«

Hagmans Film ist, anders als die meisten dieser Sparte, keine Independent-Produktion, sondern wurde in den MGM-Studios produziert. Er kann als ein gescheiterter Versuch Hollywoods gewertet werden, mit Themen über das Zeitgeschehen Geld zu verdienen. Trotzdem ist die Darstellung der Handlungsweisen während der Universitätsbesetzungen und der Lebensweise interessant. Eine sehr auf künstliche Stilisierung und Atmosphäre hin eingesetzte Kamera, die das Geschehen in Zeitlupen, extremen Fokussierungen und Zooms umsetzt, erschwert jedoch den Zugang zu diesem Film. Auch *Getting Straight* (1970), von Richard Rush, wurde von einem Major produziert, doch erzählt er die Geschichte seines Helden unkomplizierter, was der Eindringlichkeit keinen Abbruch tut.

Harry (Elliott Gould) ist Student der Pädagogik. Er hat nicht nur die Unruhen an der Universität Selma mitgemacht, sondern kennt den Krieg in Vietnam auch vor Ort. Doch die Zeiten der politischen Agitation sind längst vorbei. Seine Ambitionen gelten nur dem korrekten und zügigen Abschluß seines Studiums, denn sein sehnlichster Wunsch ist es, Lehrer zu werden und mit alternativen und antiautoritären pädagogischen Konzepten den Schülern wieder Spaß am Lernen zu vermitteln.
Während seine Kommilitonen Protestmärsche und Sit-ins organisieren, versucht er, sich von den Vorgängen am Campus fernzuhalten. Zerrissen zwischen seiner revolutionären Vergangenheit und dem Wunsch, einen bürgerlichen Beruf zu ergreifen, flippt Harry jedoch bei seiner Prüfung vollkommen aus. Er wird von einem sichtlich verklemmten Professor gezwungen, den Autor von »Der große Gatsby« als latent homosexuell einzustufen. Harry küßt provokant den Fragesteller auf den Mund, steigt auf den Tisch und tanzt. Während auf dem Campus die Nationalgarde auf die Studenten eindrischt, beendet Harry seine akademische Karriere mit diesem Eklat.
Getting Straight funktioniert als Komödie vor allem deshalb so gut, weil Elliott Gould mit unglaublicher rhetorischer Schlagfertigkeit und Wut die Verlogenheit bei beiden Parteien demaskiert. Erst als er sich darüber klargeworden ist, daß er in diesem System keinen Platz als Lehrer finden wird und es auch nicht möchte, überwindet er seine Identitätskrise und kann auch seine Beziehung zu seiner außergewöhnlich hübschen Freundin (Candice Bergen) wieder ins Lot bringen. Harrys Ausstieg aus einer bürgerlichen Karriere führt demnach dennoch zu einem Happy-End.

Rekrutierungsfilme

Das Schicksal von Kriegsdienstverweigerern war für das amerikanische Kino vor dem Vietnamkrieg kein Stoff, aus dem es seine Helden machte. Wurden tatsächlich Filme wie *Casablanca* (1942) gedreht, in denen der Held ein Amerikaner ist und sich an den Kämpfen des Zweiten Weltkriegs nicht beteiligt, dann wurde dieser mit einem so niedrigen Selbstwertgefühl versehen, daß ihn das für die Rolle des aufrechten, strahlenden amerikanischen Kämpfers von Anfang an wertlos machte. Doch letztend-

lich bekamen diese Verweigerer dann doch noch Gewissensbisse, wenn sie vom bedrängten Vaterland gebraucht wurden. Besonnen geworden, greifen sie zu den Waffen und stehen dort ihren Mann, wo Uncle Sam sie gerade hinschickt.
Vietnam sollte in dieser Hinsicht einen völlig neuen Bereich besetzen. Erstmals wurden Filme gedreht, in denen erklärt wurde, warum die Männer sich vor dem Krieg drückten, warum sie zu Hause blieben und warum sie vor den Einberufungen ins Ausland flüchteten oder von der Front desertierten.
Die meisten Filme wurden in jenen Kriegsjahren produziert, in denen die dargestellten Ereignisse der Alltagsproblematik der wehrfähigen Jugend besonders nahe kamen. Alle Spielarten und Tricks, die Einberufung zu umgehen, werden verarbeitet, so daß manchmal der falsche Eindruck entsteht, die Filmindustrie erteile Aufklärungsunterricht über die jeweiligen Möglichkeiten, sich zu drücken.
Die Handlungsmuster sind immer ähnlich konstruiert: Ein junger Mann (bzw. eine Gruppe) bekommt den Musterungsbescheid, mit dem er sich zur physischen und psychischen Untersuchung der Wehrtauglichkeit melden muß. Natürlich versucht er mit allen Mitteln, als untauglich entlassen zu werden. Sich als homosexuell auszugeben, ist der gängigste Weg, gefolgt von der Simulation einer Geisteskrankheit und dem Vortäuschen von Übereifer. Andere junge Männer versuchen, ihre Freundin zu schwängern, um zurückgestellt zu werden, oder fliehen ins Ausland, wobei sie sich bewußt sind, daß sie ihre Heimat für immer verlassen, da sie im Falle ihrer Rückkehr mit hohen Gefängnisstrafen rechnen müssen. Ganz Verzweifelte gehen freiwillig ins Zuchthaus, sie finden es besser, in Unfreiheit zu leben, als in Vietnam zu sterben. Außerdem hoffen sie immer noch auf eine Gesetzesänderung, eine Amnestie oder einen amerikanischen Truppenabzug.
Als Kontrast zum Verweigerer wird eine Figur eingeführt, die begierig ist zu kämpfen. Sie will dem Kommunismus endlich Einhalt gebieten oder hat einfach Lust auf Krieg. Bei differenzierteren Arbeiten kommen auch gesellschaftliche Ungerechtigkeiten zur Sprache. Leute mit besserer Schulausbildung schaffen die Aufnahme an einer Universität, was sie vorläufig davor schützt, in den Krieg ziehen zu müssen. Söhne, deren Eltern einen politischen Einfluß haben, dienen ihre Wehrpflicht bei der

Nationalgarde ab. Schwarze und der »poor white trash« hingegen haben kaum eine Chance, Vietnam zu entgehen. Ebenso wird gezeigt, was einem passieren kann, wenn man sich unerlaubt von der Truppe verabschiedet und das Weite sucht. Viele kleinere und unwesentliche Arbeiten sind entstanden:
In *Drive, He Said* (1971) geht es um einen Studenten, der mit Hilfe von Aufputschmitteln seinen Kreislauf fast zum Kollabieren bringt und dann zur Musterung geht. In der Komödie *The Gay Deceivers* (1969) täuschen zwei junge Typen bei der Musterung vor, schwul zu sein. Dummerweise geraten sie aber ausgerechnet an einen schwulen Musterungsoffizier, der von einer schwulen Armee träumt und beide sofort verpflichten will. Während in *Cowards* (1970) einige junge Typen der Musterung entgehen, indem sie den damals beliebtesten Fluchtpunkt wählen – sie gehen über die Grenze nach Kanada, das die Auslieferung von Verweigerern an die USA ablehnte –, geht es in *Prism* (1971) um die zivilrechtlichen Möglichkeiten eines Rechtsanwalts, junge Leute vor dem Zugriff der Armee zu schützen. *Parades* (1972) erzählt das Schicksal von Deserteuren, die sich in der Wüste in ein verlassenes Fort geflüchtet haben, und *Outside In* (1972) ist die Geschichte eines Verweigerers, der eines Tages zur Beerdigung seines Vaters in die Heimat zurückkehrt und sowohl auf einen Veteran als auch auf einen Widerständler stößt. *Two People* (1975), von Robert Wise, zeigt die Odyssee eines Deserteurs, der über die Sowjetunion, Nordafrika und Paris seinen Weg nach Hause finden muß. Und besonders hart geht bereits 1968 der Regisseur Adolph Mekas mit seinem Helden in *Windflowers* um. Er läßt den Wehrdienstverweigerer von den Helikoptern der Polizei wie einen Hasen zu Tode jagen.
Wesentlich origineller sind die sehr frühen Filme *Greetings* (1967) und *Hi, Mom!* (1969) von Brian De Palma. Nachdem sich De Palma in New York niedergelassen hatte, drehte er zunächst Dokumentarfilme, die jedoch keinen Verleih fanden. Immerhin konnte er die Filme so gewinnbringend verwerten, daß es ihm möglich wurde, zusammen mit dem Nachwuchsproduzenten Charles Hirsch ein Treatment über Wehrdienstverweigerer, Sex und das New Yorker Bohemeleben aus der Taufe zu heben. *Greetings* wurde mit einem Budget von 43.100 Dollar gedreht, spielte aber ein Mehrfaches ein, da De Palma erstmals einen Verleih für seinen Film interessieren konnte.

Die Geschichte erzählt von drei New Yorker Aussteigern, die sich der Musterung unterziehen müssen und dann auf ihre Ergebnisse warten – der Titel bezieht sich dabei auf das erste Wort, das die Empfänger von Armee-Erfassungsformularen lesen. Alle drei haben ihre Marotten und machen sich über Gott und die Welt lustig. Paul (Jonathan Worden) beschäftigt sich hauptsächlich mit Computer-Ausdrucken, Lloyd (Gerritt Graham) sammelt alles, was mit der Ermordung Kennedys zu tun hat, und Jon (Robert De Niro) ist ein besessener Voyeur, der einem Ladendieb so lange Komplimente macht, bis er sich vor ihm auszieht.

Wirklich komisch sind die Szenen kurz vor der Musterung, in denen Paul die Rolle eines Schwulen einstudiert, um abgelehnt zu werden, oder Jon einen rechtsradikalen Typen mimt, der ganz wild aufs Killen ist. Jon lebt dann seinen Voyeurismus in Vietnam aus, als er ein vietnamesisches Mädchen zwingt, sich vor der laufenden Kamera eines Reporters auszuziehen. Vietnam stellt sich als Land dar, in dem die Perversionen des amerikanischen Alltags rücksichtslos ausgelebt werden. Am Schluß wird auf einem TV-Monitor eine Rede von Lyndon B. Johnson gezeigt, in der er sein Publikum fragt: »Ich sage ja nicht, daß ihr es noch nie so gut wie jetzt gehabt habt – aber entspricht dies nicht den Tatsachen?«

Hi, Mom! stellt dann einen fast nahtlosen Übergang her, wenn De Palma in ironischer Weise das Fernsehen und dessen Darstellung der Alltagsprobleme des Durchschnittsamerikaners aufs Korn nimmt. Beide Filme liefern auf unvergleichliche Art Momentaufnahmen einer Gegenkultur des Jahres 1968/69. Der improvisierte Stil, in dem diese Filme gemacht sind, tut ihrem Charme keinen Abbruch.

Auch Arthur Penns *Alice's Restaurant* (1969) verdient besondere Erwähnung. Seine Komödie behandelt den Alltag einer kleinen Gemeinde von Aussteigern und Hippies. Der Folksänger Arlo Guthrie spielt sich selbst in der Hauptrolle, denn der Film beruht im wesentlichen Teil auf seinem Lied »The Alice's Restaurant Massacree«, das bis zum heutigen Tag eine Art Kultsong für die in den 60er Jahren groß gewordene amerikanische Generation ist.

Auch hier muß sich Arlo Guthrie einiges einfallen lassen, um der drohenden Einberufung nach Vietnam zu entgehen. Bei der Musterung fragt er den diensthabenden Offizier: »Sie wollen also wissen, ob ich moralisch genug bin, um Frauen, Kinder, Häuser und Dörfer niederzubrennen ...« Doch mit rhetorischer Schlagfertigkeit kommt er dem Offizier nicht bei. Nur mit einem Trick gelingt es ihm, seine Person als unmoralisch hinzustellen und dem Krieg zu entgehen: Arlo entsorgt absichtlich seinen Müll im Wald und handelt sich eine Anklage wegen illegaler Müllbeseitigung ein, denn als Vorbestrafter besitzt er tatsächlich nicht die moralische Tauglichkeit zum Killen.

Nicht immer sind die dargestellten Haltungen der Verweigerer moralisch so eindeutig wie in Arthur Penns Film. Voller Zweifel und Zerrissenheit über seine Haltung hinsichtlich des Kriegs zeigt sich der junge Carl Dixon – der spätere Superstar Michael Douglas in seiner ersten Hauptrolle – in *Hail Hero* (1969), von Regisseur David Miller. Als er von der Yale-Universität als Hippie in sein reiches Elternhaus nach Arizona zurückkehrt, vermutet man zunächst durch sein Äußeres eine eindeutige Ablehnung des Kriegs. Doch Carl wurde vom College relegiert, nachdem er sich an Antikriegsdemonstrationen beteiligt hatte, und hat sich heimlich zur Armee gemeldet. Seine Motive bleiben jedoch bis zum Ende des Films im dunkeln. Sein Verhalten läßt nur Vermutungen zu: Entweder will er den Krieg als tödliche Selbsterfahrung durchmachen, oder er versucht, seine pazifistischen Überzeugungen in der Armee zu verbreiten.

Carl stammt aus der amerikanischen Upper-class, die entscheidenden Einfluß auf die Politik hat. Das Establishment kann sich bei einer Party an der Einschätzung eines Kongreßabgeordneten erwärmen: »Ich sage immer, wir sollten es auf die konventionelle Art machen – gehen wir rüber und machen sie alle fertig!« Der Vater Carls stimmt dem zu: »Verdammt recht hast du – wir sind die stärkste Nation der Welt. Die einzige Sprache, die sie verstehen, ist Druck!«

Was sich am Anfang des Films als Konflikt zwischen den Generationen herauszustellen schien, wird jedoch am Ende nicht weitergeführt und verschärft. Millers Film gibt sich brav, fast dümmlich patriotisch, denn Carl schmückt eine frisch gestrichene Scheune mit der amerikanischen Flagge, deren Sterne kleine Herzen sind. Dann geht er nach Vietnam. Der Film präsentiert viele Meinungen und Denkanstöße, Lösungen bietet er aber nicht an. Die Schlußszene wirkt versöhnlich, sie soll wohl

Peter Fonda und Lindsey Wagner in ›Two People‹

besagen, daß alle – Alte wie Junge, Angepaßte wie Nichtangepaßte – Angehörige einer Nation sind, was sie über alle Differenzen hinweg eint.

Wie verantwortungslos und herzlos häufig die ältere Generation dem Schicksal ihrer Kinder gegenübersteht, erzählt Regisseur Anthony Newly in *Summertree* (1971), den Kirk Douglas produziert hat und in dem wiederum sein Sohn Michael die Hauptrolle übernommen hat. In diesem Beispiel scheitert die Verweigerung und nimmt sogar ein tödliches Ende.

Der College-Student Jerry kann zunächst vom Ausbruch des Kriegs ökonomisch und sozial profitieren: Er erhält den Job eines Wehrdienstverweigerers, der in Haft sitzt, er wird der Beschützer eines kleinen Jungen, dessen Bruder in Vietnam kämpft, und er gewinnt die Liebe einer Krankenschwester, deren Ehemann an der Front ist. Doch die Idylle trügt. Plötzlich bekommt der Ehemann der Krankenschwester Heimaturlaub, und sie gibt Jerry den Laufpaß. Außerdem verliert er das Vertrauen des kleinen Jungen. Und schließlich verfällt seine Zurückstellung von der Einberufung. Ein Versuch, sich nach Kanada abzusetzen, scheitert an der Intervention des Vaters, der verhindern will, daß sein Sohn straffällig wird. In der letzten Einstellung sieht man, wie sich Jerrys Eltern anschicken, zu Bett zu gehen. Im Fernseher erscheint gerade ein Bericht, der den Namen von Gefallenen bringt. Als auch Jerrys Name auftaucht, wird das Gerät mit der Fernbedienung abgeschaltet. Die Eltern lieben sich im Bett und nehmen das Schicksal des Sohnes nicht zur Kenntnis.

Diese polarisierende Schwarzweißzeichnung der Charaktere ist gegen Ende der 60er und Anfang der 70er für den amerikanischen Film in dieser Sparte charakteristisch. Das Establishment und die ältere Generation werden für den Krieg verantwortlich gemacht. Herzlosigkeit, Gefühllosigkeit und rücksichtsloser Egoismus sind die Beweggründe ihres Verhaltens. Richtiggehend ausgewogen ist zum Vergleich *Homer* (1970), der Film des kanadischen Regisseurs John Trent. Er verzichtet auf die sonst üblichen Klischees und Stereotypen.

Seine Geschichte handelt von dem Farmersjungen Homer aus Wisconsin, dessen Freund nach Vietnam eingezogen wird und kurz darauf in einem Sarg zurückgebracht wird, auf dem die Nationalflagge liegt. Betroffen fängt Homer an, in seiner Heimatstadt gegen den Krieg zu demonstrieren. Er singt Protestlieder und kettet sich auf einem Parkplatz vor dem Veteranenheim an. Selbstverständlich reagieren die lokalen Behörden. Sie versuchen, ihn von seiner Haltung abzubringen. Allerdings gewaltlos. Insofern werden die örtlichen Institutionen nicht negativ dargestellt, vielmehr hat man den Eindruck, sie werben für ihre Weltsicht. Dennoch verläßt der Junge sein Zuhause, das ihm unerträglich geworden ist.

Es hat vielleicht mit dem Umstand zu tun, daß ein Kanadier, und kein Amerikaner, Regie führte, denn *Homer* gelingt es, eine Spaltung des Publikums zu verhindern. Es ist die Stärke des Films, daß an einen Teil appelliert wird, ohne dabei andere Meinungen zu diffamieren. Das Interesse an Rekrutierungs- und Musterungsfilmen nimmt nach Kriegsende ab. Zu Beginn der 80er Jahre werden Musterungsszenen wie in John Milius' *Big Wednesday* (1978) oder in Rob Cohens *A Small Circle of Friends* (1980) nur noch Gegenstand nostalgischer Rückblicke.

Heimkehrerfilme

Im Gegensatz zum Empfang nach dem Zweiten Weltkrieg wurden die heimkehrenden Soldaten des Vietnamkriegs vom größten Teil der Bevölkerung mit Verachtung behandelt. Einerseits hatten sie den Krieg verloren, und andererseits hatten sie sich durch die Massaker in My Lai den Ruf von Babykillern zugezogen. Der Auftrag in Vietnam wurde im nachhinein als kolonialistisch umgemünzt, die Soldaten nicht als Befreier, sondern als blutige Aggressoren angesehen.
Dazu kam, daß das Wesen des Guerillakriegs den amerikanischen GIs völlig fremd war, die als eine der ersten Fernsehgenerationen von Kindheit an zahllose Western und Hollywood-Weltkriegsfilme gesehen hatten. Doch in Vietnam gab es keine exakten Frontlinien und keine genaue Konzentration der feindlichen Angriffe. Die Regierungspolitik trug ein übriges dazu bei, daß in den Soldaten Selbstzweifel rumorten. Falsche Siegesmeldungen und die undurchsichtigen taktischen Manöver Präsident Nixons, des Nachfolgers des völlig diskreditierten Lyndon B. Johnson, machten aus der Truppe einen Haufen von Zynikern. Nixon und sein Appell an die »schweigende Mehrheit« verkehrte nun die Außenpolitik Kennedys ins glatte Gegenteil. Ihm ging es nicht mehr um eine Verfolgung irgendwelcher visionärer Ziele, die an die Projektion eines mythischen Konzepts gebunden war, sondern er wollte einen »ehrenvollen Frieden« gewinnen. Um Amerika jedoch nicht als einen »bedauernswerten hilflosen Riesen« erscheinen zu lassen, weitete Nixon den Krieg aus, während er gleichzeitig Friedensverhandlungen mit den Nordvietnamesen aufnahm. Er ließ den Hafen von Haiphong verminen und forcierte die Bombardements, während er mit China und der Sowjetunion über Abrüstung und Entspannung verhandelte.
Widersprüchlichkeiten, die auch an der Moral und dem Selbstbewußtsein der Soldaten nicht ohne Spuren vorübergingen.

Veteranen bekämpfen die Gesellschaft

Hollywood stellte daher zunächst in einer ersten Phase die heimkehrenden Veteranen als psychopathische Killer dar, die die Gesellschaft bekämpften. Ihre Wunden waren zunächst seelischer

James Woods bekommt in ›The Visitors‹ unliebsamen Besuch

und nicht physischer Natur. Später dann, etwa ab Mitte der 70er Jahre, waren auch invalide Veteranen und deren Beziehung zur Gesellschaft zu sehen.
Elia Kazan ist der erste wirklich renommierte Regisseur, der sich mit dem Thema Vietnam auseinandersetzt. Da er kein großes Studio dazu bewegen konnte, sein Filmvorhaben zu finanzieren, wurde *The Visitors* (1972) ein richtiges Familienprojekt: Sein Sohn Chris produzierte und schrieb den Film, ein Freund, Nick Proferes, photographierte ihn und besorgte den Schnitt. Aus diesen Sparmaßnahmen ergab sich eine Seltenheit im Vietnamfilm: Der Ort der Handlung ist ein Landhaus (das der Kazans) in Connecticut, was von anderen Werken dieser Art abweicht, die fast ausschließlich im Südwesten (meist Kalifornien) bzw. in einer Großstadt (meist New York) angesiedelt sind.
Zwei Veteranen besuchen ihren alten Kriegskameraden Billy und dessen Frau, die auf dem Land – zusammen mit dem Vater der jungen Frau – leben. Von den beiden Besuchern geht bei all ihrer Freundlichkeit von Anfang an eine bedrohliche Stimmung aus. Nur mit dem alten Mann vertragen sie sich gut, sie sind dem Veteranen des Zweiten Weltkrieges auf Anhieb sympathisch.

Selbst als er erfährt, daß die beiden Männer wegen Vergewaltigung und Ermordung einer Nordvietnamesin eine Haftstrafe verbüßt haben, ändert sich seine Einstellung nicht. Vielmehr richtet sich Harrys Zorn gegen seinen Schwiegersohn, als sie ihm erzählen, daß dieser sie beim Militärgericht angezeigt habe.
Im weiteren Verlauf ihres Aufenthalts steigert sich die Aggressivität der Besucher zunehmend, sie betrinken sich mit dem alten Mann vor dem Fernseher, erschießen, um ihm eine Freude zu machen, den Hund seines Nachbarn, schlagen dann Billy zusammen und fallen als Höhepunkt der Gewalt über seine Frau her. Dann reisen sie wieder ab. All dies wird eher beiläufig und unspektakulär gezeigt.
Die Personen sind größtenteils Typen, keine Charaktere, nur Billy, die Hauptfigur, wird differenzierter gezeigt. Er ist kein strahlender Held, sondern eher ein Weichling, der noch nicht einmal seine Frau vor der Vergewaltigung bewahren kann (sein Schwiegervater deutet sogar an, daß er Bill schon immer für latent homosexuell gehalten hat). Im Gegensatz zu seinen beiden verrohten Kampfgefährten und dem reaktionären Schwiegervater ist er durch den Krieg nur passiv geworden. Während er sich in Vietnam noch seine moralische Integrität bewahren und sich über die Schändung und Ermordung der Vietnamesin empören konnte, sagt er jetzt nur noch zu seiner Frau, nachdem ihr Gewalt angetan worden ist:
»Bist du in Ordnung?«
Im übrigen macht sich in bezug auf Vergewaltigung ein neuer Aspekt im Vietnamfilm bemerkbar. In älteren Filmen galt die Notzucht als ein Greuel, welches nur der Feind verübte (siehe z. B. auch *The Green Berets*). Jetzt wird eine Schändung als gerechte Bestrafung des Gegners ausgelegt. In *The Visitors* schlagen also Wut und Zorn in Apathie und Gleichmut um. Vietnam hat seine Soldaten aller Gefühle beraubt und sie zu lebenden Leichen gemacht. Körperlich leben sie noch, aber seelisch sind sie tot.
Einen ähnlichen Plot wie in *The Visitors* zeigte bereits ein Jahr zuvor Edwin Sherins *Glory Boy* (1971). Auch hier kommen drei Freunde, Sergeant Flood (Mitchell Ryan), Private Pilgrim (William Devane) und Private Trubee Pell (Michael Moriarty) aus dem Krieg nach Hause. Auf der Farm von Pells Vater vertreiben sie sich ihre Zeit mit lauter Unfug. Als eine kanadische Studen-

tin auftaucht, fühlen sie sich durch deren Pazifismus provoziert. Flood schlägt und vergewaltigt das Mädchen, bevor er niedergeschossen wird.
Auch hier läßt das Vergewaltigungsmotiv keinen Zweifel an der moralischen Verkommenheit des Veteranen. Allerdings steht dem bösen Psychopathen eine positive Figur in der Person Pells gegenüber, der von schweren Gewissensnöten geplagt ist, da er im Krieg eine Zivilistin getötet hat. Der Vater hingegen, Repräsentant der älteren Generation, ist Veteran des Zweiten Weltkriegs und versucht immer wieder, seine Erfahrungen auf die der Jungen zu übertragen. Lange Zeit entschuldigt er das Verhalten Floods, und erst am Schluß schießen sich beide in einer duellartigen Szene über den Haufen.
George McCowans TV-Film *Welcome Home, Johnny Bristol* (1972) macht sich dagegen auf sehr originelle Weise die Entfremdungserfahrungen von Veteranen zu eigen. Captain Johnny Bristol (Martin Landau) überlebt nur deshalb die Strapazen als Gefangener des Vietcong, weil er sich immer wieder an seine glückliche Jugend in einer Kleinstadt Neuenglands zu erinnern versucht. Als er bei einem amerikanischen Hubschrauberangriff befreit wird, will er nach Hause zurückkehren. Doch plötzlich kennt niemand mehr den Namen der Kleinstadt. Verzweifelt fragt er all die Leute, von denen er glaubt, sie müßten ihn von Kindheit an kennen. Doch niemand kann sich erinnern. Langsam beginnt Johnny zu begreifen, daß das romantische und idyllische Amerika in den Tagträumen seiner Gefangenschaft niemals existierte. Wo er hinkommt, trifft er auf eine kaputte Umwelt und Verbrecher. Bald glaubt er an ein Komplott, in dem die Regierung die Wahrheit unterschlägt.
The Edge (1968), von Robert Kramer, erzählt von einem Mordanschlag auf den amerikanischen Präsidenten aus Rache für die Massaker in Südostasien. Das Werk ist in typischer Underground-Manier gedreht, hat eine schlechte Tonspur, und die Qualität der Bilder läßt zu wünschen übrig, was auf Geldmangel zurückzuführen ist.
Der Regisseur arbeitet als sogenannter Independent – unabhängig von großen Studios und frei von marktorientierten Zwängen – und genießt im nichtamerikanischen Ausland (besonders in Frankreich) einen guten Ruf. Die Handhabung des Themas weist Kramer als linksliberal, manchmal sogar als radikal und ex-

trem establishmentfeindlich aus. *The Edge* ist ein Film, der offiziellen Stellen unangenehm sein dürfte und dadurch nie die Chance haben wird, einem breiten Publikum vorgeführt zu werden, wobei gesagt werden muß, daß von keiner Seite Schritte gegen dieses Werk unternommen wurden.
Robert Kramer nahm in zwei weiteren Filmen auf seine Weise Stellung, zu Vietnam: In *Ice* (1970) setzt er sich in Science-fiction-Manier mit einem fiktiven Krieg zwischen den USA und Mexiko auseinander. Die amerikanischen Soldaten sind Stadtguerillas, die ihre Kampfart im Vietnamkrieg dem Feind abgeschaut haben und nun erfolgreich einsetzen. *Ice* fällt dabei – wie *Soldier Blue* (1970), von Ralph Nelson, und *Night of the Living Dead* (1968), von George Romero – in die Kategorie der verschlüsselten Anklagen.
Milestones (1975) zeigt willkürlich zusammengestellte Gruppen (Veteranen, militante Verweigerer, Studenten, Kommunarden u. a.), die über ihr Leben, ihre Ziele, Erfolge und Mißerfolge der letzten Dekade vor der Kamera reflektieren. Es handelt sich jedoch nicht um einen Dokumentarfilm. Die Dialoge sind vorgegeben, die vorgeführten Personen Schauspieler. Dieser Film ist Ho Chi Minh und dem »heroischen vietnamesischen Volk« gewidmet, eine Besonderheit im amerikanischen Film.
Ungefähr zu dem Zeitpunkt, als in Paris das Waffenstillstandsabkommen ratifiziert wurde und der Austausch der Gefangenen begann, kam Mark Robsons *Limbo* (1972) in die Kinos. Der Regisseur, der für patriotische Werke über den Koreakrieg *(I Want You* und *The Bridges at Toko-Ri)* bekannt ist, widmet sich hier den Frauen gefangener amerikanischer Piloten. Diese tun sich zusammen, um Druck auf die amerikanische Regierung auszuüben, damit ihre Männer schnell und heil wieder in die Vereinigten Staaten gebracht werden.
An zwei der Frauen wird verdeutlicht, was der Krieg für sie bedeutet. Die eine, Mary Kaye Buell, beklagt sich, daß ihr Mann in seiner Karriere zurückgeworfen worden sei und sie alleine ihre vier Kinder großziehen müsse – und »dies alles aus einem völlig schwachsinnigen Grund«. Als Gegenargument ist wohl die Aussage der Tochter eines pensionierten Oberst gedacht: »Wir werden nicht kapitulieren! Wir werden siegen, und zwar ehrenvoll, denn alle diese Männer sind nicht umsonst gestorben!« Aber Mrs. Buell hat das letzte, entscheidende Wort: »Wir kön-

nen den Krieg nicht mehr auf diese Weise rechtfertigen ... wir haben einen Fehler gemacht, warum sollen wir nicht endlich zugeben, daß wir einen Fehler gemacht haben, und uns zurückziehen?«

Die zweite Frau, Sandy, hatte gerade geheiratet, als ihr Gatte Roy eingezogen wurde. Als sie erfährt, daß ihr Mann vermißt wird, beschließt sie, ihr weiteres Leben nicht als trauernde Witwe zu verbringen, sondern ihre Gunst einem fleißigen Jurastudenten zuzuwenden. Der echte Zwiespalt setzt am Ende des Films ein, als ihr Mann unversehrt am Flughafen eintrifft. Die zu dieser Gelegenheit anwesenden Medien feiern das Ereignis als freudige Wiedervereinigung einer Familie, der Zuschauer aber erkennt die Entfremdung. Roy hat sich nicht nur innerlich verändert, auch sein Aussehen unterscheidet sich von dem bei seiner Abreise. Hat Sandy diesen Mann geheiratet, will sie noch mit ihm zusammenleben, oder hat der Krieg alles verändert?

Der Krieg hat alles verändert. Die amerikanischen Städte wurden in der Wahrnehmung der Heimkehrer zu Dschungeln aus Kriminalität und Korruption. Und statt Wärme schlägt den Veteranen nur Haß entgegen. In *Welcome Home, Soldier Boys* (1972), von Richard Compton, werden vier ehemalige GIs zu Hause so empfangen: »Als wir in der Armee waren, kam niemand zurück, solange der Krieg andauerte ... Jetzt dienen die da ein paar Monate ab, und nichts ist geschehen, wenn sie zurückkommen ... Kein Wunder, daß der verdammte Krieg schon zehn Jahre dauert ... Wir brauchen die alte Armee wieder ... Scheiße, man sieht fern, und alles, was sie tun, ist, die Zivilisten umzubringen!«

Dabei haben die vier nur überlebt, indem sie fest an ein Stück Land in Kalifornien glaubten, auf dem sie in Frieden würden leben können. Auf ihrem Weg dorthin kommen sie auch nach Hope, einer Kleinstadt in New Mexico, dessen Bevölkerung ihnen feindselig begegnet. Jeder versucht, die »Green Berets« zu betrügen. Beim Autokauf werden sie übers Ohr gehauen, und bei einer Übernachtung versucht man, ihnen 700 Dollar abzuknöpfen. Doch irgendwann ziehen sie ihre alten Uniformen wieder an, greifen zu den mitgebrachten Granaten, Maschinengewehren und zur Munition. Sie rotten die gesamte Bevölkerung des Ortes aus und warten dann auf die alarmierte Nationalgarde, in deren Feuer sie sterben.

Die Söhne des Kriegs hätten eben nie wieder zurückkommen dürfen.
Auch das schwarze Kino der frühen 70er Jahre greift neben vielen Thrillern den Krieg thematisch auf. Der gewalttätige Veteran wird hier zu einer schwarzen Heldenfigur aufgewertet, die gegen die Kriminalität in den Straßen der amerikanischen Städte mit martialischen Methoden vorgeht. In *The Bus Is Coming* (1971) erfährt Billy, ein hochdekorierter schwarzer Offizier, bei seiner Rückkehr von der Ermordung seines Bruders, der ein Führer der schwarzen Bürgerrechtsbewegung gewesen ist. Auf eigene Faust und ohne der korrupten Polizeibehörde zu vertrauen, nimmt Billy die Nachforschungen auf. Und bevor er von zwei Polizisten erschossen wird, kann er einem ehrlichen Polizeichef die entscheidenden Hinweise geben, um den Mörder unschädlich zu machen.
Ähnliches geschieht in *Slaughter* (1972). Dort findet der ehemalige Green Beret Jim Brown seine Eltern ermordet vor. Mit Hilfe seiner militärischen Kenntnisse bringt er die Täter zur Strecke. Und in *Gordon's War* (1973) erklärt der schwarze Veteran den Drogenbossen den Krieg, nachdem sie seine heroinabhängige Frau in den Tod getrieben haben.

Paul Winfield (rechts) nimmt als Veteran in ›Gordon's War‹ Rache

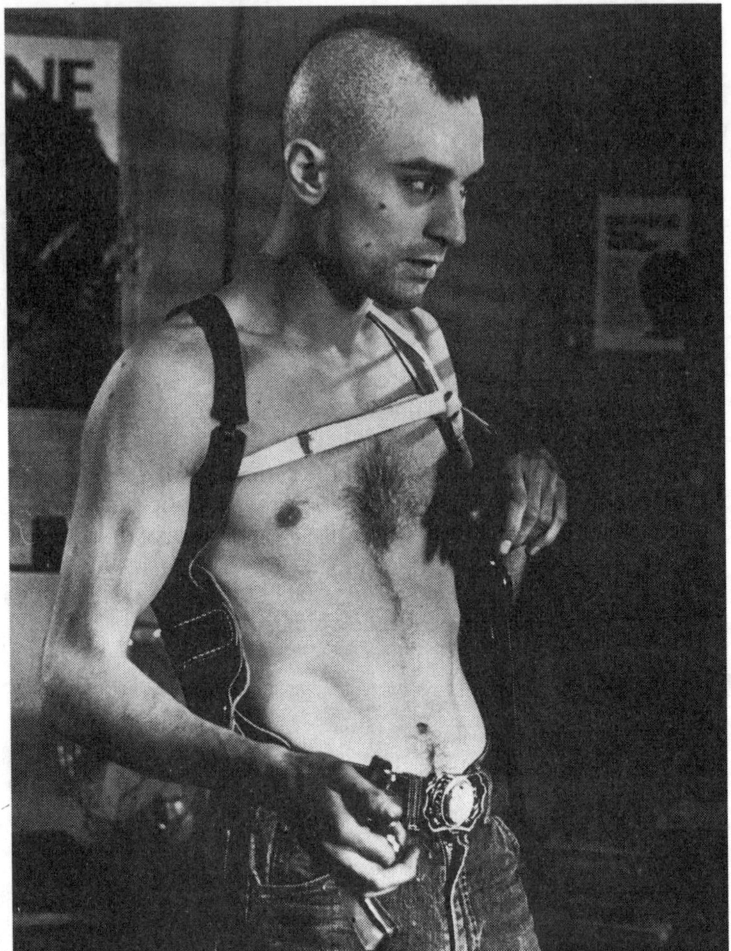

Robert De Niro geht als ›Taxi Driver‹ auf den Kriegspfad

1976 vertauscht dann der Ex-Marine Travis Bickle (Robert De Niro) in Martin Scorseses *Taxi Driver* den Dschungel Vietnams mit dem urbanen Dickicht New Yorks. Der Veteran ist einsam und ruhelos, weshalb er Nachtschicht für ein Taxiunternehmen fährt; tagsüber bringt er seine Kondition auf maximale Leistung.

Eine Beziehung, die Travis mit einer jungen Frau (Cybill Shepard) anbahnt, zerbricht an seiner Kommunikationsunfähigkeit. Diese Frau arbeitet für einen Präsidentschaftskandidaten, den er töten will, weil er ihn für einen der Schuldigen an seiner Entfremdung hält und auch für den Schmutz und das Verbrechen in der Stadt verantwortlich macht.

Als sein Plan nicht gelingt, wendet er seine Aufmerksamkeit einer 14jährigen Prostituierten (Jodie Foster) zu. Eines Tages will er sie aus der Absteige holen, in der sie arbeitet, doch der Zuhälter des Mädchens und seine Freunde versperren ihm den Durchgang. Travis schießt sich seinen Weg frei; am nächsten Morgen feiern ihn die Zeitungen als Helden.

Travis Bickle ist die Inkarnation des Entwurzelten. Sein Freund und Kollege Wizard (Peter Boyle) nennt ihn nur »Killer«; die Leute aus der Nachbarschaft, in der er arbeitet, erweisen ihm Respekt, nachdem er einen kleinen Ladendieb erschossen hat. Vietnam hat seine Gefühlsskala auf ein Minimum zusammenschrumpfen lassen. Er kann nur noch in Extremen handeln, differenzierte Entscheidungen gelingen ihm nicht mehr. Er handelt seinen extrem reaktionären Moralvorstellungen gemäß, denen zufolge Zuhälter, Diebe und andere Verbrecher nur Abfall sind, den man beseitigen, d. h. töten muß und darf – und die Gesellschaft gibt ihm darin recht, indem sie ihn nach der Ermordung mehrerer Zuhälter als Helden feiert. Ansonsten ist er emotional auf zwei Triebe reduziert: den Fortpflanzungs- (Sex-) und den Todes- (bzw. Überlebens-)trieb. Der Regisseur drückt dies so aus: »Der Film handelt im Grunde genommen von Einsamkeit, sexuellem Frust und nackter Gewalt!«

Taxi Driver behandelt das Thema Vietnam an vielen Stellen als Parabel auf den Krieg. Wenn Travis Bickle sich in absoluter militärischer Disziplin übt, will er nicht nur seinen Körper stählen, um seine Gegner, die Zuhälter, zu töten, sondern er unterwirft sich auch einer Art ritualisierter Selbstbestrafung, bei der er sich selbst Schmerzen zufügt. Am Schluß seiner Zeremonie rasiert er seinen Schädel nach Guerillaart und trägt Kriegsbemalung auf.

Die Stadt scheint nicht mehr Lebensraum, sondern vielmehr Steinwüste zu sein, die jegliches Leben erstickt. Schon in der ersten Sequenz werden die Straßen New Yorks mit ihren Neonlichtern und den abziehenden Nebelschwaden aus den Gullys aus dem Blickwinkel eines gelben Taxis in Zeitlupe gezeigt. Da fast der ganze Film bei Nacht spielt, hat man das Gefühl, daß sich sogar die Sonne von diesem Punkt der Erde zurückgezogen hat. Der Krieg in Südostasien hat die USA verfinstert.

Auch *Rolling Thunder* (1977), von John Flynn, deutet – wie *Taxidriver* – an, daß der Ursprung aller Gewalttätigkeiten, die von Veteranen ausgehen, in ihrer Erfahrung mit dem Krieg liegt. Das Drehbuch stammt von Paul Schrader, und der Titel verweist auf die Bezeichnung der amerikanischen Bombardements auf Nordvietnam. Gleich am Anfang steht im Kontrast zur nachfolgenden Handlung eine Aussage Richard Nixons: »Unsere heimkehrenden Kriegsgefangenen sind Beispiele für eine hohe Moral ... diese Moral wird die Nation von ihrer Kriminalität befreien helfen!«

Nach sieben Jahren nordvietnamesischer Kriegsgefangenschaft kehrt Charlie Rane (William Devane) nach Hause zurück. Mit einem pompösen Empfang auf dem Flughafen, der jedoch von den örtlichen Geschäftsleuten als PR-Kampagne aufgezogen ist, wird seine Rückkehr als Held gefeiert. Rane bekommt einen Cadillac, einen Fernseher und 124.000 Dollar geschenkt. Zu Hause allerdings erwarten ihn Kälte und Ablehnung. Sein Sohn hat sich von ihm entfremdet, und seine Frau will sich von ihm scheiden lassen.

Eines Tages jedoch wird die Familie von vier spanischsprechenden Gangstern überfallen, die auf der Suche nach dem Geld sind. Sie töten sowohl Ranes Sohn als auch dessen Frau und unterziehen ihn schweren Folterungen, bei denen er in einem Abfallzerkleinerer seine Hand verliert. Rane wird von den Gangstern für tot gehalten und liegengelassen. Doch er überlebt und begibt sich mit einer auf den Handstumpf aufmontierten Stahlklaue auf einen erbarmungslosen Rachefeldzug gegen die Täter. Er spürt die Bande in Mexiko auf und tötet sie alle mit der Unterstützung eines anderen Veteranen.

Rolling Thunder beschreibt schonungslos die sozialen und psychologischen Probleme des heimkehrenden Veteranen. Oberflächlich gesehen hat zwar die Gesellschaft ihre Pflicht erfüllt, wenn sie Rane als Helden empfängt, doch wird dieser Empfang durch die profane Geschäftemacherei mehr als entwertet. Dazu kommt, daß auch die Familie von Rane nichts mehr wissen will, was in der Ideologie des Films mit dem Tod der einzelnen Familienmitglieder geahndet wird. Er selbst fühlt sich so, als hätten

Travis Bickle alias Robert De Niro übt als ›Taxi Driver‹ Selbstjustiz

sie nur einen leeren Körper zurückgeschickt, der mit ihm nichts zu tun hat.

Erst der Schmerz bei der Folterung bringt ihm sein körperliches Bewußtsein wieder zurück. Rane kann jetzt seine Identität als Kämpfer wiedererlangen. Der Schmerz und der Verlust der Familie versetzen ihn in den alten Kriegszustand zurück, wenn er seine Rache sucht.

Dieses Bild des Veteranen beschreibt Paul Schrader als »latent rassistisch, faschistisch und obsessiv«. Und über die Ikonographie des Films, die auf den stark ausgeprägten Todestrieb des Helden verweist, sagt er: »Wenn man einen Film über Nazis macht, dann dreht man Szenen mit Stiefeln, Flaggen und Hakenkreuzen, macht man aber einen Film über den amerikanischen

Tod, dann dreht man mit roten Caddies, blauen Air-Force-Uniformen und verchromten 45er Automatikwaffen!«
Im gleichen Jahr erschien Jeremy Paul Kagans *Heroes* in den amerikanischen Kinos. Eigentlich ist der Titel etwas seltsam, denn der Film handelt eigentlich nur von einem Helden, und zwar von Jack Dunne. Er ist einer von den schätzungsweise 500000 Vietnamveteranen, die bis zum heutigen Tag unter dem sogenannten Post-Vietnam-Syndrom (PVS) leiden. Jack ist schwer verhaltensgestört und hat die letzten fünf Jahre nach seiner Rückkehr in einer Heilanstalt verbracht. Doch eines Tages hat er die Nase von seiner Umgebung voll. Er bricht mit Unterstützung einiger Freunde aus, die ihm darüber hinaus 1000 Dollar zur Verfügung stellen. Mit diesem Geld will Jack eine Würmerfarm betreiben. Unterwegs verliebt er sich in ein Mädchen, das sich ihm anschließt.
Jacks traumatische Vietnamerfahrung wird dann wieder lebendig, als er in einer Kleinstadt von einigen Hinterwäldlern angegriffen wird. Plötzlich erinnert er sich wieder an die Kämpfe gegen den Vietcong, bei denen sein bester Freund starb, als er ihn retten wollte. Kagans Held trägt die Züge einer Karikatur. Er ist zwar gestört, dennoch wirkt er intelligent, ja sogar liebenswert. Wesentlich ist seine Harmlosigkeit, die im Gegensatz zu den psychopathischen Gewalttätern des herkömmlichen Veteranentyps steht. Jack ist eher ein Exzentriker, dessen reale Kampferfahrungen in Vietnam ihn in psychologische Schwierigkeiten gebracht haben. In der Vision vom Aufbau einer Würmerfarm steckt dennoch symbolisch seine Faszination vom Tod.
Amerikanische Regierungsbeamte werden in den Veteranenfilmen häufig als machthungrig, korrupt und moralisch absolut verworfen dargestellt. Sie schrecken vor keinem Verrat zurück, wenn es ihrer eigenen Sache dienlich ist. In diesem Punkt scheinen die Filme indirekt die Dolchstoßlegende wiederzugeben, die in den Köpfen vieler Soldaten rumspukt. Danach wäre der Krieg zu gewinnen gewesen, wenn die Handlungsfreiheit der Militärs nicht immer von der Politik eingeschränkt worden wäre.
So wird in Ted Posts *Good Guys Wear Black* (1978) der hochdekorierte Offizier John T. Booker (Chuck Norris), Anführer eines Spezialkommandos, eines Tages von seiner Vergangenheit eingeholt. Nach und nach werden seine Männer, die »Black Tigers«, Opfer mysteriöser Mordanschläge. Erst nach langem Su-

chen kann er als Täter ein vietnamesisches Pärchen identifizieren, die als Ex-Vietcong-Agenten nun in den USA ihr Unwesen treiben. Er kann sie zwar auf spektakuläre Weise töten, aber der eigentliche Drahtzieher und die Motive bleiben zunächst im dunkeln. Nachdem Booker einen Freund bei der CIA um Hilfe gebeten hat, klärt sich nun das Rätsel auf. Hinter den Anschlägen steckt ein ehrgeiziger Diplomat, der bei den Friedensverhandlungen mit den Nordvietnamesen ein Geheimabkommen geschlossen hatte. In diesem Vertrag wurde die Ermordung der »Black Tiger«-Einheit zugesichert, um die Verhandlungen voranzutreiben. Als Booker den Verräter zur Rede stellt, gibt dieser seinen Plan auch unumwunden zu. Bevor aber Booker seine Rache vollenden kann, ist der Diplomat untergetaucht.
Auch in *Who'll Stop the Rain* (1978), von Karel Reisz, geht es um die moralische Verkommenheit staatlicher Organe. Dort sind es Agenten der »Drug Enforcement Agency« (DEA), die durch gute Beziehungen zu einigen Politikern in Saigon in Erfahrung bringen, daß zwei Veteranen, der Kriegsberichterstatter John Converse (Michael Moriarty) und der Marine Ray Hicks (Nick Nolte), eine Ladung Heroin in die USA schmuggeln wollen.

Henry Winkler flieht in ›Heroes‹ aus der Nervenheilanstalt

›Who'll Stop the Rain‹: Nick Nolte vergräbt das Rauschgift, das er für seinen Freund in die USA eingeschmuggelt hat

Schnell wird dem Zuschauer klar, daß die Agenten, die eigentlich dem Gemeinwohl dienen müßten, selbst die größten Drogen-Dealer sind.

Sie sind hinter dem Stoff nur deshalb her, um ihren eigenen Profit machen zu können. Auf diese Weise werden die Veteranen, die mit knapper Not dem Grauen des Kriegs entkommen sind, nun zu Opfern dieser Gesellschaft. In Vietnam war der Feind kommunistisch, doch zu Hause trägt der Feind nun die Uniform staatlicher Behörden.

Nicht immer wird das Thema des heimkehrenden Veteranen, der von der Gesellschaft mies behandelt wird, als Drama inszeniert. Im Falle von *Some Kind of Hero* (1982) von Regisseur Michael Pressman werden die Erfahrungen von Eddie Keller (Richard Pryor), der nach sechs Jahren Kriegsgefangenschaft in die Vereinigten Staaten zurückkehrt, als chaplineske Komödie inszeniert. Auch er macht Bekanntschaft mit einer Wolfsgesellschaft, die nach sozialdarwinistischen Prinzipien funktioniert. Seine Frau ist ihm weggelaufen, von seinem Kind hat er sich entfremdet, und das Geld, das die Army ihm schuldet, wird ihm verweigert, da er in der Gefangenschaft ein Schuldbekenntnis un-

terschrieben hat, um für einen Kameraden medizinische Versorgung zu bekommen.
Alle diese Hiobsbotschaften werden Eddie in kurzer Zeit in einer teuren Hotelsuite beigebracht, in der er eigentlich die erste Nacht mit seiner Frau verbringen wollte. Kein Wunder also, daß Eddie erst einmal einen hysterischen Anfall bekommt, in dem er nicht weiß, ob er lachen oder weinen soll. Durch Zufall wird Eddie in einer Bank in einen Überfall verwickelt, den ein paar Vietnamveteranen durchführen. Als sie Eddie in seiner Uniform als einen der Ihren erkennen, wird er von ihnen umarmt. Eddie und der Zuschauer verstehen, daß einem Vietnamveteranen in dieser Gesellschaft überhaupt kein anderer Weg bleibt, als kriminell zu werden.
Eddie hat seine Lektion gelernt und macht sich nun selbst daran, mit Gewalt das zu bekommen, was die Gesellschaft ihm verweigert. Er stiehlt einen Koffer mit Schuldscheinen, die der Mafia gehören. Und wie in anderen Filmen auch, kann nun der Veteran von seiner überlegenen Kampftechnik und seiner Kriegserfahrung profitieren, wenn er Gewalt mit Gewalt beantwortet. Schließlich kann Eddie die Oberhand gewinnen und in einem Übereinkommen genug Geld für eine sorgenlose Zukunft herausschlagen.
Pressmans Film gewinnt dramaturgisch seine Komik aus der schnellen Abfolge, mit der die Probleme auf den Helden plötzlich herunterprasseln. Trotzdem bleibt immer ein bitterer Beigeschmack in allen Szenen. Denn der Zuschauer begreift, daß die dargestellte amerikanische Gesellschaft alles ist, nur nicht dankbar, großzügig und solidarisch mit ihren Söhnen, die sie nach Vietnam geschickt hat.
Zur selben Zeit erscheint ein Film, der wegweisend ist für einen erneuten Wandel im Selbstwertgefühl der amerikanischen Nation.
Gab es mit John Waynes *The Green Berets* eine Phase von Filmen, die sich vor allem durch ihren propagandistischen Hurra-Patriotismus auszeichneten, so wurde zehn Jahre später mit Filmen wie *Coming Home* (1978), *The Deer Hunter* (1978) oder *Apocalypse Now* (1979) um den Verlust des »Frontier«-Mythos und der amerikanischen Unschuld getrauert. Die Depression über den verlorenen Krieg bestimmte die Regierungszeit von Präsident Carter. Außenpolitische Erfolge wie das Camp-

David-Abkommen für den Nahen Osten, das die Versöhnung zwischen Israel und Ägypten besiegelte, wurden von der Geiselaffäre im Iran überdeckt. Amerika fühlte sich zutiefst gedemütigt. Das Selbstwertgefühl der Nation war seit dem Rückzug aus Südostasien dahin. Wenn ein in den Augen der Amerikaner drittklassiges Land wie der Iran der Supermacht auf der Nase herumtanzen konnte, ohne Folgen fürchten zu müssen, dann konnte vieles im Land nicht mehr stimmen.

Auch das Vertrauen in die eigene militärische Überlegenheit war durch Vietnam erschüttert. Und die gescheiterte Befreiung der Geiseln in einem Kommandounternehmen, das zum Fiasko wurde, schien den Niedergang der Nation nur zu bestätigen. Als die Geiseln 1981 endlich freikamen und bei ihrer Heimkehr eine große Parade in New York stattfand, verstanden viele Veteranen aus Vietnam die Welt nicht mehr. Die Äußerung eines Veteranen mag für diese Befremdung typisch sein: »Als die Geiseln zurückkamen, bekamen sie viel Applaus. Für was, etwa für ihre Gefangennahme?« Wie weit mußte es mit einem Land gekommen sein, das seine heimkehrenden Helden mit einem Tritt empfängt, aber die schmähliche Freilassung von Geiseln in einer Siegesparade feiert?

Anfang der 80er Jahre sollte jedoch mit der Präsidentschaft Ronald Reagans eine ideologische Kehrtwendung stattfinden. Eine moralische Erneuerung und eine Rückkehr zu den alten amerikanischen Tugenden des Pioniergeists, der Gottesfurcht und der individuellen Stärke sollten stattfinden. Militärisch wurde eines der gigantischsten Rüstungsprogramme entworfen. Die Sowjetunion wurde in einen neuen Rüstungswettlauf verstrickt. Und die Kosten für diese Politik wurden über eine Beschneidung des Sozialstaats finanziert. Dem gesellschaftlichen Wertezerfall und den Selbstzweifeln der amerikanischen Nation sollte Einhalt geboten werden, der Familie als heiler Hort und stabilitätstiftende Gemeinschaft neue Kraft verliehen werden.

Ronald Reagan, der als ehemaliger Schauspieler in B-Pictures immer »Law and Order«-Positionen vertreten hat, war wie kein anderer geeignet, diese neokonservative Gesellschaftspolitik in der Öffentlichkeit zu repräsentieren. Und als auf der Leinwand 1982 Ted Kotcheffs Rambo in *First Blood* erschien, dauerte es nur kurze Zeit, bis man für Reagan den Spitznamen »Ronbo« erfand. Die Handlungsweise des Präsidenten, sein holzschnittarti-

›Rambo III‹: Sylvester Stallone ist John Rambo

ges Weltbild und seine restringierte Redeweise fanden in der Figur des Rambo ihre Entsprechung. Es schien eine Zeit angebrochen zu sein, in der die Probleme wieder in alter Manier mit dem Messer und dem Maschinengewehr gelöst wurden. Die Zeit der intellektuellen Schwätzer war vorbei.

Ted Kotcheffs *First Blood* fängt in einzigartiger Weise die Stimmung im Land zu Beginn der 80er Jahre ein. Nachdem außenpolitisch nur Niederlagen und Demütigungen zu verzeichnen waren, innenpolitisch durch die erheblichen Etatkürzungen im sozialen Bereich viele Amerikaner unter das Existenzminimum gerutscht waren, entstand das Bedürfnis nach einer Identifikationsfigur, in der sich der kleine Mann von der Straße wiederfinden konnte. Amerika – und vor allem seine sozial Unterprivilegierten – hatte einen Helden vom Schlage John Waynes gebraucht und ihn in Sylvester Stallone als Rambo gefunden.

First Blood erzählt die Geschichte des ehemaligen »Green Beret« John Rambo, der nach seiner Rückkehr in der Heimat

keine Arbeit findet und sich auf die Suche nach den überlebenden Kameraden seines Platoons macht. Doch alle seine alten Freunde sind tot, gestorben an Krebs, den sie sich durch den Einsatz chemischer Kampfmittel in Vietnam zugezogen hatten.
Als Rambo in einer Kleinstadt etwas essen will, trifft er auf Sheriff Teasle (Brian Dennehy), einen bornierten, engstirnigen Hinterwäldler, der ihn mit allen Mitteln aus der Stadt raus haben will. Rambo läßt sich nicht einschüchtern und wird prompt eingesperrt. Im städtischen Gefängnis wird er von den diensthabenden Polizisten gedemütigt, geschlagen und gefoltert. Als man ihn mit einem Rasiermesser einer »Trockenrasur« unterziehen will, erinnert sich Rambo an die Folterungen während seiner Gefangenschaft in Vietnam. Rambo explodiert, schlägt seine Peiniger zusammen und flieht mit einem gestohlenen Motorrad in die angrenzenden Wälder.
Aus der Verfolgungsjagd des Sheriffs wird schnell ein regelrechter Krieg, in dem die Kleinstädter den Veteranen mit Hunden und Helikoptern hetzen. Doch bald erkennt Teasle, daß er es nicht mit einem dahergelaufenen Landstreicher zu tun hat, sondern mit einem hochdekorierten Kriegshelden, an dessen einzigartiger Überlebensfähigkeit und Guerillataktik seine Männer nur verzweifeln können. Auch die herbeigerufene Nationalgarde, die vollständig aus inkompetenten Idioten besteht, kann nichts ausrichten. Unter betrügerischem Mißbrauch von Rambos ehemaligem Kommandanten (Richard Crenna) versucht das FBI das Versteck des Veteranen zu lokalisieren. Doch Rambo hat gelernt, jedem zu mißtrauen, und entkommt erneut. Schließlich kann er mit einem entführten Militärtransporter in die Kleinstadt vordringen, die er in die Luft sprengt. Der Krieg kommt nun im wahrsten Sinne des Wortes nach Hause. In einem duellartigen Showdown besiegt er den Sheriff, ohne ihn jedoch zu töten. An der Seite seines alten Kommandanten wird Rambo abgeführt, dessen Stolz ungebrochen ist und den umstehenden Kleinstädtern Respekt abnötigt. Der in Vergessenheit geratene Veteran ist wieder in Erscheinung getreten und hat auf sich aufmerksam gemacht.
Rambo ist eigentlich als Figur eine Projektionsfläche verschiedener filmgeschichtlicher und politischer Aspekte. Zunächst erscheint er als eine Art Racheengel gegen die eigene amerikanische Administration, die ihren Soldaten den Sieg verweigerte.

Wenn er, völlig auf sich allein gestellt, der Nationalgarde und dem gesamten Polizeiaufgebot trotzen kann, so wird suggeriert, müßte er auch in Vietnam gegenüber dem Vietcong unbesiegbar gewesen sein. Der Grund für die Niederlage ist im Versagen der Politiker zu suchen, die auf betrügerische Weise die Soldaten im Dschungel verraten haben. Auch sein ehemaliger Kommandant, der vom FBI hinzugezogen wird, übt an ihm Verrat: Er stellt über Sprechfunk eine Verbindung mit ihm her, damit seine Häscher ihn genau lokalisieren können. Nur aufgrund des ihm antrainierten Argwohns gegenüber Freund und Feind bleibt dieser Verrat folgenlos. Doch es wird deutlich, daß Rambo nicht nur nach dem Krieg betrogen worden ist, sondern bereits während des Kriegs, als er und seine Kameraden von unfähigen Vorgesetzten um den Sieg gebracht wurden. Diese Dolchstoßlegende des Vietnamkriegs findet sich als Anklage in vielen Filmen der 80er Jahre wieder. Sie wird jedoch nicht wahrer, wenn man sie noch häufiger bemüht, denn sie ist eine *Legende.*

Vom Typus her entspricht Rambo dem klassischen Konzept des einsamen Kämpfers. Nicht nur äußerlich gleicht er einer amerikanischen Neuauflage des antiken Herkules, dessen Aufgabe es ist, den Augiasstall kleinstädtischer Überheblichkeit und Bor-

Die Kampfmaschine (Sylvester Stallone) und sein Ausbilder (Richard Crenna) – alte Muster auch in ›Rambo III‹

niertheit gegenüber den Veteranen auszumisten. Er operiert als Wilder außerhalb jeder Legitimität und außerhalb aller zivilisatorischen Konventionen. Er ist eine Mutation des »Green Beret«-Konzepts: Im Hinblick auf seine Aktionen als Kampf- und Tötungsmaschine ist er perfekt, doch fehlt ihm die soziale Komponente, durch seinen Einsatz die Zivilbevölkerung zu schützen.
Die Gewalt, die er anwendet, führt schließlich immer zum guten Ende. Damit steht Rambo in der Tradition von einsamen Wölfen, wie sie auch von Clint Eastwood als Dirty Harry, Charles Bronson als Rächer, der die New Yorker Subways vom Gesindel befreit, Chuck Norris, der in Vietnam vermißte GIs befreit, oder Arnold Schwarzenegger, der in Kommandounternehmen entweder Drogenhändler oder Außerirdische jagt, dargestellt werden. Rambo soll mit seinen Aktionen die Vergangenheit, die das Trauma der Nation ist, wieder in Ordnung bringen.
Bevor jedoch diese Tötungsmaschine in Aktion treten kann, muß sie aktiviert werden. Und dies geschieht, ähnlich wie bei Rane in *Rolling Thunder,* durch Schmerz und Demütigung. Wenn sich Rambo auf masochistische Weise Schlägen und Folterungen aussetzt, bis er endlich explodiert und erbarmungslos zurückschlägt, gleicht er einer religiösen Erlöserfigur. Ein Motiv, das den Erfolg des Films bei der fundamentalistischen Rechten Amerikas erklären könnte, die Religion und Politik auf einzigartige Weise für ihre Zwecke und Zielvorstellungen verquickt. Der Drehbuchautor James Cameron hat dieses Motiv auch bei der Fortsetzung *Rambo II – The Mission* (1984) eingesetzt: »Ich gab Rambo die Chance, zurückzugehen, den Schmerz noch mal durchzustehen ... und dann zu gewinnen. Es ist eine Art Heilungsprozeß.«
In den Kampfszenen im Wald verkehren sich die Verhältnisse, wie man sie aus dem Krieg kennt. Hat der »Green Beret« als vermeintlicher Cowboy in Vietnam gegen die Vietcong-Rothäute und deren Guerillataktik gekämpft, so muß er nun in der Heimat als Wilder mit archaischen Waffen – Messer und Fallen – des Sheriff und dessen, weiße Cowboy-Hüte tragenden Aufgebots Herr werden. Mehrmals bietet er dem Sheriff Frieden an, denn er will niemanden töten: »Ich hätte alle töten können. Ich könnte auch dich töten. In der Stadt hast du die Macht, nicht hier. Geh' nicht weiter! Hör' auf! Oder du hast einen Krieg, den

du nie begreifen wirst. Laß uns aufhören! Laß es sein!« Doch der Sheriff treibt die Eskalation dieses Kriegs voran.
Der Einsatz der Nationalgarde enthüllt viele Defizite, die auch für den Krieg in Vietnam typisch waren: Junge Soldaten klagen über nasse Füße, wenn sie einen Fluß durchqueren. Sie sind keinen harten Einsatz gewohnt, sind völlig unvorbereitet und verweichlicht. Wenn sie Rambo gegenüberstehen und in ein Feuergefecht verwickelt werden, versagen sie und trauen sich nicht mehr aus der Deckung. Darüber hinaus werden sie von Offizieren geführt, die aus persönlichem Ehrgeiz heraus erteilte Befehle mißachten und sinnlose Risiken eingehen.
Im Unterschied zu David Morrells literarischer Vorlage läßt Kotcheff seinen Helden am Ende nicht sterben, und dies nicht ohne Grund. Denn mit dem Überleben Rambos soll das Publikum daran erinnert werden, daß die etwa 2,5 Millionen Veteranen des Vietnamkriegs noch leben und nicht vergessen werden dürfen. Rambo darf aber auch deshalb nicht sterben, weil das amerikanische Kino in ihm für die 80er Jahre eine Figur hat, die man noch einmal nach Vietnam in den Kampf schicken kann und die sich auch in Afghanistan zu bewähren hat. Und wer weiß schon, an welchen Kriegsschauplätzen Rambo noch auftaucht?
Die 80er Jahre haben eine Unmenge von Filmen sowohl über den Krieg selbst als auch über den heimgekehrten Veteranen hervorgebracht. Die Erzählmuster und Motive sind aber im wesentlichen die gleichen geblieben. Die dargestellten Figuren leiden unter schweren Psychosen, etwa in Alan Parkers *Birdy* (1985). Dort hat sich der Held in eine Phantasiewelt zurückgezogen, während er in einer vogelähnlichen Haltung in der Zelle einer Nervenheilanstalt hockt. Die Veteranen haben ihre Probleme bei der sozialen Wiedereingliederung: in *Night Flowers* (1979), *Ashes and Embers* (1982) oder *Intimate Strangers* (1985). Sie kämpfen häufig gegen die sich ausbreitende Kriminalität in den amerikanischen Metropolen, etwa in *The Annihilators* (1986) oder *Fear* (1988), werden aber ebenso häufig Opfer betrügerischer Machenschaften wie in *In Dangerous Company* (1988), in dem ein Veteran den Verführungskünsten eines Playgirls erliegt, das dann seine Dienste mißbraucht.
In einigen Filmen geht es um die gestörte Beziehung zwischen Familienmitgliedern. So leidet Karl Malden als Air-Force-General in *My Father, My Son* (1988) unter der Schuld, seinen Sohn

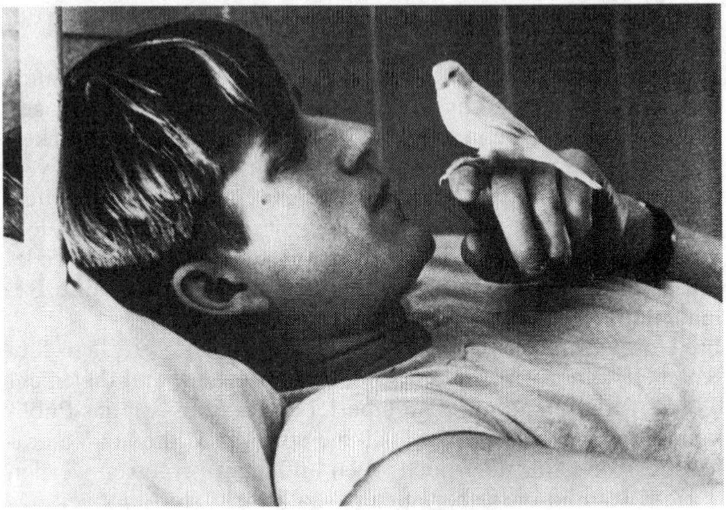

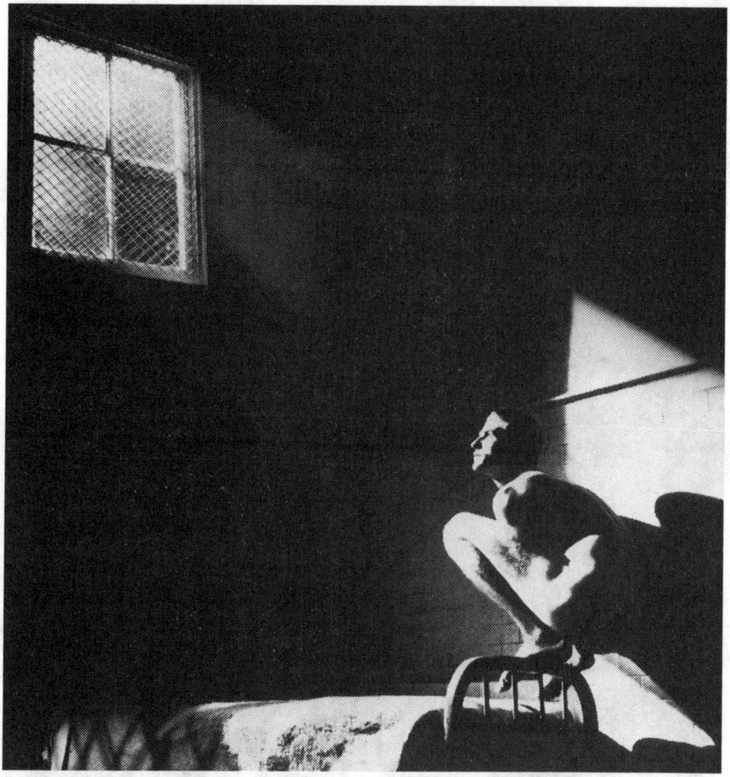

›Birdy‹: Matthew Modine und der Traum vom Fliegen

(Keith Carradine) mit dem Entlaubungsmittel »Agent Orange« vergiftet zu haben, als dieser als Marine im Dschungel gekämpft hat. Oder: In *Distant Thunder* (1988) sucht ein Junge seinen Vater, einen introvertierten Veteranen, der sich nach dem Krieg zusammen mit anderen Kameraden in die Bergwälder zurückgezogen hat, um niemandem mit seiner Destruktivität und seinen eruptionsartig hochkommenden Erinnerungen zu schaden.
Nur wenige Regisseure versuchen, neue Ansatzpunkte in der filmischen Vergangenheitsbewältigung zu finden. Die meisten scheitern an der Unfähigkeit, sich von ideologischen Mustern zu lösen, die die amerikanische Filmindustrie fest im Griff halten.

Plakatmotiv von Francis Coppolas ›Gardens of Stone‹

›Gardens of Stone‹: Die liberale Journalistin Samantha Davis (Anjelica Huston) verliebt sich in den Berufssoldaten Clell Hazard (James Caan)

So auch Francis Ford Coppola mit *Gardens of Stone* (1986). Nachdem er mit *Apocalypse Now* (1979) analytisch den wahrscheinlich wichtigsten Beitrag zum Thema geliefert hatte, glitt er sieben Jahre später in einem »Pro-Militär-Antikriegsfilm« ab,

›Jacknife‹: Robert De Niro beim Angeln, beim Poolspielen, als Trucker und als Soldat

wie sich sein Produzent Michael Levy einmal ausgedrückt hat. Coppola beschwört die Versöhnungsbereitschaft der einst verfeindeten gesellschaftlichen Gruppen von Kriegsgegnern und Kriegsbefürwortern. Eine pazifistisch eingestellte linke Journalistin (Anjelica Huston) liebt einen rechten Armee-Haudegen (James Caan), der auf dem Ehrenfriedhof von Arlington eine Bestattungskompanie befehligt. Jeden Tag erhalten gefallene Vietnamkämpfer die letzte Ruhe. Unter seinem Kommando befindet sich auch der junge Willow, der endlich an die Front will, um im Namen der USA die Freiheit zu verteidigen. Trotz aller Beschwörungsversuche seines väterlichen Mentors, diesen völlig unsinnigen Krieg zu meiden, kann Willow seine Einberufung an die Front erreichen.
Als ihm zu Bewußtsein kommt, daß er einen Fehler begangen hat, fällt er. Sein Leichnam wird nun von seinem Vorgesetzten beigesetzt, der sich hinterher ebenfalls entschließt, sich zum Einsatz in Vietnam zu melden.
Coppola ergreift offen Partei für das amerikanische Militär, das ihm Unterstützung bei den Dreharbeiten gewährte. Kriegsgegner werden als lächerliche, betrunkene Figuren dargestellt, bei deren Provokationen man gar nicht anders kann, als mit Faustschlägen zu antworten. Insofern bleibt seine Botschaft, daß die Zerrissenheit der Nation nur mit Idealismus und Liebe überwunden werden kann, ohne Gehalt, da er auf eine politische Analyse und Bestandsaufnahme der gesellschaftlichen Konflikte zu dieser Zeit vollkommen verzichtet.
Etwas theatralisch in der Inszenierung, aber hervorragend in der Beschreibung der Charaktere, zeigt Regisseur David Jones in *Jacknife* (1989) die Freundschaft zweier Veteranen, die im Zeichen traumatischer Kriegserlebnisse steht. Megs (Robert De Niro) möchte seinem alten Freund Davey (Ed Harris) helfen, der alkoholabhängig, verbittert und zurückgezogen bei seiner Schwester Martha (Kathy Baker) lebt. Martha ist eine Art Mutterersatz für Davey, der ohne ihre Fürsorge längst verkommen wäre. Als Megs und Martha sich ineinander verlieben, sieht Davey daher seine Sicherheit und seine Obhut gefährdet. Plötzlich kann er nicht mehr vor der Vergangenheit fliehen, sondern muß sich seiner Schuld, die er im Krieg auf sich geladen hat, bewußt werden. In mehreren Rückblenden wird erzählt, wie Davey als Feigling seinen Freund Bobby beschworen hat, den

›Jacknife‹: Ed Harris betrinkt sich und gerät in Rage

verwundeten Megs in einem heißumkämpften Frontabschnitt verbluten zu lassen. Als Bobby dennoch Megs zu retten versucht, wird er erschossen.
Das Drehbuch von Stephen Metcalfe, dem damit die filmische Adaption des Theaterstückes »Strange Snow« gelang, verzichtet

wohltuend auf große, pathetische Szenen, betont vielmehr die Versuche der Veteranen, sich trotz ihrer seelischen Wunden das Leben neu einzurichten. Um seine Schuldgefühle etwas zu mildern, bietet Davey Bobbies Eltern an, Gartenarbeiten zu erledigen. Doch wahrhaftige Sühne kann Davey nur dadurch erlangen, daß er seine Erinnerungen zuläßt und mit Megs und Martha über seine Ängste spricht. Schließlich findet er neue Geborgenheit in einer Therapie für Veteranen, nachdem Megs und Martha eine Beziehung zueinander eingegangen sind. Ungewöhnlich an dieser Geschichte ist die Aussage, daß nicht jeder Vietnamveteran ein verkannter Kriegsheld gewesen ist, sondern manchmal schlichtweg ein Feigling, der darüber hinaus auch noch seine Kameraden im Stich gelassen hat.

In den 90er Jahren scheinen der Vietnamkrieg und das dabei Erlebte Gegenstand psychischer Prozesse bei den Veteranen zu werden, in denen sie nicht mehr unterscheiden können, ob das, was sie erlebt haben, real oder irreal ist. Jacob Singer (Tim Robbins) – in Adrian Lynes *Jacobs Ladder* (1991) – wurde nach seiner Rückkehr aus Vietnam in New York Postbote. Damit zieht er bewußt die Konsequenz aus seiner Kriegserfahrung, die ihn bei einem mörderischen Überfall des Vietcong beinahe das Leben gekostet hätte. Ein Anknüpfen an das Leben vor dem Krieg – Jacob hat Familie und einen exzellenten akademischen Abschluß vorzuweisen – scheint ihm nicht mehr möglich zu sein. Er lebt nun mit einer hübschen Kollegin zusammen, die ihn umsorgt.

Alles könnte gutgehen, wenn sich bei Jacob nicht immer stärkere Anzeichen für einen Realitätsverlust einstellen würden. Merkwürdige Halluzinationen plagen ihn. In der U-Bahn scheinen ihn Züge zu überrollen, merkwürdige Dämonen trachten ihm nach dem Leben, und bei einem Besuch im Krankenhaus glaubt er sich vom amerikanischen Geheimdienst verfolgt. Doch allmählich kommt er hinter den Ursprung dieser rätselhaften Erscheinungen. Als Jacob den Kontakt zu seinen alten Kameraden aufnimmt, erfährt er, daß sein psychischer Zustand keine Ausnahme darstellt. Auch andere ehemalige Mitglieder seiner Einheit leiden unter Paranoia. Und schließlich entdeckt Jacob die ganze Wahrheit: Ohne es zu wissen, wurden sie während des Kriegs Opfer eines Drogenexperiments, durch das die Kampfkraft der Truppe gesteigert werden sollte. Jacob muß nun nicht

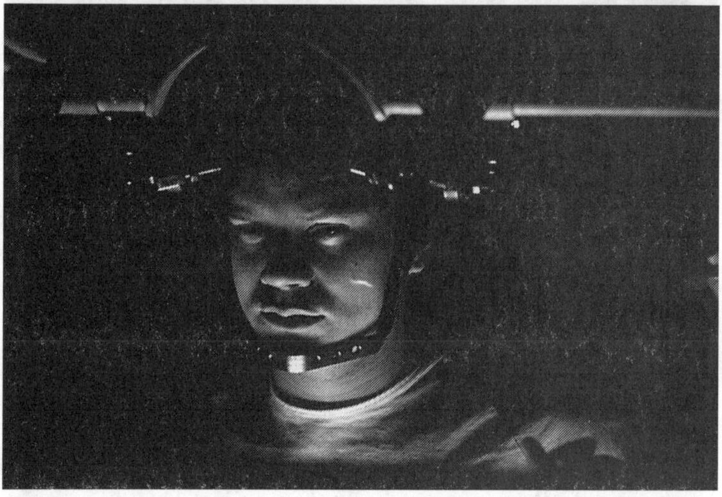

Alptraum und Realität lassen sich in ›Jacob's Ladder‹ nicht mehr auseinanderhalten

Matt Craven und Tim Robbins geraten in ›Jacob's Ladder‹ in eine fast unglaubliche Geschichte

nur die Folgen dieses Experiments in den Griff bekommen, sondern will auch die Verantwortlichen zur Rechenschaft ziehen. Eine fast unmögliche Aufgabe.

Veteranen als Kriegsinvaliden

Es hat eigentlich sehr lange gedauert, bis die Filmindustrie nicht nur seelisch verkrüppelte – dabei aber körperlich intakte –, sondern auch physisch invalide Vietnamveteranen gezeigt hat. Denn bis in die Mitte der 70er Jahre, d. h. bis zum Ende des Kriegs, waren hauptsächlich psychopathische Heimkehrerfiguren zu sehen, die körperlich vollkommen gesund waren. Dieser Umstand mag vielleicht von der Ansicht herrühren, daß die psychischen Wunden der Heimkehrer schon tief genug waren und sie ihre ganze Kraft einzusetzen hatten, um sich gegen eine Gesellschaft zur Wehr zu setzen, die sie betrogen hat.
Bereits die Filme über den Zweiten Weltkrieg zeigten Veteranen, die entweder verwundet oder verkrüppelt waren, obwohl Invalidentum in der amerikanischen Gesellschaft tabu war; z. B. *Pride of the Marines* (1945), *Till the End of Time* (1946), *Home of the Brave* (1949), *The Men* (1951), *Bright Victory* (1951), *Bad Day at Black Rock* (1954) und *The Eternal Sea* (1955). Ein besonders spezifisches Beispiel ist *The Best Years of Our Lives* (1946), in dem ein Veteran beide Hände im Krieg verloren hat. Er muß sich gemeinsam mit seinen beiden Kameraden in der Nachkriegsgesellschaft zurechtfinden. Der Fokus liegt dabei auf der Darstellung der Art und Weise, wie der Invalide auf bestimmte Probleme reagiert, die entweder durch ihn selbst oder durch andere entstanden sind. Darauf wird die meiste Zeit des Films verwendet. Werden in den Filmen über den Zweiten Weltkrieg die gesunden Veteranen als sympathische Helden gezeichnet, so tauchen die Verkrüppelten entsprechend als solche Helden auf, die mannhaft über ihre körperlichen und seelischen Probleme triumphieren und sie sogar bewältigen. Das fällt ihnen um so leichter, da sie bei ihrer Rückkehr nach Hause als Sieger eines notwendigen und gerechten Kriegs gefeiert wurden.
Dagegen taucht das Motiv der Invalidität in den Geschichten der Vietnamheimkehrerfilme häufig nur als Beiläufigkeit auf. Körperliche Versehrtheit wird allenfalls zu einem Aspekt innerhalb des Plots, dessen Thematik eine vollkommen andere sein kann.

Von seinen heimkehrenden, gesunden Kameraden unterscheidet sich der Kriegskrüppel allerdings dadurch, daß er eine wesentlich bessere Behandlung erfährt. Immerhin hat er mit seiner Gesundheit auf eine für jedermann sichtbare Weise für den verlorenen Krieg im Dschungel gebüßt.

Hal Ashbys *Coming Home* (1978) ist der erste Film, der nicht nur den Vietnamveteranen als Krüppel zeigt, sondern sich darüber hinaus direkt mit den psychischen Problemen der Invalidität auseinandersetzt. Dabei steht die Wandlung des Helden vom selbstmitleidig zerquälten Individuum zu einer politisch und sexuell aktiven, lebensfrohen Persönlichkeit im Mittelpunkt der Geschichte. Die Idee zum Drehbuch stammt von Nancy Dowd, die ihre eigenen Erfahrungen mit ihrem Ehemann, einem amerikanischen Piloten, verarbeitete, der zunehmend unter Realitätsverlust litt, bis er eines Tages über Vietnam abgeschossen wurde.

Der Film spielt im Jahre 1968 in Kalifornien, worauf eine Fernsehansprache Robert Kennedys hindeutet, und hat eine Dreiecksbeziehung zum Inhalt. Sally Hyde (Jane Fonda) ist mit Bob (Bruce Dern), einem Hauptmann der Marines, verheiratet, der sich auf seinen Einsatz in Vietnam vorbereitet. Als er an den Kriegsschauplatz abberufen wird, beschließt sie, ihren Beitrag zum Krieg zu leisten, und nimmt eine unbezahlte Stelle als Pflegerin im örtlichen Veteranenkrankenhaus an. Dort trifft sie zum erstenmal den querschnittgelähmten Luke Martin (Jon Voight). Diese Begegnung verläuft äußerst unerfreulich – Sally stößt mit Luke zusammen, es kommt zum Streit, und die beiden trennen sich in Unfrieden.

Einige Zeit später, der Veteran ist inzwischen aus dem Hospital entlassen worden, kommt es auf der Straße zu einer zufälligen Wiederbegegnung, aus der langsam eine Freundschaft entsteht. Eines Abends sieht Sally Luke in den Fernsehnachrichten: Aus Wut und Verzweiflung über den Selbstmord eines Vietnamkameraden, der mit schweren psychischen Störungen aus dem Krieg heimgekommen war, hat sich Luke mit seinem Rollstuhl an ein Kasernentor angekettet. Die junge Frau fährt sofort zum Ort des Geschehens, um den Ex-Soldaten zu trösten. Im Laufe der Nacht werden die beiden ein Liebespaar.

Sally hat auch ihren Lebensstil geändert; maßgeblich wurde sie dabei von ihrer Freundin Vi Munson (Penelope Milford) beein-

Jon Voight kommt in ›Coming Home‹ querschnittsgelähmt aus Vietnam zurück

Jane Fonda und ihr Offiziersgatte Bruce Dern in ›Coming Home‹

flußt, der Schwester des Mannes, der sich das Leben genommen hatte. So ist sie z. B. aus der Kaserne ausgezogen und hat einen kleinen Bungalow am Meer gemietet. Immer mehr stellt sie ihr altes Leben in Frage. Einmal versucht sie noch, ihre alte Daseinsweise wiederaufzunehmen, und fliegt zu ihrem Mann nach Hongkong, der dort seinen Fronturlaub verbringt. Ihre Beziehung ist jedoch gescheitert, sie haben einander nichts mehr zu sagen.

Nach Kalifornien zurückgekehrt, nimmt Sally ihr Verhältnis mit Luke wieder auf. Unerwartet kehrt Bob aus Vietnam zurück, er ist wegen einer Beinverletzung frontuntauglich geworden. Vom FBI, das Luke Martin seit seiner Aktion vor der Kaserne überwacht, erfährt Bob von der Liaison seiner Frau. Wutentbrannt will er das Liebespaar töten, wird aber von Luke davon abgebracht. Der Hauptmann begeht Selbstmord (oder nimmt eine symbolische Reinigung vor; dies bleibt im Film unklar), und Luke findet seine Aufgabe darin, vor dem Krieg zu warnen und dagegen zu protestieren, wobei Sally ihn unterstützt.

»Hier ist endlich die erste Arbeit über die Auswirkungen des Vietnamkriegs auf die amerikanische Gesellschaft«, schrieb ein amerikanischer Filmkritiker im Jahre 1979. Hal Ashby, der ehemalige Cutter und Regisseur des Kultfilms *Harold and Maude* (1972), bewies großen Mut bei der Behandlung dieses heiklen Themas. Schon die Besetzung der weiblichen Hauptrolle mit Jane Fonda war ein Wagnis von besonderer Art, denn die Schauspielerin ist bis heute wegen ihres Engagements gegen den Krieg in Südostasien in weiten Teilen der Bevölkerung als »Hanoi-Jane« verschrien. Ashby setzte sich kritisch mit Vietnam auseinander und bezog einen für Politik und öffentliche Meinung unliebsamen Standpunkt, als er sich des schwierigen Veteranenproblems annahm.

Luke Martin ist der verbitterte junge Mann, der gegen alles und jeden Groll hegt – aus gutem Grund, kann er sich doch nur im Rollstuhl fortbewegen. Das Leben hat für ihn keinen Sinn mehr, Vietnam hat seine Zukunft zerstört. Seine Freunde sind Krüppel aller Art, also Leidensgenossen, und seine Feinde, die Gesunden, Vertreter des Establishments, Leute, die den Krieg befürworten und das Krankenhaus leiten.

In diesem Hospital arbeitet Sally, die Offiziersgattin. Sie will, vielleicht aus unbewußten Schuldgefühlen heraus, schon gesche-

henes Leid lindern. Zunächst erkennt man in ihr die typische Pflegerin: unauffälliges Make-up, dezente Kleidung und frostiges Benehmen. Dies ändert sich im Verlauf der Geschichte; sie wird aufgeschlossener, für Erotik empfänglicher, ihre Frisur moderner und ihre Garderobe zeitgemäßer.
Ihr Mann Bob vertritt das konventionelle Amerika. Männer wie er werden an Kriegsschauplätzen benötigt. Er glaubt an die geltenden Werte und ist bereit, diese zu verteidigen. Vietnam, das bei ihm »Combat City« heißt, ist nur ein weiterer Krieg, der für die Souveränität der Vereinigten Staaten geführt werden muß. Er wandelt sich durch die Umstände am stärksten, seine Erfahrungen machen einen anderen Menschen aus ihm. In einem Hotelzimmer in Hongkong erzählt er seiner Frau, daß er beobachtet hat, wie seine Truppen Leichen der Vietcong enthauptet und auf Pfähle gesteckt haben, um den Feind zu erschrecken, was seine gute Meinung über die hohe amerikanische Moral erschütterte. Durch seine Abwesenheit von zu Hause verliert er seine Frau an einen anderen. Die Verletzung am Bein (die er sich vielleicht selbst zugefügt hat), dürfte seine Karriere beim Militär beeinträchtigen. Er ist der Verlierer in diesem Film. Das letzte Bild

›Coming Home‹: Jane Fonda und Jon Voight lassen einen Drachen steigen

von Bob Hyde zeigt, wie dieser sich am Strand entkleidet und ins Meer geht; ob er Selbstmord verübt oder nur eine rituelle Reinigung vollzieht, bleibt offen.
Trotz der Elemente im Film, die gegen den Krieg sprechen, gibt es einige Punkte, die ungereimt erscheinen: Elementare Existenzfragen, z. B. Arbeit und Einkommensquellen, werden nicht einmal am Rande erwähnt. Sally profitiert eigentlich von dem Engagement in Südostasien: Es befreit sie von ihrem Mann, läßt sie ein neues Bewußtsein gewinnen und verhilft ihr zu einem wahren Freund. So betrachtet, könnte der Zuschauer dem Vietnamkrieg sogar fast positive Aspekte abgewinnen.
Auch das Thema Sexualität wird in *Coming Home* unbefriedigend aufgearbeitet. Da klagt zu Beginn des Films ein schwerverletzter schwarzer Veteran darüber, daß man im Krankenhaus auf alle Eventualitäten des zukünftigen Zivillebens als Verwundeter vorbereitet werde, jedoch keine Hinweise fürs Geschlechtsleben bekomme. Luke dagegen scheint auf diesem Gebiet keine Probleme zu haben; Sally erlebt vielmehr bei ihm durch Oralverkehr ihren ersten Orgasmus.
Auch bei Luke Martin scheint der Vietnamkrieg das Erlebnis gewesen zu sein, welches ihn für die angenehmen Seiten des Daseins empfänglich gemacht hat. Nachdem er seine anfängliche Verbitterung überwunden hat, genießt er das Leben in vollen Zügen. So fährt er mit seinem Cabriolet (Kennzeichen VET 210) in Kaliforniens heißer Sonne spazieren und goutiert romantische Soupers mit Sally. In seinem zweiten Fortbewegungsmittel, dem Rollstuhl, hat er eine artistische Geschicklichkeit entwickelt – er gleitet mit seiner Freundin auf dem Schoß über den Asphalt und läßt dabei einen Drachen steigen. Bob Hyde, der mit seiner Beinverletzung immerhin noch gehen kann, wirkt wie der eigentliche Krüppel.
Die Musikauswahl steht ebenfalls meist im Gegensatz zur Bedeutung des Themas. Hits der 60er Jahre sind zu hören, so u. a. »Strawberry Fields«, von John Lennon und Paul McCartney, oder Neil Youngs »Expecting to Fly«. Diese Lieder suggerieren eher Lebensfreude als Niedergeschlagenheit und Verzweiflung. Selten wird der richtige Ton getroffen, z. B. mit »No Expectations« und »Sympathy für the Devil«, von den Rolling Stones, oder »Manic Depression«, von Jimi Hendrix.
Diese Widersprüche werden durch Momente im Film kompen-

siert, in denen die Folgeschäden des Kriegs begreifbar werden. Vietnam und sein Einfluß auf die amerikanische Nation können ohne die Darstellung von Kampfszenen verstanden werden. Da ist einmal der Wandel im Charakter von Bob Hyde, der durch den Anblick von Kriegsgreueln und die Abwesenheit von zu Hause seine Überzeugung als Offizier aufgibt und ernüchtert wird. Gut getroffen ist auch die Atmosphäre im Veteranenhospital, wo zwar die körperlichen Leiden bestmöglich behandelt werden, die Psyche der Verwundeten aber kaum berücksichtigt wird. Soldaten und Personal scheinen unfähig zu sein, miteinander zu kommunizieren, wobei sie einander doch durch Worte am besten helfen könnten. Besonders gelungen ist die Szene, in der ein Veteranenausflug geschildert wird. Die Heimkehrer spielen Basketball und Gitarre, rauchen Marihuana und genießen die frische Luft. Die Anwesenheit eines vorgesetzten Militärs, der ihre Moral heben soll, ignorieren sie.
Das Desinteresse der Bevölkerung am Vietnamkrieg bzw. der Versuch, diesen aus dem Gedächtnis zu verbannen, manifestiert sich sehr gut in der Szene, in der Sally Hyde versucht, die Herausgeberinnen des lokalen Garnisonsblättchens dazu zu bewegen, einen Artikel über das Veteranenproblem zu veröffentlichen. Ihr Ansinnen stößt auf massiven Widerstand – eine der Frauen ist sogar gegen weibliches Personal auf den Krankenstationen, sie sagt: »Wenn ich auf Diät bin, will ich auch keine Süßigkeiten um mich herum haben!«
Trotz dieser positiven Aspekte wird weder die komplexe Problematik des Vietnamkriegs begreifbar noch sein Einfluß auf den »American Way of Life« völlig verständlich gemacht. Der Filmkritiker Hans C. Blumenberg traf wohl den Nagel auf den Kopf, als er in einer Rezension des Films schrieb: »Man wird mit der Erkenntnis aus diesem Film entlassen, daß der Krieg in Vietnam eine schlimme Sache gewesen ist. Doch wer – außer vielleicht John Wayne – zweifelte noch daran? Ein so vorsichtiger (durchaus nicht unsympathischer) Film wie *Coming Home* hätte vor zehn Jahren gedreht werden müssen, um mehr als unverbindliches Mitleid mit den Opfern zu erzeugen.«
Auch Michael Cimino greift – in *The Deer Hunter* – die Problematik des kriegsversehrten Heimkehrers auf. Steven, der beide Beine verloren hat, muß zwar auch die Erfahrung des schlechten Empfangs bei seiner Rückkehr machen, doch seine Frustration

darüber mündet nicht in einen Haß gegen die Gesellschaft. Er entwickelt sich in seiner Persönlichkeit fort. Nach seiner anfänglichen Hilflosigkeit und Abhängigkeit lernt er durch Willensstärke, das Leiden an seiner zerstörten Identität zu überwinden und Anschluß an die Gesellschaft zu suchen. Dafür spricht vor allem die letzte Szene des Films, in der die gesamte Heimatgemeinde Nicks Begräbnis feiert. Als beim Leichenschmaus der Koch »God Bless America« anstimmt, singen bald alle Anwesenden – einschließlich Steven – mit. Am Schluß heben sie die Gläser, um auf Nick anzustoßen. Die gesellschaftliche Reintegration des verkrüppelten Veteranen Steven wird in diesem Ritual abgeschlossen. Steven hat sich von seiner Rolle als abhängiges und hilfloses Opfer erfolgreich emanzipiert.
Ein anderes Bild vom verkrüppelten Veteranen liefert der tschechische Regisseur Ivan Passer in *Cutters Way* (1981). Passer, der als Emigrant des Prager Frühlings nach Amerika kam, hatte ursprünglich Drehbücher für Milos Forman geschrieben und bereits mit *Intimate Lighting* Regieerfahrungen in seiner Heimat gesammelt.
Ihm gelang die Verfilmung der bekannten Novelle von Newton Thronburgh, »Cutter and Bone«, nachdem sich schon einige Regisseure an der Exzentrik der Hauptfigur die Zähne ausgebissen hatten.
Alex Cutter (John Heard) ist ein zynischer, exzentrischer Alkoholiker, der in Vietnam den linken Arm, das linke Bein und das linke Auge verloren hat. Seine körperliche Versehrtheit läßt ihn jedoch nicht in Resignation oder Selbstmitleid verfallen, sondern er hat einen unerschütterlichen Rachedurst, der sich gegen die amerikanische Gesellschaft richtet. Vor allem die Reichen und Mächtigen sind ihm ein Dorn im Auge, die selbst aufgrund ihres Einflusses die Einberufung nach Vietnam umgehen konnten, den Krieg aber anzettelten und dafür Leute wie ihn in Südostasien verheizt haben.
Als sein Freund, der gutaussehende Segellehrer Richard Bone (Jeff Bridges), eines Tages in einen Kriminalfall hineingerät, in dem eine junge Cheer-Leaderin vergewaltigt und ermordet wird, sieht Cutter die Gelegenheit, endlich alte Rechnungen zu begleichen. Er verdächtigt den reichen Ölmillionär Cord, die Tat begangen zu haben, und will ihn erpressen. Doch Cord verhält sich indifferent und geht nicht auf die Erpressungsversuche

›Cutter's Way‹: Der Vietnamveteran John Heard ist von Lisa Eichhorn angetan

von Cutter und Bone ein. Erst am Schluß, als Cutter in einem Parforce-Ritt auf einem Pferd während eines Empfangs zu Cord vordringt und sich bei einem Sturz durch ein Fenster tödlich verletzt, räumt der Ölmillionär die Möglichkeit einer Schuld ein. Bone erschießt Cord mit der Pistole seines Freunds und vollendet dessen Rache.

Das Besondere an Cutters Verhalten ist seine Rücksichtslosig-

Jeff Bridges als Richard Bone in ›Cutter's Way‹

keit, mit der er seine Behinderung einsetzt, um seine Ziele zu erreichen. Damit nicht genug. Die körperlich nicht zu übersehenden Folgen seiner Zeit in Vietnam sind ein soziales Schutzmäntelchen, das es ihm erlaubt, seine Wut auszuleben. Wenn er in

einer Bar auf rassistische Weise Schwarze beschimpft, bleibt er unbehelligt, wenn sein Freund entschuldigend die magischen Worte »Er war in Nam!« ausspricht.
Als er in einem Wutanfall und betrunken den Wagen eines Nachbarn demoliert, kommt er ungestraft davon, weil es Cutter gelingt, die Polizei beschämt zum Rückzug zu bewegen, als er militärische Haltung annimmt und höflich Auskunft gibt. Während Luke Martin aus *Coming Home* durch seine Wandlungsfähigkeit und seine soziale Reintegration seinen Frieden mit der Gesellschaft machen kann, bleibt Cutter starrsinnig seiner nur mühsam beherrschten Wut und seinem Rachedurst verhaftet. Nur der Tod stellt für ihn eine Erlösung dar.
Zwölf Jahre nach *Coming Home* kam 1990 mit Oliver Stones *Born on the 4th of July* das vorläufig letzte große, spektakuläre Drama über den verkrüppelten Vietnamveteranen ins Kino. Der Film greift die Lebensgeschichte von Ron Kovic auf, der als junger Mann voller Überzeugungen nach Vietnam ging, dort zum querschnittgelähmten Krüppel geschossen wurde und nach seiner Rückkehr zum populären Sprachrohr der amerikanischen Antikriegsbewegung wurde. Eine Story voller tragischer,

Zwei Vietnamveteranen (Willem Dafoe und Tom Cruise), denen in ›Born on the Fourth of July‹ der Krieg die Zukunft genommen hat

schicksalhafter Wendungen, die sich für eine filmische Umsetzung geradezu ideal eignet. Dennoch waren 15 Jahre lang sämtliche Versuche gescheitert, einen Film aus dieser Geschichte zu machen. Schon am Anfang der 80er Jahre war man konzeptuell so weit, die Dreharbeiten beginnen zu lassen. Al Pacino sollte die Hauptrolle spielen, doch im letzten Moment zog sich der Verleih von diesem Projekt zurück.
Das Drehbuch arbeitete Stone zusammen mit Kovic aus, und die Hauptrolle wurde nun mit demselben Tom Cruise besetzt, der wenige Jahre zuvor mit *Top Gun* einen der reaktionärsten und reißerischsten Werbefilme für die US Air Force gedreht hatte. Doch während Cruise in dem plump-dröhnenden *Top Gun* kaum mehr als pubertäres Macho-Gehabe zeigte, stellt man in Stones Film fest, daß wirklich eine ganze Menge mehr in ihm stecken muß, wenn er ohne Rücksicht auf sein Image als amerikanisches Sex-Idol einen verdreckten Krüppel mit langen, fettigen Haaren darstellt.
Die Handlung des Films läßt sich schnell zusammenfassen: Ron Kovic wächst in Massapequa, einer kleinen Gemeinde auf Long Island, auf. Am liebsten spielt er im anliegenden Waldstück mit seinen Freunden Soldat. An seinem Geburtstag, dem 4. Juli, der gleichzeitig der Tag der amerikanischen Unabhängigkeit ist, sieht er der Parade der Kriegsveteranen zu. Ron beschließt schon früh, in allen Dingen, die er einmal anpacken wird, der Beste zu sein. Denn sein eigener Vater (Raymond J. Barry) ist ein Schwächling, der von seiner streng katholischen Mutter (Caroline Kava) dominiert wird.
Auch Ron läßt sich von antikommunistischen Parolen verführen. Für ihn bedeutet Liebe zu Vaterland und Heimat alles. Kaum ist er mit der Schule fertig, meldet sich Ron freiwillig zur Eliteeinheit der Marines und geht Ende der 60er Jahre nach Vietnam.
Dort wird er bald nahe der Mündung des Cua-Viet-Flusses in ein Feuergefecht verwickelt, in dem zahlreiche Zivilisten, Frauen und Kinder ihr Leben lassen müssen. Darüber hinaus erschießt Ron versehentlich einen Kameraden. Obwohl er sich schuldig fühlt und dafür auch bestraft werden will, tut sein Vorgesetzter den Vorfall als Bagatelle ab. Nur wenig später wird der junge Soldat von einer Kugel des Vietcong im Rückgrat getroffen. Ron landet in einem überfüllten Lazarett. Ein Priester nimmt ihm die

›Born on the Fourth of July‹: Tom Cruise bringt sich nach seiner Verletzung wieder in Form

letzte Beichte ab, beschwört ihn aber gleichzeitig, sich nicht aufzugeben.

Zurück in den USA, beginnt für Ron die eigentliche Hölle. Im Bronx-Hospital fehlen die einfachsten technischen Geräte für die Behandlung der Vietnamveteranen. Zugunsten der Rüstungsindustrie wurden nahezu alle sozialen Unterstützungen gestrichen. Ron vegetiert neben Ratten in einem mit Blut und Kot beschmierten Bett vor sich hin. In diesem Chaos teilen ihm schließlich die Ärzte die grausame Wahrheit mit. Er wird von der Brust abwärts für immer gelähmt sein und sein restliches Leben im Rollstuhl verbringen müssen. Als Ron wieder zu Hause ist, kann er sich weder mit dieser Tatsache noch mit den Antikriegsprotesten, die im Land immer lauter werden, abfinden.

Auch sein alter Freund Timmy (Frank Whaley), den der Vietnamkrieg zu einem seelischen Krüppel gemacht hat, kann ihm seine Verbitterung nicht nehmen. Erst Donna (Kyra Sedgwick), seine Jugendliebe, kann Ron zum Nachdenken bewegen. Sie ist

inzwischen eine überzeugte Anhängerin der Protestbewegung geworden.
Kurze Zeit später sieht Ron, wie Polizisten eine friedliche Demonstration brutal auflösen. Völlig verzweifelt bricht er mit seiner frömmelnden Mutter einen Streit vom Zaun, an dessen Ende er sich entschließt, seiner Familie den Rücken zu kehren. Er geht nach Mexiko und schließt sich einem Haufen desillusionierter Vietnamveteranen an. Diese versuchen mit Alkohol, Pokerspiel und Prostituierten ihre Vergangenheit zu verdrängen.
Ron lernt dort Charlie (Willem Dafoe) kennen, der ebenfalls an den Rollstuhl gefesselt ist. Der ist ein Menschenverachter voller beißendem Zynismus und Hohn. Nachdem sich Ron mit Charlie wegen ihrer Meinungsverschiedenheiten bis aufs Messer bekriegt hat, kehrt er in die Heimat zurück. Er sucht einen neuen Anfang für sein Leben und besucht die Eltern des von ihm erschossenen Soldaten, um sie über die wahren Umstände aufzuklären.
Nun ist der Funke auf Ron übergesprungen. Er schließt sich der Antikriegsbewegung an, und auf dem Parteitag der Republikaner 1972 gelingt es ihm sogar, die Aufmerksamkeit auf sich zu lenken. Vor laufender Kamera schildert er seine Probleme und kann gerade noch der Polizei entkommen, die ihn verhaften will. Vier Jahre später ist Ron der Führer der Veteranen-Protestbewegung. Seine Autobiographie ist mittlerweile als Buch erschienen, und nun hält er offiziell eine Rede auf dem Parteitag der Demokraten.
In der Ausführung des Films neigt Stone zu sentimentalen Effekten. Manchmal gewinnt man sogar den Eindruck, daß mit Slowmotion und Sonnenuntergängen bewußt Elemente aus dem Bereich der Werbefilmästhetik übernommen wurden. Doch davon unabhängig gelingt es ihm ganz gut, die verlogene Propaganda darzustellen, der die jungen Männer wie Ron Kovic zum Opfer gefallen sind. Das mangelnde Differenzierungsvermögen, das das Resultat dieser Propaganda ist, erschöpft sich noch nach seiner Verwundung in der Phrase: »Du kannst dein Land lieben oder hassen!« Ganz klar, daß Kovic sein Land lieben möchte, obwohl er seinen Rollstuhl einem bornierten Hurra-Patriotismus zu verdanken hat, mit dem dieses Land seine Söhne erzogen hat.
Born on the 4th of July erzählt ebenso wie *Coming Home* von der

Tom Cruise bekämpft in ›Born on the Fourth of July‹ den Krieg, in den er voller Ideale gezogen war

Wandlungsfähigkeit einer Figur. Der Unterschied besteht aber zunächst darin, daß Beginn und Ende des Wandlungsprozesses bei beiden Figuren, Ron Kovic und Luke Martin, unterschiedliche Zeiträume und Phasen abdecken. Während bei Luke Martin

keine Aussage über sein Leben vor der Invalidität gemacht wird, gibt Stone der Kindheit und Jugend breiten Raum. Kovic ist eine Art »all American boy«, der repräsentativ für die Werte und Ideale der damaligen Generation steht. Aufgewachsen in einem bigotten und prüden Elternhaus, in dem eine stockkatholische Mutter dem Jungen den »Playboy« um die Ohren haut und er sich gleichzeitig zusammen mit seinen Geschwistern strengen Erziehungsritualen unterwerfen muß, bleibt ihm als Freiraum nur der Sport. Ob Baseball, Liegestützen oder Ringen – Bewegung wird für ihn nicht nur zur Notwendigkeit, um sich aus der häuslichen Enge zu befreien, sondern im Sport kann er auch seinen Ehrgeiz, der Beste sein zu wollen, befriedigen.
Auch das religiöse Moment kommt in der Charakterisierung der Figur stark zur Geltung. Kovic fühlt sich schuldig, als er in Vietnam Frauen und Babys tötet und in einem allgemeinen Durcheinander beim Rückzug vor den heranrückenden Nordvietnamesen einen Kameraden erschießt. Diese Schuld fordert Sühne, die ihm jedoch sowohl von seinem Vorgesetzten – der möchte diesen Vorfall totschweigen – als auch von seiner Mutter, die ihn in einem spektakulären Auftritt aus dem Haus wirft, verweigert wird. Alle Instanzen versagen. Die Rückkehr in die Familie ist gescheitert, und Kovic erkennt die moralische Verlogenheit der alten Ordnungsstrukturen, die ihn geprägt haben. Erst nachdem er die Eltern des von ihm getöteten Kameraden aufgesucht hat und ihnen sein Versagen gebeichtet hat, kann er so etwas wie eine Absolution von seinen Sünden erhalten. Von diesem Augenblick an ist es ihm möglich, seinem Leben eine neue Richtung zu geben.
Als Führer der Veteranen-Protestbewegung entpuppt sich Kovic schließlich als »der Beste«. Insofern erzählt Stone eine typisch amerikanische Erfolgsgeschichte, nur mit dem Unterschied, daß hier ein Kriegskrüppel Karriere machen kann. Aus der Sicht der 90er Jahre dürfte dieses Happy-End dennoch etwas seltsam anmuten: Nachdem lange Zeit die Protestbewegung und deren Anhänger, körperlich versehrt oder unversehrt, die Nation in zwei Lager gespalten hat, wirkt Stones Schluß einerseits versöhnlich, da Kovic bei seiner Rede ungeteilten Zuspruch erfährt, andererseits suggeriert dessen Werdegang, daß Vietnam doch nur ein Ausrutscher einer sonst durchaus gesunden und intakten Nation gewesen sei. Das Gute setzt sich – wie immer –

durch, daher sind bestimmte politische Strukturen, aus denen der Krieg hervorgebracht wurde, nur bedingt reformbedürftig. Solange im Film der alte amerikanische Mythos vom Tellerwäscher, der es zum Millionär bringt, noch funktioniert, so lange kann mit diesem Land nichts schiefgelaufen sein.

Südvietnamesische Soldaten hissen ihre Flagge im eroberten Quang Tri (dpa-Archivaufnahme)

Chronologie der amerikanischen Aktivitäten in Südostasien

6. März 1946
Französisch-vietnamesisches Abkommen, das die »Demokratische Republik Vietnam« (DRV) als freien Staat innerhalb der Französischen Union garantiert.

23. November 1946
Die französische Marine beschießt das Vietnamesenviertel von Haiphong; 6000 Zivilisten sterben.

19. Dezember 1946
Vietminh-Einheiten greifen französische Garnisonen an. Die westliche Welt ergreift für die Franzosen Partei, da sie eine Ausbreitung des »Weltkommunismus« befürchtet (Domino-Theorie).

August 1947
Der amerikanische Beauftragte, William Bullitt, trifft Boa-Dai (Kaiser von Annam, 1925–1945, von den Vietminh zur Abdankung gezwungen) in Hongkong.

22. September 1947
William Bullitt trifft Emile Bollaert (Hoher Kommissar Frankreichs in Indochina).

1948
Boa-Dai proklamiert in Saigon einen unabhängigen Staat.

1949
Die USA begrüßen die Etablierung der Regierung Boa-Dai. Amerikanische Unterstützung des französischen Krieges mit dem Ziel, Indochina unter eigene Kontrolle zu bekommen. Stratemeyer (Kommandeur der US Air Force im Fernen Osten) und Willoughby (Chef der CIA in Japan) treffen in Vietnam ein.

2. Februar 1950
Offizielle Anerkennung der Regierung Boa-Dai durch die USA.

16. März 1950
Die amerikanischen Kriegsschiffe »Boxer«, »Stickel« und »Anderson« gehen im Hafen von Saigon vor Anker.

27. Juni 1950
Präsident Truman läßt verlautbaren, daß die Vereinigten Staaten gewillt seien, Frankreich in Indochina militärisch zu unterstützen.

10. August 1950
Die ersten amerikanischen Kriegsgüter erreichen Vietnam.

12. Oktober 1952
Die 200. amerikanische Hilfslieferung erreicht Saigon.

Juni 1953
Der »Navarre-Plan« soll Indochina in 18 Monaten befrieden.

31. Juli 1953
Der amerikanische Kongreß stellt Frankreich 400 Millionen Dollar für den Krieg zur Verfügung.

20. November 1953
Französische Truppen landen in Dien Bien Phu.

27. Januar 1954
Die amerikanische Botschaft erklärt, daß man bisher unter anderem 1400 Panzer, 340 Flugzeuge, 350 Kriegsschiffe und 255 Millionen Schuß Munition an Frankreich geliefert habe.

13. März 1954
Die USA haben für den Krieg in Indochina bereits mehr als zwei Milliarden Dollar ausgegeben; ihr Anteil an den Kriegskosten beträgt mehr als 78 Prozent.

22. März 1954
Der Einsatz von Atombomben wird erwogen.

26. März – 21. Juli 1954
Genfer Konferenz mit dem Ziel, die Kriegshandlungen zu beenden. Die Grenzen zwischen Laos, Kambodscha und Vietnam werden festgelegt. Eine provisorische Teilung Vietnams entlang dem 17. Breitengrad erfolgt. In Nordvietnam setzt sich die Lao-dong-Partei durch. In Südvietnam kommt Boa-Dai an die Macht.

7. Mai 1954
Die Festung Dien Bien Phu fällt.

18. Juni 1954
Ngo Dinh Diem wird von den Amerikanern nach Saigon gebracht. Er übernimmt 1955 die Position Boa-Dais, der an die französische Riviera ins Exil geht.

Juli – September 1954
Premierminister Diem festigt seine Macht; mehrfach zeichnet er für Massaker verantwortlich.

23. Oktober 1954
Präsident Eisenhower verspricht Diem Unterstützung beim Aufbau der Republik Südvietnam.

25. Dezember 1954
Die Internationale Kontrollkommission für Vietnam berichtet von schweren Verletzungen des Genfer Abkommens.

19. April 1955
Die Regierung Diem und die Michigan State University schließen einen Vertrag, der den Aufbau von Polizei- und Sicherheitskräften zum Ziel hat.

16. Juli 1955
Präsident Diem erklärt, nicht an das Genfer Abkommen gebunden zu sein.

Dezember 1955
Die Internationale Kontrollkommission berichtet über 4584 Verstöße gegen Artikel 14 c und 15 d des Genfer Abkommens. Dabei wurden 2042 Menschen getötet oder verschleppt, 4555 verletzt und 31176 eingesperrt und gefoltert.

28. April 1956
Das französische Expeditionskorps verläßt Vietnam. Seine Verluste betrugen seit 1946 92000 Mann.

Juni 1956
Die »Temporary Equipment Recovery Mission«, bestehend aus 480 amerikanischen Offizieren, wird in Saigon stationiert. Ab diesem Zeitpunkt regelmäßige Lieferung amerikanischen Kriegsmaterials.

13. Mai 1957
Ngo Dinh Diem erklärt, daß sich die Grenzen der Vereinigten Staaten bis zum 17. Breitengrad erstrecken.

Vietnamesische Fallschirmjäger tragen ihren verwundeten Kameraden zum Verbandsplatz (dpa-Archivaufnahme)

Januar 1958
Der Flughafen Ban Me Thuot und andere militärische Einrichtungen werden installiert.

Dezember 1958
Im Konzentrationslager Phu Loi kommt es zu einer Massenvergiftung, bei der ein Sechstel der Insassen umkommt. »Befriedungsaktionen« unter der Zivilbevölkerung – unter der Leitung von William Samuel (Chef der MAAG, d. i. die Military Assistance Advisory Group). Teile der Bevölkerung Südvietnams beginnen den bewaffneten Kampf gegen Diem und die Amerikaner.

Juli 1959
Die Anzahl der amerikanischen Berater verzehnfacht sich von 200 auf 2000.

August 1959
Der Hafen Da Nang wird für militärische Zwecke ausgebaut.

Mai – September 1959
»Säuberungsaktionen« in sämtlichen Provinzen.

September 1959
Südvietnam verfügt inzwischen über 46 Flugplätze (1954: sechs) und elf Marinestützpunkte.

Juli 1960
Verschiedene strategisch wichtige Straßen werden ausgebaut.

Dezember 1960
In Südvietnam wird die Nationale Befreiungsfront (FNL) gegründet, die von den Saigoner Stellen Vietcong genannt wird. Die Anzahl der amerikanischen Berater erhöht sich von 2000 auf 3000. Man besitzt inzwischen 57 Stützpunkte. Der Nachschub für die FNL fließt über den Ho-Chi-Minh-Pfad.

7. Mai 1961
Der nationale Sicherheitsrat der USA beschließt, reguläre Truppen nach Vietnam zu entsenden.

11. Mai 1961
Vizepräsident Johnson besucht Südvietnam und gibt bei Abschluß seines Aufenthaltes ein gemeinsames, acht Punkte umfassendes Kommuniqué heraus, das einen amerikanischen »Spezialkrieg« vorsieht.

19. Juni 1961
Professor Eugene Stanley entwirft den »Stanley-Plan«, der die Befriedung Südvietnams in 18 Monaten zum Inhalt hat.

18. Oktober 1961
Der »Stanley-Taylor-Plan« wird vorgelegt; er untersucht die Einsatzmöglichkeiten amerikanischer Truppen in Vietnam.

14. Dezember 1961
Präsident Kennedy sichert Präsident Diem seine volle Unterstützung zu.

10. Januar 1962
Ngo Dinh Diem erklärt, daß die Regierung Südvietnams in Zusammenarbeit mit den USA ein Experimentierprogramm zur Verwendung toxischer Waffen ausgearbeitet hat.

4. Februar 1962
60 amerikanische Soldaten und Offiziere beteiligen sich an einem Angriff auf die Zivilbevölkerung in der Region An Xuyen.

8. Februar 1962
General Harkins (Chef des MACV, d. i. das Military Assistance Command, Vietnam) übernimmt die Überwachung der Kriegshandlungen.

April 1962
500 Mann der »Special Forces« aus Fort Bragg betreten vietnamesischen Boden.

Dezember 1962
11300 amerikanische Soldaten stehen in Vietnam.

2. Januar 1963
In der Schlacht von Ap Bac unterliegen amerikanische und südvietnamesische Truppen der FNL.

8 Februar 1963
General Harkins erklärt, daß Südvietnam zum Übungsfeld des Anti-Guerillakrieges geworden sei.

11. Juni 1963
Erste öffentliche Selbstverbrennung eines buddhistischen Mönchs; schon vorher Zusammenstöße zwischen Buddhisten und südvietnamesischen Regierungstruppen.

1. November 1963
Präsident Diem wird bei einem Militärputsch getötet. General Duong Van Minh tritt an seine Stelle.

Dezember 1963
16300 Amerikaner sind in Südvietnam stationiert.

9. März 1964
Der »Rostow-Plan Nr. 6«, der die Ausweitung des Krieges auf Nordvietnam vorsieht, wird publik.

14. Mai 1964
Verteidigungsminister McNamara schließt die Ausdehnung des Krieges auf Nordvietnam nicht aus.

Ein südvietnamesischer Soldat bringt sich in einer Grabenstellung in Sicherheit (dpa-Archivaufnahme)

Juni 1964

Inzwischen verfügt man in Südvietnam über 169 Flughäfen.

30. Juli 1964

Amerikanische Schiffe verletzen die Hoheitsgewässer Nordvietnams und bombardieren die Inseln Hon Ngu und Hon Me.

2. August 1964
Das Pentagon meldet ein Gefecht zwischen dem amerikanischen Zerstörer »Maddox« und nordvietnamesischen Torpedobooten innerhalb der Zwölfmeilenzone in der Bucht von Tonking.

4. August 1964
Präsident Johnson erklärt, die Nordvietnamesen hätten den Zwischenfall provoziert.

5. August 1964
Lyndon B. Johnson verlangt vom Kongreß eine Vollmacht, die alle notwendigen Aktionen zum Schutz der amerikanischen Streitkräfte und die Unterstützung der Staaten, die in die SEATO einbezogen sind, gestattet. Die beiden Häuser des Kongresses erteilen mit 504 zu zwei Stimmen (der Senatoren Morse und Gruening) die Erlaubnis. Es folgt der erste Vergeltungsschlag der Siebten Flotte auf Ziele in Nordvietnam.

Dezember 1964
Die amerikanische Militärpräsenz beträgt inzwischen 50000 Mann.

1965
Die Regierung der Vereinigten Staaten schickt weitere 181000 Mann nach Vietnam. Die amerikanischen Verluste für dieses Jahr werden mit 1369 Personen angegeben, die Kriegskosten belaufen sich auf 1,3 Milliarden Dollar.

Ab Februar 1965
Eskalation des Krieges in Nord- und Südvietnam, zunehmender Widerstand in Saigon und Hué. Systematische Bombardierung wirtschaftlicher und militärischer Ziele in Nordvietnam. Der Ho-Chi-Minh-Pfad wird zum am meisten umkämpften strategischen Punkt. Die amerikanische Armee erhält direkte Unterstützung von australischen, neuseeländischen, thailändischen, südkoreanischen und philippinischen Truppen. »Wehrdörfer« werden errichtet; das heißt, ganze Gebiete werden evakuiert und deren Bewohner in stark befestigten Stellungen wieder angesiedelt, was zu Überbevölkerung der Städte und Entvölkerung ganzer Landstriche führt.
Der Gebrauch von Entlaubungsmitteln, Hubschraubereinsätze, Flächenbombardements und »Pazifizierung« kennzeichnen die strategische Vorgehensweise.

April 1965
Vier-Punkte-Erklärung Nordvietnams, die den Abzug amerikanischer Truppen, die Einstellung der Bombardierungen, die Bündnisfreiheit beider Teilstaaten und eine politische Führung des Volkes zum Inhalt hat.

1966
400000 amerikanische Soldaten sind in Vietnam. Die Zahl der Toten beträgt 5008, die Ausgaben übersteigen sechs Milliarden Dollar. Die Bombardements nehmen weiter zu, erweisen sich aber vom amerikanischen Standpunkt aus als weitgehend unergiebig.

1967
Eine halbe Million Amerikaner sind in Südvietnam stationiert. 9353 Mann sterben, 26 Milliarden Dollar werden für den Krieg ausgegeben. Auf beiden Seiten der US-Armee kämpfen 50000 Alliierte und 500000 Regierungssoldaten. Die Gegner verfügen über 200000 Mann, die sich zur einen Hälfte aus Nordvietnamesen, zur anderen aus FNL-Kämpfern rekrutieren.

August 1967
Die große Trockenzeit-Offensive beginnt. In Südvietnam finden Wahlen statt, bei denen die FNL nicht zugelassen wird. Nguyen Van Thieu übernimmt in Saigon die Macht.

Januar – Februar 1968
Die FNL führt unter Leitung von Vo Nguyen Giap die TET-Offensive durch, die, obwohl letztlich ein Fehlschlag, die amerikanische Öffentlichkeit und Regierung in Unruhe versetzt. Die Zahl der Gefallenen steigt auf amerikanischer Seite auf über 500 pro Woche, was eine Gesamtzahl von 18248 Toten ergibt. 111313 Verwundete werden gezählt und 30 Milliarden Dollar für den Krieg veranschlagt. Die Kampfinitiative wird den Amerikanern vollends aus den Händen genommen. Der Kurs des Dollars sinkt rapide.

März 1968
Die Ausschreitungen der amerikanischen Soldaten gegenüber der Zivilbevölkerung nehmen zu. In dem Dorf My Lai werden mehr als 100 unbewaffnete Zivilisten massakriert.

31. März 1968
Unter dem Druck der Ereignisse erklärt Präsident Johnson, daß er für eine Wiederwahl nicht zur Verfügung stehen werde. Gleichzeitig verkündet er die Einstellung der Bombenangriffe auf den größten Teil Nordvietnams.

13. Mai 1968
In Paris beginnen Friedensverhandlungen; zunächst werden die Südvietnamesen und die FNL nicht zugelassen.

1969
Der Acht-Punkte-Plan zur Befriedung Vietnams, der von der Nixon-Kissinger-Administration ausgearbeitet worden war, wird abgelehnt. Präsident Nixon ändert seine Strategie, er will sich aus dem direkten Engagement lösen, jedoch Kampf und Gesicht nicht verlieren. Vier Punkte kennzeichnen sein Vorgehen:
1. Vietnamisierung des Kampfes.
2. Stärkere Bombardierung Nordvietnams, um zu erreichen, daß es einerseits demoralisiert wird und andererseits der FNL nicht mehr zur Seite stehen kann.
3. Ausweitung des Krieges nach Kambodscha, um den Nachschub zu erschweren.
4. Die Annäherung an China, um die Front der Unterstützer der FNL aufzulösen.

April 1969
Die amerikanische Truppenpräsenz in Vietnam erreicht mit 543 400 Mann ihren Höhepunkt. Richard M. Nixon ordnet den stufenweisen Abzug an.

Juni 1969
Eine provisorische Regierung wird in Südvietnam gebildet.

3. September 1969
Ho Chi Minh stirbt in Hanoi.

April 1970
Die kommunistischen Parteien von Südvietnam, Nordvietnam, Kambodscha und Laos konferieren in Südchina. Amerikanische und südvietnamesische Truppen fallen in Kambodscha ein, um kommunistische Schlupfwinkel auszuheben. Starker weltweiter Protest führt unter anderem dazu, daß der Kongreß die Tongking-Resolution von 1964 widerruft.

Die 173. Amerikanische Luftlandebrigade im Einsatz (dpa-Archivaufnahme)

Juni 1970
Die Aktionen in Kambodscha werden eingestellt.

Februar 1971
Südvietnamesische Invasion in Laos mit Unterstützung durch amerikanische Bomber und Artillerie.

1972
Die nordvietnamesische Armee beginnt eine große Offensive. Präsident Nixon befiehlt noch stärkere Bombardierung Nordvietnams und die Verminung von dessen Häfen.

27. Januar 1973
Die vier kriegführenden Parteien unterzeichnen in Paris das Waffenstillstandsabkommen. Der Abzug der restlichen 23000 amerikanischen Soldaten und die Repatriierung der Kriegsgefangenen werden vereinbart.

26. Februar – 2. März 1973
Auf einer weiteren Konferenz in Paris wird das Waffenstillstandsabkommen von einer internationalen Kontrollkommission bestätigt.

1974
Die Verhandlungen der kriegführenden Parteien Südvietnams bleiben ohne Ergebnis. Beide versuchen vielmehr, ihre Gebiete mit Waffengewalt zu vergrößern.

1975
Die südvietnamesische Armee bricht zusammen, ohne daß es zu einer Entscheidungsschlacht kommt.

30. April 1975
Die Stadt Saigon fällt; die südvietnamesische Führungsspitze kann im letzten Augenblick von den Amerikanern außer Landes gebracht werden.

2. Juli 1976
Die Sozialistische Republik Vietnam wird als gesamtvietnamesischer Staat gegründet.

Filmographie

Diese Filmographie erhebt keinen Anspruch auf Vollständigkeit, führt aber dennoch den Großteil der amerikanischen Produktionen bzw. Co-Produktionen auf, die in irgendeinem – eindeutigen und wichtigen – Zusammenhang mit dem Vietnamkrieg stehen. Ausländische Produktionen wie *The Killing Fields* (Roland Joffe, GB 1984), *Loin du Vietnam* (Alain Resnais, William Klein, Agnès Varda, Claude Lelouche und Jean-Luc Godard, F 1967), *Piloten im Pyjama* (Walter Heynowski und Gerhard Scheumann, DDR 1968), *Ninja, USA* (Wu Kouo-Jen, Hongkong 1986) etc. und Fernsehproduktionen wie *To Heal a Nation* (Michael Pressman, USA 1988) wurden nicht berücksichtigt, da sie den Rahmen dieses Buchs sprengen würden.

Folgende Abkürzungen werden in der Folge verwendet:

R = Regisseur/in
K = Kamera
Db = Drehbuchautor/in
D = Darsteller

Werke, die mit * gekennzeichnet sind, sind Beispiele für verschlüsselte Vietnamfilme.

›1969‹: das Lieblingszeichen der Flower-power-*Generation*

1969
Die Generation von 1969
USA 1988/95 Minuten
R: Ernest Thompson
K: Jules Brenner
Db: Ernest Thompson
D: Kiefer Sutherland, Robert Downey jun., Bruce Dern, Joanna Cassidy, Winona Ryder
Wegen ihrer Antivietnamkriegshaltung geraten zwei Studenten in Konflikt mit Schule und Elternhaus.

Above the Law
Nico
USA 1987/98 Minuten
R: Andrew Davis
K: Robert Steadman
Db: Steven Pressfield, Ronald Shusett und Andrew Davis
D: Steven Seagal, Pam Grier, Henry Silva, Ron Dean, Daniel Faraldo
Ein Einzelgänger-Cop kämpft gegen eine Gruppe von sadistischen Vietnamveteranen.

›Above the Law‹: Steven Seagal – ein Kämpfer, kein Schauspieler

›Air America‹: Der unbeholfene David Marshall Grant kennt sich nicht einmal mit den einfachsten Dingen des Lebens aus

Air America
Air America
USA 1990/109 Minuten
R: Roger Spottiswoode
K: Roger Deakins
Db: John Eskow und Richard Rush, nach der gleichnamigen Buchvorlage von Christopher Robbins
D: Mel Gibson, Robert Downey jun., Nancy Travis, Ken Jenkins, David Marshall Grant
Amerikanische Piloten unternehmen im Auftrag der CIA dubiose »Versorgungsaktionen« im angeblich neutralen Laos.

Airwolf
Airwolf
USA 1983/86 Minuten
R: Donald E. Bellisario
K: Howard Schwartz

Db: Donald E. Bellisario
D: David Hemmings, Jan-Michael Vincent, Ernest Borgnine, Alex Cord, Belinda Bauer
Ein neuartiger amerikanischer Kampfhubschrauber wird von Terroristen entführt und von einem Vietnamveteranen zurückerobert. Pilotfilm der gleichnamigen Fernsehserie.

Alice's Restaurant
Alice's Restaurant
USA 1969/110 Minuten
R: Arthur Penn
K: Michael Nebbia
Db: Venable Herndon und Arthur Penn, nach Arlo Guthries Platte »The Alice's Restaurant Massacree«
D: Arlo Guthrie, Pat Quinn, James Broderick, Michael McClanathan, Geoff Outlaw, Pete Seeger
Arlo Guthrie versucht, der Einberufung zu entgehen.

American Commandos (Hitman)
Jäger der Apocalypse II – Zurück ins Inferno
USA 1986/88 Minuten
R: Bobby A. Suarez
K: Jun Pereira
Db: Ken Metcalfe und B. A. Suarez, Vorlage von B. A. Suarez
D: Christopher Mitchum, John Phillip Law, Franco Guerrero, Willie Williams, Robert Marius, Ken Metcalfe
Nach dem Tod seiner Frau und seines Sohnes macht ein Vietnamveteran gemeinsam mit ehemaligen Kampfgenossen im Fernen Osten einen Drogenhändlerring unschädlich.

American Graffiti
American Graffiti
USA 1973/110 Minuten
R: George Lucas
K: Ron Eveslage und Jan D'Alquen
Db: George Lucas, Gloria Katz und Willard Huyck
D: Richard Dreyfuss, Ron Howard, Paul Le Mat, Charles Martin Smith, Candy Clark, Wolfman Jack
Die letzte gemeinsame Nacht von vier jungen Männern, bevor sie ins Leben treten. Einer von ihnen fällt in Vietnam.

Angels From Hell
In Deutschland nicht verliehen
USA 1968/86 Minuten
R: Bruce Kessler
K: Herman Knox
Db: Jerome Wish
D: Tom Stern, Arlene Martel, Ted Markland, Stephen Oliver, Paul Bertoya, James Murphy
Ein Vietnamheimkehrer will die Vormachtstellung in seiner alten Bande wiedererlangen.

Angry Breed, The
In Deutschland nicht verliehen
USA 1968/88 Minuten
R: David Commons
Db: David Commons
D: Jan Sterling, James MacArthur, Jan Murray, Murray MacLeod, William Windon
Ein Vietnamveteran kommt mit einem Drehbuch nach Hollywood. Dort legt er sich mit den Mitgliedern einer Motorradbande an.

Annihilators, The
Das City-Commando
USA 1986/84 Minuten
R: Charles E. Sellier
K: Henning Schellerup
Db: Brian Russell
D: Christopher Stone, Andy Wood, Lawrence Hilton-Jacobs, Gerrit Graham, Dennis Redfield
Eine Gruppe Vietnamveteranen organisiert den Kampf friedlicher Bürger gegen Straßenbanden.

Apocalypse Now
Apocalypse Now
USA 1979/153 Minuten
R: Francis Ford Coppola
K: Vittorio Storaro
Db: John Milius und Francis Ford Coppola, in Anlehnung an Joseph Conrads Novelle »Heart of Darkness«
D: Martin Sheen, Robert Duvall, Frederic Forrest, Marlon Brando, Sam Bottoms, Dennis Hopper

Captain Willard soll den tief im Busch versteckten Oberst Kurtz finden und unschädlich machen.

Ashes and Embers
Asche und Glut
USA 1982/120 Minuten
R: Haile Gerami
K: Augustin E. Cubano und Elliot Davis
Db: Haile Gerami
D: Evelyn Blackwell, John Anderson, Norman Blalock, Karthy, Uwezo Flewellen
Ein schwarzer Veteran kann seine Erlebnisse im Vietnamkrieg nicht vergessen und hat Schwierigkeiten mit der Wiedereingliederung.

Armed Response
Die Vergelter
USA 1986/85 Minuten
R: Fred Olen Ray
K: Paul Elliott
Db: T. L. Lankford
D: David Carradine, Lee Van Cleef, Mako, Lois Hamilton, Ross Hagen
Ein Vietnamveteran gewinnt endlich seinen Krieg, indem er einer japanischen Bande das Handwerk legt.

AWOL
In Deutschland nicht verliehen
USA/Schweden 1972/82 Minuten
R: Herb Freed
K: Merrill S. Brody
Db: Richard Z. Chesnoff und Herb Freed
D: Russ Thacker, Isabella Kaliff, Glynn Turman, Lenny Baker, Dutch Miller, Stefan Ekman
Ein in Schweden angesiedelter Antikriegsfilm, der das Schicksal eines Deserteurs darstellt.

Bacchanale
Bacchanale – Die totale Erotik
USA 1970/77 Minuten
R: John und Lem Amaro

K: John Amaro
Db: John und Lem Amaro
D: Uta Erickson, Darcy Brown, Chuck Federico, Pat Agers, Ron Babin, Richard Sherman
Pseudophilosophischer Filmverschnitt um Totenbeschwörung, Sex, Sadomasochismus und Kommentare zum Vietnamkrieg.

BAT 21
BAT 21 – Mitten im Feuer
USA 1988/105 Minuten
R: Peter Markle
K: Mark Irwin
Db: William C. Anderson und George Gordon, nach der Vorlage von W. C. Anderson
D: Gene Hackman, Danny Glover, Jerry Reed, David Marshall Grant, Clayton Rohner
Der Pilot eines Aufklärungsflugzeugs kommt einem CIA-Agenten zu Hilfe, der vom Vietcong abgeschossen wurde und allein durch den Dschungel irrt.

Battle Rats
Kampfratten
USA/Hongkong 1988/85 Minuten
R: Bridges Benjamin sen.
D: Jack Gilbert, Corwyn Sperry, Paul John
Eine Spezialeinheit für den Kampf unter Tage triumphiert dank der Liebe einer Vietcong über den vietnamesischen Commander.

Between Men
In Deutschland nicht verliehen
USA 1979/57 Minuten
R: Will Roberts
K: Stephen Lighthill, John Hanig und Robert Ellis
Dokumentarfilm

Big Bounce, The
Nancy, ein eiskaltes Playgirl
USA 1968/102 Minuten
R: Alex March
K: Howard R. Schwartz

Db: Robert Dozier, nach Elmore Leonards Roman
D: Ryan O'Neal, Leigh Taylor-Young, Van Heflin, Lee Grant, James Dally
Ein vorbestrafter Vietnamveteran gerät mit dem Gesetz in Konflikt und hat Schwierigkeiten mit seiner Freundin.

Big Wednesday
Tag der Entscheidung
USA 1978/119 Minuten
R: John Milius
K: Bruce Surtees und Greg MacGillivroy
Db: John Milius und Dennis Aaberg
D: Jan-Michael Vincent, William Kall, Gary Busey, Darrell Fetty, Lee Purcell
Surfer-Film, in dem sich einer der Protagonisten der Musterungskommission stellen muß. Ein Teil des Drehbuchs wurde für *Apocalypse Now* verwendet.

Billy Jack
Billy Jack
USA 1971/113 Minuten
R: T. C. Frank (Tom Laughlin)
K: Fred Koenekamp und John Stephens
Db: Tom Laughlin und Delores Taylor
D: Tom Laughlin, Delores Taylor, Bert Freed, Clark Howat, Julie Webb
Fortsetzung von *Born Losers*. Nun beschützt der Held Mustangs und kümmert sich um einen von zu Hause ausgerissenen Teenager.

Billy Jack Goes to Washington
In Deutschland nicht verliehen
USA 1977/155 Minuten
R: T. C. Frank (Tom Laughlin)
D: Tom Laughlin, Delores Taylor, Sam Wanamaker, Lucie Arnaz, E. G. Marshall
Fortsetzung von *Born Losers, Billy Jack* und *The Trial of Billy Jack*. Moderne Version von Frank Capras Klassiker *Mr. Smith Goes to Washington*.

Alan Parker (links) gibt Regieanweisungen für ›Birdy‹

Birdy
Birdy
USA 1984/120 Minuten
R: Alan Parker
K: Michael Seresin
Db: Sandy Kroopf und Jack Behr, nach dem gleichnamigen Roman von William Wharton
D: Matthew Modine, Nicolas Cage, John Harkins, Sandy Baron, Crystal Field, George Buck
Psychodrama um einen Vietnamveteranen und seinen autistischen Freund.

Black Gun
Visum für die Hölle
USA 1972/98 Minuten
R: Robert Hartford Davis
K: Richard H. Kline
Db: Franklin Coen und Robert Shearer
D: Jim Brown, Martin Landau, Brenda Sykes, Luciana Paluzzi, Vida Blue
Ein schwarzer Vietnamveteran, inzwischen Besitzer eines Nachtclubs, jagt den Mörder seines Bruders.

Blind Fury
Blinde Wut
USA 1989/85 Minuten
R: Phillip Noyce
K: Don Burgess
Db: Charles Robert Carner, nach einem Drehbuch von Ryozo Kasahara
D: Rutger Hauer, Brandon Call, Terrance O'Quinn, Lisa Blount, Meg Foster, Randall »Tex« Cobb
Ein blinder Vietnamveteran legt im Zuge einer Familienzusammenführung einer Gangsterbande das Handwerk.

Rutger Hauer übt sich in ›Blind Fury‹ im Schwertkampf

Blood of Ghastly Horror
In Deutschland nicht verliehen
USA 1972/87 Minuten
R: Al Adamson
D: John Carradine, Kent Taylor, Tommy Kirk, Regina Carrol
Ein wüster Genre-Mix um Gehirntransplantationen, Mord und Veteranen. Der Film lief auch unter den Titeln *The Friend With the Atomic Brain, Psycho a Go-Go!, The Love Maniac,* und *The Man With the Synthetic Brain.*

Blue Thunder
Das fliegende Auge
USA 1982/110 Minuten
R: John Badham
K: John A. Alonzo
Db: Dan O'Bannon und Don Jakoby
D: Roy Scheider, Warren Oates, Candy Clark, Daniel Stern, Malcolm McDowell
Ein Vietnamveteran wird zur kalifornischen Polizei abkommandiert und bekämpft mit einem Spezialhubschrauber Verbrecher.

Born Killer
Born Killer
USA 1988/90 Minuten
R: Kimberly Casey
Db: Ted und David A. Prior
D: Ty Hardin, Ted Prior, Fritz Matthews
Gewaltspektakel um das Vietnamtrauma eines Veteranen.

Born Losers
Der Regulator
USA 1967/114 Minuten
R: T. C. Frank (Tom Laughlin)
K: Gregory Sandor
Db: E. James Lloyd
D: Tom Laughlin, Elizabeth James, Jane Russell, Jeremy Slate, William Wellman jun.
Der Vietnamveteran Billy Jack, ein Halbblut, kehrt nach Hause zurück und gerät mit einer Motorradbande in Konflikt.

Born on the Forth of July
Geboren am 4. Juli
USA 1989/146 Minuten
R: Oliver Stone
K: Robert Richardson
Db: Oliver Stone und Ron Kovic, nach R. Kovics Vorlage
D: Tom Cruise, Kyra Sedgwick, Willem Dafoe, Tom Berenger, Frank Whaley, John Getz
Basierend auf den Erlebnissen seines Co-Autors Ron Kovic, erzählt Oliver Stone, selbst Vietnamveteran, die Geschichte eines Mannes, der sich vom glühenden Patrioten zum mündigen, selbständigen und kritischen Bürger wandelt.

Boys in Company C, The
Die Boys von Kompanie C.
USA/Hongkong 1978/125 Minuten
R: Sidney J. Furie
K: Godfrey A. Godar
Db: Rick Natkin und S. J. Furie
D: Craig Wasson, Stan Shaw, Andrew Stevens, James Canning, Michael Lembeck, Scott Hylands
Männer verschiedensten Charakters bewähren sich bei Sport, Freundschaft und im Kampf.

Braddock – Missing in Action III
Braddock – Missing in Action III
USA 1988/103 Minuten
R: Aaron Norris
K: Joao Fernandes
Db: James Bruner und Chuck Norris, basierend auf Charakteren von Arthur Silver, Larry Levinson und Steve Bing
D: Chuck Norris, Aki Aleong, Roland Harrah III, Miki Lim, Yehuda Efroni, Ron Barker
Oberst James Braddock kehrt nach Saigon zurück, um seine vietnamesische Frau und ihr gemeinsames Kind zu retten.

Brushfire
Die Geiseln müssen sterben
USA 1961/77 Minuten
R: Jack Warner jun.

K: Edward Fitzgerald
Db: Irwin R. Blacker
D: John Ireland, Everett Sloane, Jo Morrow, Al Avalon, Carl Esmond
Amerikanische Pflanzer befreien Landsleute aus den Händen südostasiatischer Guerillas.

Casualties of War
Die Verdammten des Krieges
USA 1989/113 Minuten
R: Brian De Palma
K: Stephen H. Burum
Db: David Rabe, nach einer gleichnamigen Vorlage von Daniel Lang
D: Michael J. Fox, Sean Penn, Don Harvey, John C. Reilly, John Leguizamo
Eine junge Vietnamesin wird von einem Platoon entführt, vergewaltigt und ermordet. Einer der Soldaten, der sich am Verbrechen nicht beteiligt hatte, zeigt daraufhin – zwischen Loyalität und Recht schwankend – seine Kameraden an.

Cease Fire
Verbrannte Erde
USA 1984/97 Minuten
R: David Nutter
K: Henning Schellerup
Db: George Fernandez, nach seinem Theaterstück »Vietnam Trilogy«
D: Don Johnson, Lisa Blount, Robert F. Lyons, Richard Chaves, Rick Richards
Eine Kriegsneurose verhindert die Wiedereingliederung eines Vietnamveteranen in die Gesellschaft.

China Gate
Der China-Legionär
USA 1957/97 Minuten
R: Samuel Fuller
K: Joseph Biroc
Db: Samuel Fuller
D: Gene Barry, Angie Dickinson, Nat »King« Cole, Paul Dubov, Lee Van Cleef
Eine internationale Truppe sprengt in Südostasien ein Munitionsdepot in die Luft.

Chrome and Hot Leather
Chrom und heißes Leder
USA 1971/95 Minuten
R: Lee Frost
K: Lee Frost
Db: Michael Haynes, David Neibel und Don Tait, nach einer Vorlage von M. Haynes und D. Neibel
D: William Smith, Tony Young, Michael Haynes, Peter Brown, Marvin Gaye
Vier ehemalige »Green Berets« nehmen an einer Bande von Motorradfahrern Rache, die die Verlobte des Anführers umgebracht haben.

Clay Pigeon (Trip to Kill)
Ein Mann greift zur Waffe
USA 1971/93 Minuten
R: Tom Stern
K: Alan Stensvold
Db: Ronald Buck, Buddy Ruskin und Jack Gross jun., nach einer Vorlage von B. Ruskin und J. Gross jun.
D: Telly Savalas, Tom Stern, Robert Vaughn, Peter Lawford, Burgess Meredith
Ein hochdekorierter Vietnamveteran wird von der Polizei in einen Rauschgiftring eingeschmuggelt.

Combat Shock
Combat Shock
USA 1986/86 Minuten
R: Buddy Giovinazzo
K: Stella Varveris
Db: Buddy Giovinazzo
D: Ricky Giovinazzo, Veronica Stork, Mitch Maglio, Asaph Livni, Nick Asta
Ein Vietnamveteran kehrt aus dem Krieg zurück und vegetiert mit Frau und Kind in einem Slumviertel dahin, bis er am Ende sich und seine Familie tötet.

Coming Home
Coming Home – Sie kehren heim
USA 1978/127 Minuten
R: Hal Ashby

K: Haskell Wexler
Db: Waldo Salt und Robert C. Jones, nach einer Vorlage von Nancy Dowd
D: Jon Voight, Jane Fonda, Bruce Dern, Penelope Milford, Robert Carradine
Dreiecksgeschichte um einen querschnittgelähmten Vietnamveteranen, einen patriotischen Offizier und dessen Frau.

Cowards
In Deutschland nicht verliehen
USA 1970/88 Minuten
R: Simon Nuchtern
K: Robert T. Megginson
Db: Simon Nuchtern
D: John Rose, Susan Sparling, Will Patent, Thomas Murphy, Philip B. Hall
Wehrdienstpflichtige flüchten nach Kanada, verweigern mit allen Mitteln oder werden in den Krieg gezwungen.

Crackdown
Crackdown
USA 1987/90 Minuten
R: John Garwood
Db: J. G., Larry Ward und Larry Hilbrand
D: Chris Rose, Seib Seibl, Tyke Caravelli, Cynthia Killion, Chard Hayward
Zwei Vietnamveteranen machen Jagd auf einen skrupellosen Drogenboß.

Cutter's Way
Cutter's Way – Keine Gnade
USA 1981/105 Minuten
R: Ivan Passer
K: Jordan Cronenweth
Db: Jeffrey Alan Fiskin, nach einem Roman von Newton Thornburg
D: John Heard, Lisa Eichhorn, Jeff Bridges, Stephen Elliott, Nina Van Pallandt
Ein Vietnamveteran und dessen leichtlebiger Freund legen einem honorigen Bürger, der einen Mord begangen hat, das Handwerk.

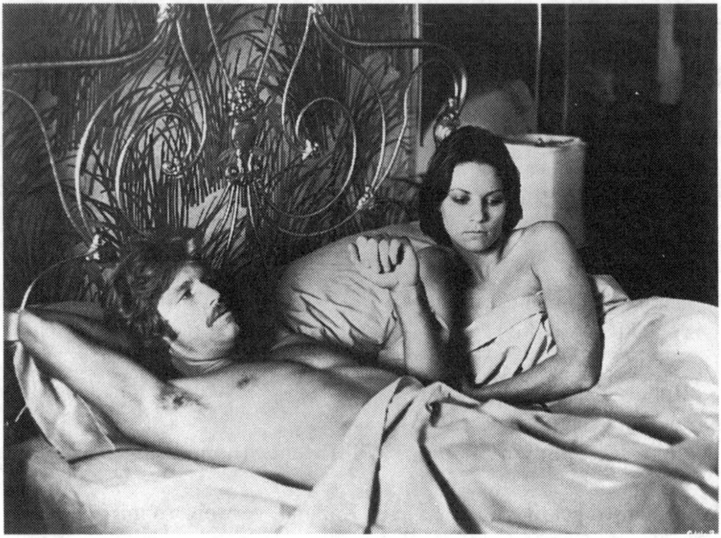

›Cutter's Way‹: Jeff Bridges und Lisa Eichhorn nach dem Schäferstündchen

Dear America: Letters Home From Vietnam
Dear America: Briefe aus Vietnam in die Heimat
USA 1987/85 Minuten
R: Bill Couturie
Db: Richard Dewhurst und Bill Couturie, nach der von Bernard Edelman redigierten Vorlage.
Dokumentarfilm

Deer Hunter, The
Die durch die Hölle gehen
USA 1978/180 Minuten
R: Michael Cimino
K: Vilmos Zsigmond
Db: Deric Washburn, nach einer Vorlage von Michael Cimino, D. Washburn, Louis Garfinkle und Quinn K. Redeker
D: Robert De Niro, Christopher Walken, John Savage, John Cazale, Meryl Streep, George Dzundza
Die Geschichte dreier befreundeter Stahlarbeiter vor, während und nach dem Vietnamkrieg.

Dialogue With a Woman Departed
Dialog mit einer Verstorbenen
USA 1980/270 Minuten
R: Leo Hurwitz
K: Leo Hurwitz
Db: Leo Hurwitz
Dokumentarfilm

Dirty Dozen, The*
Das dreckige Dutzend
USA/Spanien 1967/150 Minuten
R: Robert Aldrich
K: Edward Scaife
Db: Nunnally Johnson und Lukas Heller
D: Lee Marvin, Ernest Borgnine, Robert Ryan, Charles Bronson, John Cassavetes
1944 werden zwölf zu lebenslänglicher Haft verurteilte amerikanische Soldaten mit der Aussicht auf Begnadigung zu einem Himmelfahrtskommando abgestellt.

Distant Thunder
Distant Thunder
USA/Kanada 1988/114 Minuten
R: Rick Rosenthal
K: Ralf D. Bode
Db: Robert Stitzel, Vorlage von R. Stitzel und Deedee Wehle
D: John Lithgow, Ralph Macchio, Kerrie Keane, Reb Brown, Janet Margolin
Ein Sohn begibt sich auf die Suche nach seinem Vater, der nach der Heimkehr aus Vietnam nicht mehr zu seiner Familie zurückgekehrt ist.

Drive He Said
In Deutschland nicht verliehen
USA 1971/95 Minuten
R: Jack Nicholson
K: Bill Butler
Db: Jack Nicholson und Jeremy Larner, Vorlage von J. Larner
D: William Tepper, Karen Black, Michael Margotta, Bruce Dern, Robert Towne, Henry Jaglom
Ein Student versucht mit allen Mitteln, der Einberufung zu entgehen.

Easy Rider
Easy Rider
USA 1969/95 Minuten
R: Dennis Hopper
K: Lazlo Kovacs
Db: Peter Fonda, Dennis Hopper und Terry Southern
D: Peter Fonda, Dennis Hopper, Jack Nicholson, Phil Spector, Antonio Mendoza
Zwei »drop-outs« machen eine Reise quer durch die USA.

Edge, The
In Deutschland nicht verliehen
USA 1968/100 Minuten
R: Robert Kramer
K: Robert Machover
Db: Robert Kramer
D: Jack Rader, Tom Griffin, Howard Loeb Babeuf, Jeff Weiss, Anne Woldman Warsch
Als Vergeltung für die Massaker in Vietnam soll der amerikanische Präsident ermordet werden.

Enemy Unseen
Enemy Unseen – Gefährliche Feinde
USA 1989/87 Minuten
R: Elmo de Witt
K: Hans Kühle
Db: Greg Latter
D: Vernon Welles, Angela O'Neil, Stack Pierce, Ken Gampu, Joe Stewardson
Ein Vietnamveteran befreit eine entführte Millionärstochter.

Expendables, The
Platoon ohne Rückkehr
USA 1988/86 Minuten
R: Cirio H. Santiago
K: Richard Remias
Db: Philip Alderton
D: Anthony Finetti, Peter Nelson, Loren Haynes, Kevin Duffis, William Steis
Ein Vietnam-Captain und seine Verbrecherkompanie verüben »Heldentaten«.

Exterminator, The
Der Exterminator
USA 1980/101 Minuten
R: James Glickenhaus
K: Robert M. Baldwin
Db: James Glickenhaus
D: Christopher George, Samantha Eggar, Robert Ginty, Steve James, Tony Di Benedetto
Ein Vietnamveteran tötet die Mitglieder einer Bande, die seinen Freund überfallen haben, der seitdem gelähmt ist.

Exterminator II, The
Exterminator 2. Teil
USA 1984/88 Minuten
R: Mark Buntzman
K: Bob Baldwin
Db: Mark Buntzman
D: Robert Ginty, Mario Van Peebles, Deborah Geffner
Der »Exterminator« macht erneut Jagd auf eine Bande.

Eye of the Eagle
Jungle Force
USA 1987/82 Minuten
R: Cirio H. Santiago
K: Ricardo Remias
Db: Joseph Zucchero und Nigel Hogge
D: Brett Clark, Robert Patrick, Ed Crick, William Steis, Cec Varrell
Eine Gruppe US-Soldaten führt in Vietnam ihren Privatkrieg gegen die Bevölkerung.

Eye of the Eagle 2: Inside the Enemy
Verraten in Vietnam
USA 1989/79 Minuten
R: Carl Franklin
K: Christopher Jones Lobo
Db: Carl Franklin und Dan Gagliasso
D: William Field, Ken Jacobsen, Ronald William Lawrence, Shirley Tesoro, Andy Wood
Ungewöhnliche US-Liebesgeschichte vor dem Hintergrund des Vietnamkriegs.

Eye of the Tiger
Der Tiger
USA 1986/90 Minuten
R: Richard Sarafian
K: Petzer Collister
Db: Michael Montgomery
D: Gary Busey, Yaphet Kotto, Seymour Cassel, Joe Brooks, Burt Ramson
Ein Vietnamveteran räumt in einer Kleinstadt mit einer brutalen Rokkerbande auf.

Eyewitness
Der Augenzeuge
USA 1981/102 Minuten
R: Peter Yates
K: Matthew F. Leonetti
Db: Steve Tesich
D: William Hurt, Sigourney Weaver, Christopher Plummer, James Woods, Pamela Reed
Thriller um einen Hausmeister, dessen Freund, mit dem er in Vietnam gekämpft hat, unter Mordverdacht gerät.

Face of War, A
In Deutschland nicht verliehen
USA 1968/72 Minuten
R: Eugene S. Jones
K: J. Baxter Peters
Dokumentarfilm

Fandango
Fadango
USA 1985/91 Minuten
R: Kevin Reynolds
K: Thomas Del Ruth
Db: Kevin Reynolds
D: Kevin Costner, Judd Nelson, Sam Robards, Chuck Bush, Brian Cesak, Glenne Headly
Fünf Jugendliche, die den Einberufungsbefehl nach Vietnam schon erhalten haben, stellen sich erstmals ernsten Problemen und nehmen melancholisch-heiter Abschied von der Kindheit.

Lustige Fliegerspielchen in ›Fandango‹

›Fandango‹: Der ›Adler‹ ist sicher gelandet

Fear (Honor Betrayed)
Black Scorpion
USA 1988/96 Minuten
R: Robert A. Ferretti
K: Dana Christiaansen
Db: Rick Scarry und Kathryn Connell, nach einer Vorlage von R. A. Ferretti
D: Cliff De Young, Kay Lenz, Robert Factor, Scott Schwartz, Geri Betzler
Ein krimineller Vietnamveteran terrorisiert mit seiner Bande die Bevölkerung, bis er von einem anderen Vietnamveteranen zur Strecke gebracht wird.

First Blood
Rambo
USA 1982/94 Minuten
R: Ted Kotcheff
K: Andrew Laszlo
Db: Michael Kozoll, William Sackheim und Sylvester Stallone, nach dem gleichnamigen Roman von David Morrell
D: Sylvester Stallone, Richard Crenna, Brian Dennehy, David Caruso, Jack Starrett
Der Vietnamveteran John Rambo, einziger Überlebender einer Spezialeinheit, wird in einem Provinznest von der Polizei mißhandelt und nimmt dafür blutig Rache.

Five Gates to Hell
Fünf Tore zur Hölle
USA 1959/89 Minuten
R: James Clavell
K: Sam Leavitt
Db: James Clavell
D: Dolores Michaels, Neville Brand, Patricia Owens, Ken Scott, Benson Fong
Melodramatische Erlebnisse amerikanischer Krankenschwestern, die in Indochina von chinesischen Söldnern gefangengehalten werden.

Forgotten
Das vergessene Kommando
USA 1989/92 Minuten

R: James Keach
K: Vilko Filac
Db: Steve Railsback und James Keach
D: Keith Carradine, Steve Railsback, Stacy Keach, Mimi Maynard, Sandra Will
Nach 17 Jahren Gefangenschaft werden sechs Soldaten aus nordvietnamesischer Haft entlassen und stellen den US-Außenminister, der sie verraten hatte, zur Rede.

Four Friends
Vier Freunde
USA 1981/115 Minuten
R: Arthur Penn
K: Ghislain Cloquet
Db: Steven Tesich
D: Craig Wasson, Jodi Thelen, Jim Metzler, Michael Huddleston, Reed Birney
Regisseur Penn und Autor Tesich beschreiben anhand einer kleinen Gruppe den Zusammenbruch des »American dream« während der turbulenten 60er Jahre.

F. T. A.
In Deutschland nicht verliehen
USA 1972/96 Minuten
R: Francine Parker
K: Juilana Wang und Eric Saarinen
Db: Robin Menken, Michael Alaimo, Rita Martinson, Holly Near, Len Chandler, Pamela Donegan, Jane Fonda, Donald Sutherland und Dalton Trumbo
D: Jane Fonda, Donald Sutherland, Len Chandler, Pamela Donegan, Michael Alaimo, Rita Martinson
Eine Anti-Vietnam-USO(United States Overseas)-Show.

Full Metal Jacket
Full Metal Jacket
USA 1987/118 Minuten
R: Stanley Kubrick
K: Douglas Milsome
Db: S. Kubrick, Michael Herr und Gustav Hasford, nach G. Hasfords Buch »The Short-Timers«

Ob Sturm oder Sonnenschein, Beerdigungen finden in den ›Gardens of Stone‹ täglich statt

D: Matthew Modine, Adam Baldwin, Vincent D'Onofrio, Lee Ermey, Dorian Harewood, Arliss Howard
Nach überharter, unmenschlicher Ausbildung in einem Trainingslager der Marines kommt ein junger Soldat als Kriegsberichterstatter nach Vietnam und erlebt dort die Greuel des Krieges.

Gardens of Stone
Der steinerne Garten
USA 1987/112 Minuten
R: Francis Coppola
K: Jordan Cronenweth
Db: Ronald Bass, nach Nicholas Proffitts gleichnamigem Roman
D: James Caan, Anjelica Huston, James Earl Jones, D. B. Sweeney, Dean Stockwell, Mary Stuart Masterson
Psychogramm mehrerer amerikanischer Soldaten, die auf dem Heldenfriedhof von Arlington Dienst tun und in deren Erlebniswelt sich die politischen und moralischen Konflikte des Vietnamkriegs widerspiegeln.

Gay Deceivers, The
Ein Stall voll süßer Bubis
USA 1969/91 Minuten
R: Bruce Kessler
Db: Jerome Wish
D: Kevin Coughlin, Larry Casey, Brooke Bundy, Joe Ann Harris, Michael Greer
Zwei Freunde versuchen, durch Vortäuschen von Homosexualität der Einberufung zu entgehen.

Georgia, Georgia
In Deutschland nicht verliehen
USA 1972/91 Minuten
R: Stig Bjorkman
K: Andreas Bellis
Db: Maya Angelou
D: Diana Sands, Dirk Benedict, Minnie Gentry, Roger Furman, Terry Whitmore
Eine in Stockholm lebende schwarze Amerikanerin verliebt sich in einen Deserteur.

Getting Straight
Getting Straight
USA 1970/125 Minuten
R: Richard Rush
K: Laszlo Kovacs
Db: Robert Kaufman, nach Ken Kolbs Vorlage
D: Elliott Gould, Candice Bergen, Robert Lyons, Jeff Corey, Max Julien, Cecil Kellaway

Der Vietnamveteran und Aktivist Harry hat nichts anderes im Sinn, als seinen Magister zu machen. Doch angesichts der politischen Umstände entschließt er sich anders.

Glory Boy (My Old Man's Place)
In Deutschland nicht verliehen
USA 1971/93 Minuten
R: Edwin Sherin
K: Richard C. Glouner
Db: Stanford Whitmore, nach dem Roman von John Sanford
D: Arthur Kennedy, Mitchell Ryan, William Devane, Michael Moriarty, Topo Swope
Heimgekehrte Veteranen verfallen allmählich dem Wahnsinn und beginnen zu rauben und zu morden.

Good Guys Wear Black
In Deutschland nicht verliehen
USA 1978/96 Minuten
R: Ted Post
Db: Bruce Cohn und Mark Medoff, nach einer Geschichte von Joseph Fraley
D: Chuck Norris, Anne Archer, Lloyd Haynes, James Franciscus, Dana Andrews, Jim Backus
Der Ex-Anführer der Spezialeinheit »Black Tigers« versucht herauszufinden, wer seine Truppe während ihres letzten Einsatzes in einen Hinterhalt lockte.

Good Morning, Vietnam
Good Morning, Vietnam
USA 1987/120 Minuten
R: Barry Levinson
K: Peter Sova
Db: Mitch Markowitz
D: Robin Williams, Forest Whitaker, Tung Thanh Tran, Bruno Kirby, J. T. Walsh, Chintara Sukapatana
Ein Diskjockey des amerikanischen Militärsenders avanciert im Jahre 1965 in Saigon durch seine offene, schnoddrige Art zum Liebling der Truppen, doch bringt sie ihm natürlich auch großen Ärger mit seinen Vorgesetzten ein.

›Good Morning, Vietnam‹: Robin Williams ist bei den Truppen sehr beliebt

Gordon's War

Jagd auf linke Brüder (Gordons Rache)
USA 1973/90 Minuten
R: Ossie Davis
K: Victor J. Kemper
Db: Howard Friedlander
D: Paul Winfield, Carl Lee, David Downing, Tony King
Bei seiner Heimkehr stellt ein Veteran fest, daß seine Frau drogenabhängig geworden ist. Mit Hilfe von vier Freunden sprengt er den Rauschgifthändlerring.

Go Tell the Spartans

Die letzte Schlacht
USA 1978/114 Minuten
R: Ted Post
K: Harry Stradling jun.
Db: Wendell Mayes, nach Daniel Fords Roman »Incident at Muc Wa«
D: Burt Lancaster, Craig Wasson, Jonathan Goldsmith, Marc Singer, Joe Unger, Evan Kim
Ein in Ungnade gefallener Offizier gerät bei der Einnahme eines vermeintlichen Vietcong-Stützpunkts in Gewissenskonflikte und beginnt am Sinn des Kriegs zu zweifeln.

Green Berets, The
Die grünen Teufel
USA 1968/141 Minuten
R: John Wayne und Ray Kellogg
K: Winton C. Hoch
Db: James Lee Barrett, nach dem Roman von Robin Moore
D: John Wayne, David Janssen, Jim Hutton, Aldo Ray, Raymond St. Jacques, Jack Soo
Soldaten bei der Ausbildung und im Kampf in Vietnam. Der Vietnamkrieg als Wildwest-Abenteuer.

Greetings
Grüße
USA 1968/88 Minuten
R: Brian De Palma
K: Robert Fiore
Db: Charles Hirsch und Brian De Palma
D: Robert De Niro, Jonathan Warden, Gerrit Graham, Megan McCormick, Ashley Oliver
Drei junge Männer versuchen, in New York der Einberufung zu entgehen.

Hair
Hair
USA 1978/120 Minuten
R: Milos Forman
K: Miroslav Ondricek
Db: Michael Weller
D: John Savage, Treat Williams, Beverly D'Angelo, Annie Golden, Don Dacus
Verfilmung des gleichnamigen Musicals. Für den Film wurde jedoch eine durchgehende Story entwickelt, in deren Mittelpunkt eine Einberufungsgeschichte steht.

Hail, Hero!
In Deutschland nicht verliehen
USA 1969/97 Minuten
R: David Miller
K: Robert Hauser
Db: David Manber, nach einem Roman von John Westen

D: Michael Douglas, Arthur Kennedy, Theresa Wright, John Larch, Charles Drake, Mercer Harris
Einer der Versuche, die wegen des Vietnamkriegs in zwei Lager gespaltenen USA zu verstehen.

Hamburger Hill
Hamburger Hill
USA 1987/110 Minuten
R: John Irvin
K: Peter MacDonald
Db: Jim Carabatsos
D: Anthony Barrile, Michael Patrick Boatman, Don Cheadle, Michael Dolan, Don James, Dylan McDermott
Die Geschichte einer amerikanischen Einheit, die einen wichtigen strategischen Punkt einnehmen soll und dabei schwere Verluste an Mensch und Material erleidet.

Hanoi Hilton, The
Hanoi Hilton
USA 1987/130 Minuten
R: Lionel Chetwynd

Der Vietcong nimmt in ›The Hanoi Hilton‹ amerikanische Piloten gefangen

K: Mark Irwin
Db: Lionel Chetwynd
D: Michael Moriarty, Jeffrey Jones, Paul Le Mat, Stephen Davies, Lawrence Pressman, Aki Aleong
Erlebnisse amerikanischer Soldaten, die als nordvietnamesische Kriegsgefangene gedemütigt und gebrochen werden.

Have a Nice Weekend
In Deutschland nicht verliehen
USA 1975/82 Minuten
R: Michael Walters
K: Robert Ipcar
Db: Michael Walters, John Byrom und Marsha Sheiness
D: M. B. Miller, Peter Dompe, Valerie Shepard, Nikki Counselman, Colette Bablon
Thriller um eine Gruppe von Menschen, die auf einer einsamen Insel nacheinander ermordet werden.

Hard Ride, The
Hard Rider
USA 1971/89 Minuten
R: Burt Topper
K: Robert Sparks
Db: Burt Topper
D: Robert Fuller, Sherry Bain, Tony Russel, William Bonner, Marshall Reed
Ein weißer Veteran trägt seinen schwarzen Freund zu Grabe. Am Ende stirbt er bei einem Motorradbandenkampf.

Heartbreak Ridge
Heartbreak Ridge
USA 1986/130 Minuten
R: Clint Eastwood
K: Jack N. Green
Db: James Carabatsos
D: C. E., Marsha Mason, Everett McGill, Moses Gunn, Eileen Hackart
Ein vietnamkriegserprobter Sergeant drillt Marinerekruten auf brutale Weise und führt sie dann auf Grenada in den Krieg.

Hearts and Minds
Hearts and Minds
USA 1974/110 Minuten
R: Peter Davis
K: Richard Pearce
Dokumentarfilm

Heat
Heat
USA 1986/101 Minuten
R: Jerry Jameson
K: James Contner
Db: William Goldman, nach seinem gleichnamigen Roman
D: Burt Reynolds, Karen Young, Peter MacNicol, Howard Hesseman
Ein Vietnamveteran verspielt sein Geld in Las Vegas und wird in einen blutigen Konflikt mit Verbrechern verwickelt.

Hell on the Battleground
Battleground
USA 1987/87 Minuten
R: David A. Prior
D: William Smith, Fritz Matthews, Ted Prior
Kriegsfilm, in dem Vietnam als Schauplatz dient.

Heroes
Helden von heute
USA 1977/113 Minuten
R: Jeremy Paul Kagan
K: Frank Stanley
Db: James Carabatsos und David Freeman
D: Henry Winkler, Sally Field, Harrison Ford, Val Avery, Olivia Cole
Ein Veteran flieht aus einer Nervenheilanstalt, will gemeinsam mit einigen Freunden eine Wurmfarm gründen und so zu Reichtum gelangen.

High School
High School
USA 1969/75 Minuten
R: Frederick Wiseman
K: Richard Leiterman
Db: Frederick Wiseman
Dokumentarfilm

Hi, Mom!
In Deutschland nicht verliehen
USA 1969/87 Minuten
R: Brian De Palma
K: Robert Elfstrom
Db: Brian De Palma, nach einer Geschichte von B. De Palma und Charles Hirsch
D: Robert De Niro, Charles Durning, Allen Garfield, Lara Parker, Gerrit Graham
Fortsetzung von *Greetings*. Der Protagonist kehrt nach seinem Vietnamaufenthalt in die USA zurück.

Homer
In Deutschland nicht verliehen
USA 1970/90 Minuten
R: John Trent
K: Lazlo George
Db: Claude Harz, nach einer Geschichte von C. Harz und Matt Clark
D: Don Scardino, Alex Nicol, Tisa Farrow, Lenka Peterson, Ralph Endersby
Ein junger Bauernsohn verweigert den Wehrdienst.

Ice
Ice
USA 1970/132 Minuten
R: Robert Kramer
K: Robert Machovert
Db: Robert Kramer
Science-fiction-Film/Agitationsfilm über die Aktionen von Stadtguerillas während eines Krieges zwischen Mexiko und den USA.

In Country
In Deutschland nicht verliehen
USA 1989/120 Minuten
R: Norman Jewison
K: Russell Boyd
Db: Frank Pierson und Cynthia Cidre, nach dem Roman von Bobby Ann Mason
D: Bruce Willis, Emily Lloyd, Joan Allen, Kevin Anderson, John Terry
Die Tochter eines in Vietnam gefallenen Soldaten und deren Onkel, ein

Kriegsveteran, schließen nach zähem Ringen Frieden mit der Vergangenheit.

In Dangerous Company
Gefährliche Lust
USA 1988/96 Minuten
R: Ruben Preuss
K: James Carter
Db: Mitch Brown
D: Cliff De Young, Tracy Scoggins, Steven Keats, Chris Mulkey, Henry Darrow
Ein Vietnamveteran und ehemaliger Auftragskiller kommt einem angeblich bedrohten Playgirl zu Hilfe, nur um schließlich festzustellen, daß sie seine Dienste mißbraucht.

In Love and War
P. O. W. – Prisoner of War
USA 1986/92 Minuten
R: Paul Aaron
K: Gayne Rescher
Db: Carol Schreder, nach einem Roman von Kim und Sybil Stockdale
D: Jane Alexander, James Woods, Concetta Tomei, Richard McKenzie, James Pax
Schilderung der Kriegsgefangenschaft eines amerikanischen Piloten in Vietnam.

Inside North Vietnam
Inside North Vietnam
USA 1967/80 Minuten
R: Felix Greene
K: Felix Greene
Db: Felix Greene
Dokumentarfilm

In the Year of the Pig
In the Year of the Pig
USA 1969/101 Minuten
R: Emile de Antonio
K: John F. Newman und Jean Jacques Rochut
Dokumentarfilm

Intimate Strangers
Vietnam adieu – im Auge des Krieges
USA 1985/91 Minuten
R: Robert Ellis Miller
K: Larry Pizer
Db: Norman McLeod Morrill
D: Teri Garr, Stacy Keach, Kathy Lee Crosby, Priscilla Lopez, Justin Deas
Eine amerikanische Krankenschwester kehrt nach zehnjähriger vietnamesischer Kriegsgefangenschaft in die USA zurück und hat Schwierigkeiten, wieder in den Alltag zurückzufinden.

Introduction to the Enemy
In Deutschland nicht verliehen
USA 1975/60 Minuten
R: Christine Burill
K: Haskell Wexler
Db: Christine Burill
Dokumentarfilm

Iron Triangle, The
The Iron Triangle
USA 1988/91 Minuten
R: Eric Weston
K: Irv Goodnoff
Db: Eric Weston, John Bushelman und Larry Hilbrand
D: Beau Bridges, Haing Ngor, Liem Whatley, Johnny Hallyday, James Ishida
Ein amerikanischer Hauptmann wird 1969 von einem 17jährigen Vietcong gefangengenommen. Zwischen den beiden entwickelt sich in der Folge eine komplizierte Beziehung.

Jacknife
Jacknife
USA 1989/102 Minuten
R: David Jones
K: Brian West
Db: Steven Metcalfe
D: Robert De Niro, Ed Harris, Kathy Baker, Sloane Shelton, Ivan Brogger

Robert De Niro macht Kathy Baker in ›Jacknife‹ den Hof

Ein Vietnamveteran besucht einen alten Kumpel, der sein Kriegstrauma immer noch nicht überwunden hat, und verliebt sich dabei in dessen etwas altjüngferliche Schwester.

Jacob's Ladder
Jacob's Ladder – In der Gewalt des Jenseits
USA 1990/115 Minuten
R: Adrian Lyne

K: Jeffrey L. Kimball
Db: Bruce Joel Rubin
D: Tim Robbins, Elizabeth Pena, Danny Aiello, Matt Craven, Macaulay Culkin
Ein verwundeter Vietnamveteran gerät zwischen die Fronten von (Alp-)Traum und Realität.

Jud
In Deutschland nicht verliehen
USA 1971/80 Minuten
R: Gunther Collins
K: Isidore Mankofsky
Db: Gunther Collins
D: Joseph Kaufman, Robert Deman, Alix Wyeth, Norman Burton, Claudia Jennings
Jud hat in Vietnam ein Kind getötet. Wieder in die Heimat zurückgekehrt, versucht er mit diesem Trauma fertig zu werden.

Jump Into Hell
Die Hölle von Dien Bien Phu
USA 1955/92 Minuten
R: David Butler
K: J. Peverell Marley
Db: Irving Wallace
D: Jack Sernas, Kurt Kasznar, Arnold Moss, Peter Van Eyck, Marcel Dalio
Eine amerikanische Fallschirmspringereinheit befreit ein Fort in Indochina.

Jungle Assault
Jungle Patrol
USA 1989/85 Minuten
R: David A. Prior
K: Stephen Ashley Blake
Db: David A. Prior
D: William Smith, William Zipp, Ted Prior, Maria Rosado, David Marriott
Zwei Vietnamveteranen befreien eine entführte Generalstochter aus den Händen einer Terroristin.

Jungle Rats
Dschungelratten
USA 1987/93 Minuten
R: Irvin Johnson
K: Victor Anders
D: Ron Kristoff, Jim Gaines, Gerry Bailey, Richard King, Michael Welborn
Amerikanische Soldaten warten in vietnamesischen Lagern auf ihre Befreiung.

Kelly's Heroes*
Stoßtrupp Gold
USA/Jugoslawien 1970/143 Minuten
R: Brian G. Hutton
K: Gabriel Figueroa
Db: Troy Kennedy Martin
D: Clint Eastwood, Telly Savalas, Don Rickles, Donald Sutherland, Carroll O'Connor
Während des Zweiten Weltkriegs versucht ein amerikanisches Platoon, in den Besitz eines riesigen Goldschatzes zu gelangen.

Donald Sutherland gibt in ›Kelly's Heroes‹ eine Kostprobe seines komischen Talents ab

Killer Instinct
Killerinstinkt
USA 1987/85 Minuten
R: Cirio H. Santiago
K: Ricardo Remias
Db: Joe Maria Avellana
D: Robert Patrick, William Steis, Robert Dryer, Lydia Denier
Eine Eliteeinheit bleibt in Vietnam zurück, um vermißte Kameraden zu suchen.

Leathernecks
Leathernecks
USA/Italien 1988/89 Minuten
R: Paul D. Robinson
Db: Tito Carpi
D: Richard Hatch, James Mitchum, Tony Marsina, Vassily Karis
Zynisch-brutales Kameradschaftsspektakel um Ledernacken, die ein Dorf gegen den Vietcong halten und gleichzeitig eine Waffenschieberbande eliminieren.

Lethal Weapon
Zwei stahlharte Profis
USA 1987/110 Minuten
R: Richard Donner
K: Stephen Goldblatt
Db: Shane Black
D: Mel Gibson, Danny Glover, Gary Busey, Mitchell Ryan, Tom Atkins, Darlene Love
Zwei grundverschiedene Polizisten sprengen einen Drogenhändlerring, der von Vietnamveteranen betrieben wird.

Let's Get Harry
Holt Harry raus
USA 1986/102 Minuten
R: Alan Smithee (= Stuart Rosenberg)
K: James A. Contner
Db: Charles Robert Carner, nach einer Story von Mark Feldberg und Samuel Fuller
D: Robert Duvall, Mark Harmon, Michael Schoeffling, Tom Wilson, Glenn Frey

Danny Glover und ›Mad‹ Mel Gibson, die Protagonisten von ›Lethal Weapon‹

›Lethal Weapon‹: Und, hopp!

Unter der Führung eines Vietnamveteranen legt eine Gruppe von US-Bürgern in Kolumbien der Drogenmafia das Handwerk.

Limbo
In Deutschland nicht verliehen
USA 1972/111 Minuten
R: Mark Robson
K: Charles Wheeler
Db: Joan Silver und James Bridges
D: Kate Jackson, Katherine Justice, Stuart Margolin, Hazel Medina, Kathleen Nolan
Melodram um Frauen, deren Männer in Vietnam in Gefangenschaft geraten sind.

Long Journey Home
Bloody Home
USA 1987/100 Minuten
R: Rod Holcomb
K: Ed Koons
Db: Karen Clark
D: Meredith Baxter Birney, David Birney, Ray Baker, James Sutorius, Daphne Maxwell Reid
Ein verschollener Vietnamkämpfer taucht wieder auf und will mit seiner Frau ein neues Leben beginnen.

Losers, The
Verdammt, verkommen, verloren
USA 1971/95 Minuten
R: Jack Starrett
K: Nonong Rasca
Db: Alan Caillou
D: William Smith, Bernie Hamilton, Adam Rourke, Houston Savage, Paul Koslo
Ein Motorradfahrertrupp soll in Indochina einen Präsidentenberater befreien.

Lost Command
Sie fürchten weder Tod noch Teufel
USA 1965/130 Minuten
R: Mark Robson
K: Robert Surtees
Db: Nelson Gidding, nach Jean Larteguys Roman »The Centurions«

D: Anthony Quinn, Alain Delon, George Segal, Michèle Morgan, Maurice Ronet, Claudia Cardinale
Die Abenteuer einer französischen Fallschirmspringereinheit in Algerien und Indochina.

Mannigan's Force
American Wardog
USA 1987/85 Minuten
R: John Ryan Grace
D: George Nicholas, Eric Hann, Mel Davidson
Ein Vietnamveteran unternimmt eine Befreiungsaktion, die einen Kokaindeal kaschieren soll.

M*A*S*H*
M. A. S. H.
USA 1969/115 Minuten
R: Robert Altman
K: Harold E. Stine
Db: Ring Lardner jun., nach Richard Hookers Vorlage
D: Elliott Gould, Donald Sutherland, Robert Duvall, Tom Skeritt, Sally Kellerman
Groteske über die Erlebnisse zweier Chirurgen in einem Feldlazarett.

Medium Cool
Medium Cool
USA 1969/111 Minuten
R: Haskell Wexler
K: Haskell Wexler
Db: Haskell Wexler
D: Robert Forster, Verna Bloom, Peter Bonerz, Marianna Hill, Sid McCoy
Die Geschichte eines Kameramanns, der allmählich begreift, daß er nicht gleichgültig zusehen kann, wie die Welt auseinanderfällt.

Mercenary Fighters
Freedom Fighters
USA 1986/91 Minuten
R: Riki Shelach
K: Daniel Schneor
Db: Bud Schaetzle, Dean Tschetter und Andrew Deutsch

*Robert Duvall in ›M*A*S*H*‹*

D: Peter Fonda, Reb Brown, Ron O'Neal, Jim Mitchum, Robert Do-Qui
Zwei Vietnamveteranen geben ihre Jobs auf, um für ihren Ex-Boß als Söldner in Afrika zu kämpfen.

Milestones
In Deutschland nicht verliehen
USA 1975/195 Minuten
R: Robert Kramer und John Douglas
K: John Douglas
Db: R. Kramer und J. Douglas
D: Grace Paley, David C. Stone, J. Douglas, Laurel Berger, Mary Chapelle
Eine willkürliche Auswahl von Amerikanern diskutiert über Politik, Gesellschaft und Staat.

Ministry of Vengeance
Helden USA 4
USA 1989/93 Minuten
R: Peter Maris
K: Mark Harris
Db: Brian D. Jeffries, Mervyn Emrys und Ann Narus, nach einer Geschichte von Randal Patrick
D: John Schneider, Ned Beatty, James Tolkan, Yaphet Kotto, George Kennedy
Ein ehemaliger Soldat, der inzwischen einen Ministerposten bekleidet, greift erneut zur Waffe, um den Tod seiner Angehörigen zu rächen, die von arabischen Terroristen ermordet wurden.

Missing in Action
Missing in Action
USA 1984/101 Minuten
R: Joseph Zito
K: Joao Fernandez
Db: James Bruner, nach einer Vorlage von John Crowther und Lance Hool
D: Chuck Norris, M. Emmet Walsh, Lenoire Kastorf, James Hong, David Tress, Pierrino Mascarino, E. Erich Anderson, Joseph Carberry
Der Veteran Colonel Braddock (auch Norris) kehrt nach Vietnam zurück, um amerikanische Gefangene zu befreien.

Missing in Action II – The Beginning
Missing in Action II – Die Rückkehr
USA 1985/96 Minuten
R: Lance Hool

K: Jorge Stahl
Db: Arthur Silver, Larry Levinson und Steve Bing
D: Chuck Norris, Soon-Teck Oh, Steven Williams, Bennett Ohta, Cosie Costa
Die Vietnamerlebnisse des Kriegsgefangenen Colonel Braddock (auch Norris) vor seiner geglückten Flucht in die Staaten.

Mission Terminate
Mission Terminate
USA 1987/83 Minuten
R: Anthony Maharaj
D: Richard Norton, Dick Wai, Franco Guerrero, Rex Cutter
Ein amerikanischer Major macht 20 Jahre nach Kriegsende einen Vietcong-Führer und dessen Ninja-Spießgesellen den Garaus.

More American Graffiti
The Party is over
USA 1979/111 Minuten
R: B. W. L. Norton
K: Caleb Deschanel
Db: B. W. L. Norton, basierend auf Charakteren von George Lucas, Gloria Katz und Willard Huyck
D: Candy Clark, Bo Hopkins, Ron Howard, Paul Le Mat, MacKenzie Phillips, Charles Martin Smith
Schwache Fortsetzung von *American Graffiti,* in der Little Jo und Terry the Toad in Vietnam Dienst tun.

Nam II – Tour of Duty
Nam – Zurück in die Todeszone
USA 1987/88 Minuten
R: William L. Norton
K: Steve Posey
Db: L. Travis Clark und Steve Duncan
D: Terence Knox, Stephen Caffrey, Joshua Maurer, Kevin Conroy, Tony Becker
Fortsetzung von *Nam, Tour of Duty.*

Nam Angels
Hells' Angels in Vietnam
USA 1988/93 Minuten
R: Cirio H. Santiago
K: Rick Remias und Chris Squires

Db: Dan Gagliasso
D: Brad Johnson, Vernon Wells, Kevin Duffis, Rick Dean, Mark Venturini
Bewaffnete Rocker düsen durch den Dschungel und mähen die Feinde nieder.

Nam, Tour of Duty
Zeit der vergessenen Helden
USA 1987/93 Minuten
R: B. W. L. Norton
K: Stephen L. Posey
Db: L. Travis Clark und Steve Duncan
D: Terence Knox, Stephen Caffrey, Joshua Maurer, Steve Akahoshi, Tony Becker
Ein Sergeant »säubert« mit unerfahrenen Soldaten ein Dschungelgebiet vom Vietcong.

Night Flowers
Blumen der Nacht
USA 1979/92 Minuten
R: Luis San Andres
K: Larry Pizer
Db: Gabriel Walsh
D: José Perez, Sabra Jones, Gabriel Walsh
Zwei Vietnamveteranen haben größte Schwierigkeiten, sich wieder in den USA einzuleben.

No Dead Heroes
Geheimcode Leopard
USA 1986/86 Minuten
R: J. C. Miller
K: Freddie C. Grant
Db: J. C. M. und Arthur N. Gelfield
D: Max Thayer, John Dresden, Toni Nero, Nick Nicholson, Mike Monty
Zehn Jahre nach dem Ende des Vietnamkriegs ist aus einem Soldaten eine Killermaschine geworden.

No Drums, No Bugles
In Deutschland nicht verliehen
USA 1971/85 Minuten

R: Clyde Ware
D: Martin Sheen u. a.
In die Zeit des Bürgerkriegs zurückversetzte Geschichte eines Kriegsdienstverweigerers.

Not Another Mistake
Helden USA 2
USA 1988/99 Minuten
R: Anthony Maharaj
K: Johnny Araoso
D: Richard Norton, Michael Meyer, Daniel Dietrich
US-Soldaten befreien ihre Kameraden aus Vietcong-Lagern.

No Vietnamese ever Called Me Nigger
No Vietnamese ever Called Me Nigger
USA 1968/76 Minuten
R: David Loeb Weiss
K: Michael Wadley, Richard Adams und Adam Guffard
Dokumentarfilm

Off Limits
Saigon
USA 1988/102 Minuten
R: Christopher Crowe
K: David Gribble
Db: Christopher Crowe und Jack Thibeau
D: Willem Dafoe, Gregory Hines, Fred Ward, Amanda Pays, Kay Tong Lim, Scott Glenn
Zwei Polizisten in Zivil jagen 1968 in Saigon einen Massenmörder.

Open Season (Los Cazadores)
Open Season – Jagdzeit
USA/Spanien 1973/99 Minuten
R: Peter Collinson
K: Fernando Arribes
Db: David Osborn und Liz Charley Williams
D: Peter Fonda, Cornelia Sharpe, John Phillip Law, Richard Lynch, Alberto Mendoza
Drei Vietnamveteranen gehen auf Menschenjagd.

Operation Cia (Last Message From Saigon)
In Deutschland nicht verliehen
USA 1965/77 Minuten
R: Christian Nyby
K: Richard Moore
Db: Bill Ballinger und Peer J. Oppenheimer, nach einer Vorlage von P. J. Oppenheimer
D: Burt Reynolds, Danielle Aubry, Kieu Chinh, John Hoyt, Cyril Collack
In Saigon angesiedelte Spionagegeschichte.

Our Winning Season
In Deutschland nicht verliehen
USA 1978/92 Minuten
R: Joseph Ruben
K: Stephen Katz
Db: Nick Niciphor
D: Scott Jacoby, Deborah Benson, Dennis Quaid, Randy Herman, Joe Penny, Joanna Cassidy
Ein Läufer, der unter Motivationsschwierigkeiten leidet, wird durch den Tod eines Kameraden in Vietnam erneut zu Spitzenleistungen angespornt.

Outside In
Das Innere bloß
USA 1972/90 Minuten
R: Allen Baron
K: Mario Tosi
Db: Robert Hutchinson, nach einer Geschichte von R. Hutchinson und A. Baron
D: Darrel Larson, Heather Menzies, Dennis Olivieri, John Bill, Peggy Feury, Logan Ramsey
Die Abenteuer eines Kriegsdienstverweigerers, der aus Kanada in die USA zurückkehrt, um dem Begräbnis seines Vaters beizuwohnen.

Parades
In Deutschland nicht verliehen
USA 1972/95 Minuten
R: Robert J. Siegel
K: Sol Negrin

D: George Tabori
D: Russ Thaker, Brad Sullivan, David Doyle, Lewis J. Stadlen, Dorothy Chace
Film über Deserteure im fiktiven Fort Nix.

Part of the Family
In Deutschland nicht verliehen
USA 1971/75 Minuten
R: Paul Ronder
K: Mark Obenhaus
Dokumentarfilm

Payback
Payback
USA 1990/85 Minuten
R: Addison Randall
K: F. Smith Martin
Db: Addison Randall
D: Roger Rodd, Denise Dougherty, Jeannie Dale, Deron McBee, Carla Driver
Ein Vietnamveteran befreit seine Geliebte aus den Händen einer Terroristengruppe.

Platoon
Platoon
USA 1986/120 Minuten
R: Oliver Stone
K: Robert Richardson
Db: Oliver Stone
D: Tom Berenger, Willem Dafoe, Charlie Sheen, Forest Whitaker, Francesco Quinn
Leben und Sterben der Männer eines Platoons im Jahre 1967.

Platoon Leader
Platoon Leader – Der Krieg kennt keine Helden
USA 1988/100 Minuten
R: Aaron Norris
K: Arthur Wooster
Db: Rick Marx, David Walker und Andrew Deutsch; Peter Welbecks Adaption einer Vorlage von James R. McDonough

D: Michael Dudikoff, Robert F. Lyons, Michael De Lorenzo, Rich Fitts, Jesse Dabson
Ein Platoon wird während des Vietnamkriegs von 18 auf zwei Mann dezimiert.

P. O. W. – The Escape
P. O. W. – Die Vergeltung
USA 1986/90 Minuten
R: Gideon Amir
K: Yechiel Ne'eman
Db: Jeremy Lipp, James Bruner, Malcolm Barbour und John Langley, nach einer Vorlage von Avi Kleinberger und G. Amir
D: David Carradine, Charles R. Floyd, Mako, Steve James, Philö Brock, Daniel Demorest
Kurz vor der Einnahme Saigons befreit ein US-Offizier amerikanische Kriegsgefangene aus einem Lager des Vietcong.

Presidio, The
Presidio
USA 1988/99 Minuten
R: Peter Hyams
K: Peter Hyams

›The Presidio‹: Mark Harmon verguckt sich in Meg Ryan

Mark Harmon und Sean Connery müssen in ›The Presidio‹ einen Mordfall klären

Db: Larry Ferguson
D: Sean Connery, Mark Harmon, Meg Ryan, Jack Warden, Mark Bloom
Ein Vietnamveteran, der inzwischen bei der Militärpolizei arbeitet, legt einer verbrecherischen Bande von ehemaligen Vietnamkämpfern das Handwerk.

Prism
In Deutschland nicht verliehen
USA 1971/80 Minuten
R: Anitra Pivnick
K: Jay Freund
Db: Anitra Pivnick
D: Paul Greier, Dale Soules, Nancy Volkman, Ozzi Tortora, Frank Geraci
Ein Rechtsanwalt hilft Kriegsdienstverweigerern.

Purple Haze
Purple Haze
USA 1983/104 Minuten
R: David Burton Morris
K: Richard Gibb
Db: Victoria Wozniak, nach einer Vorlage von V. Wozniak, Tom Kelsey und D. B. Morris
D: Peter Nelson, Chuck McQuary, Bernard Baldan, Susanna Lack, Bob Breuler
Die Erlebnisse eines Studenten im Sommer 1968 vor seiner Einberufung nach Vietnam.

Purple Hearts
Einmal Hölle und zurück
USA 1983/115 Minuten
R: Sidney J. Furie
K: Jan Kiesser
Db: Rick Natkin und Sidney J. Furie
D: Cheryl Ladd, Ken Wahl, Stephen Lee, David Harris, Lane Smith, Annie McEnroe

Ken Wahl (links) muß in ›Purple Hearts‹ einen Kameraden zum Gehorsam zwingen

Die Liebesgeschichte eines Arztes und einer Krankenschwester während des Vietnamkriegs und danach.

Quiet American, The
Vier Pfeifen Opium
USA 1957/122 Minuten
R: Joseph L. Mankiewicz
K: Robert Krasker
Db: Joseph L. Mankiewicz, nach Graham Greenes gleichnamigem Roman
D: Audie Murphy, Michael Redgrave, Claude Dauphin, Bruce Cabot, Georgia Moll
Graham Greenes antiamerikanisches Buch wird hier zu einem antikommunistischen Film.

Rambo – First Blood Part II
Rambo II – Der Auftrag
USA 1985/92 Minuten
R: George P. Cosmatos
K: Jack Cardiff
Db: Sylvester Stallone und James Cameron, nach einer Vorlage von Kevin Jarre
D: Sylvester Stallone, Richard Crenna, Charles Napier, Steven Berkoff, Julia Nickson
John Rambo kehrt nach Vietnam zurück und befreit amerikanische Kriegsgefangene aus den Händen des Vietcong.

Rambo III
Rambo III
USA 1988/101 Minuten
R: Peter Macdonald
K: John Stanier
Db: Sylvester Stallone und Sheldon Lettich, nach einer Figur von David Morell
D: Sylvester Stallone, Richard Crenna, Marc de Jonge, Kurtwood Smith, Spiros Focas
John Rambo reist nach Afghanistan, um seinen ehemaligen Vorgesetzten aus den Klauen der Kommunisten zu befreien.

Revolutionary, The
In Deutschland nicht verliehen
USA 1970/101 Minuten
R: Paul Williams
K: Brian Probyn
Db: Hans Koningsberger
D: Jon Voight, Jennifer Salt, Robert Duvall, Seymour Cassel, Collin Wilcox Horne
Studie eines Jugendlichen, der sich langsam zum Revolutionär entwikkelt.

Riverbend
Riverbend
USA 1989/110 Minuten
R: Sam Firstenberg
K: Ken Lamkin
Db: Sam Vance
D: Steve James, Margaret Avery, Tony Frank, Julius Tennon, Alex Morris
1966 kommen drei schwarze Deserteure den Bürgern einer kleinen Gemeinde in Georgia zu Hilfe, die von einem weißen Sheriff terrorisiert werden.

Rogues' Regiment
Der Mann ohne Gesicht
USA 1948/86 Minuten
R: Robert Florey
K: Maury Gertsman
Db: Robert Buckner und Robert Florey
D: Dick Powell, Marta Toren, Vincent Price, Stephen McNally, Edgar Barrier
Ein amerikanischer Agent meldet sich im Fernen Osten zur Fremdenlegion, um den Nazi-Verbrecher Martin Brunner zu finden.

Rolling Thunder
Der Mann mit der Stahlkralle
USA 1977/99 Minuten
R: John Flynn
K: Jordan Cronenweth
Db: Haywood Gould und Paul Schrader

D: William Devane, Tommy Lee Jones, Linda Haynes, James Best, Dabney Coleman
Ein Kriegsgefangener kehrt nach Hause zurück und wird von seiner Gemeinde mit einem großen Geldgeschenk empfangen. Nachdem er beraubt und seine Familie getötet worden ist, beginnt der Veteran einen blutigen Rachefeldzug.

R. P. M.
In Deutschland nicht verliehen
USA 1970/97 Minuten
R: Stanley Kramer
D: Anthony Quinn, Ann-Margret, Gary Lockwood, Paul Winfield, Graham Jarvis
Der Direktor einer Universität erlaubt der Polizei, eine Antivietnamdemonstration auf dem Campus aufzulösen.

Run for Your Life
Run for Your Life – Seine Rache kennt keine Grenzen
USA/Italien 1988/87 Minuten
R: Terence Young

›Running on Empty‹: Judd Hirsch verabschiedet sich von seinem Sohn River Phoenix

K: Franco di Giacomo
Db: Robert Brodie Both
D: Lauren Hutton, David Carradine, George Segal, Franco Nero, Anthony Dawson
Ein Vietnamveteran dreht eines Tages durch und verletzt seine Frau so schwer, daß sie ihr Kind verliert.

Running on Empty
Flucht ins Ungewisse
USA 1988/116 Minuten
R: Sidney Lumet
K: Tony Mottola
Db: Naomi Foner
D: Christine Lahti, River Phoenix, Judd Hirsch, Jonas Abry, Martha Plimpton
Eine Familie, die zu den Linksaktivisten gegen den Vietnamkrieg gehörte, wird über 20 Jahre lang vom FBI gejagt.

Saigon
Schmuggler von Saigon
USA 1947/95 Minuten
R: Leslie Fenton
K: John Seitz
Db: P. J. Wolfson und Arthur Sheekman, nach einer Vorlage von Julian Zimet
Kriegserfahrene Piloten sollen für eine halbe Million Dollar bei einem Raub helfen.

Saigon Commandos
Saigon Kommandos
USA 1988/83 Minuten
R: Clark Henderson
K: Juanito Pereira
Db: Thomas McKelvey Cleaver, nach Jonathan Cains Roman »Saigon Commandos – Mad Minute«
D: Richard Young, P. J. Soles, John Allen Nelson, Jimi B. jun., Spanky Manikan
Ein Militärpolizist im Saigon von 1970 kommt einem Drogenring auf die Spur.

Saint Jack
Saint Jack
USA 1979/112 Minuten
R: Peter Bogdanovich
K: Robby Müller
Db: Howard Sackler, Paul Theroux und Peter Bogdanovich, nach einem Roman von Paul Theroux
D: Ben Gazzara, Denholm Elliott, James Villiers, Joss Ackland, Rodney Bewes, Mark Kingston
Die Studie eines Amerikaners, der in Singapur einen Nachtclub speziell für Soldaten betreibt, die Urlaub von der vietnamesischen Front haben.

Sand Pebbles, The*
Kanonenboot am Yangtse-Kiang
USA 1966/193 Minuten
R: Robert Wise
K: Joseph MacDonald
Db: Robert Anderson, nach einem Roman von Richard McKenna
D: Steve McQueen, Candice Bergen, Richard Attenborough, Richard Crenna, Marayat Andriane
Im Jahre 1926 wird ein amerikanisches Kanonenboot auf dem Yangtse-Kiang in Kämpfe mit chinesischen Truppen verwickelt.

Satan's Sadists
Die Sadisten des Satans
USA 1969/86 Minuten
R: Al Adamson
K: Gary Graver
Db: Dennis Wayne
D: Russ Tamblyn, Scott Brady, Kent Taylor, John Carlos, Robert Dix, Gary Kent
Ein Veteran kämpft gegen eine Motorradbande.

Secret Rites
In Deutschland nicht verliehen
USA 1971/92 Minuten
R: Anonym
K: Anonym
Db: Anonym
D: Anonym
Dokumentarfilm

Slaughter
Slaughter
USA 1972/90 Minuten
R: Jack Starrett
K: Rosanio Solano
Db: Mark Hanna und Don Williams
D: Jim Brown, Rip Torn, Don Gordon, Cameron Mitchell, Stella Stevens
Ein schwarzer Ex-»Green Beret« jagt im Auftrag einer Bundesbehörde die Mörder seiner Eltern.

Slaughter's Big Rip-Off
Der Sohn des Mandingo
USA 1973/93 Minuten
R: Gordon Douglas
K: Charles Wheeler
Db: Charles Johnson
D: Jim Brown, Ed MacMahon, Brock Peters, Don Stroud, Gloria Hendry
In der Fortsetzung von *Slaughter* kämpft der Titelheld diesmal gegen die Mafia.

Small Circle of Friends, A
In Deutschland nicht verliehen
USA 1980/112 Minuten
R: Rob Cohen
K: Michael Butler
Db: Ezra Sacks
D: Brad Davis, Karen Allen, Jameson Parker, Shelley Long, John Friedrich
Nostalgischer Film über den Einfluß der 60er Jahre auf drei Harvard-Studenten. Angesprochene Themen: Rauschgift, Sex, Einberufung, Krieg etc.

Soldier Blue*
Das Wiegenlied vom Todschlag
USA 1969/116 Minuten
R: Ralph Nelson
K: Robert Hauser
Db: John Gay, nach einem Roman von Theodore V. Olsen

D: Candice Bergen, Peter Strauss, Donald Pleasence, Bob Carraway, John Anderson
Verklausulierte Anklage des My-Lai-Massakers in Westernform.

Sons and Daughters
Sons and Daughters
USA 1967/98 Minuten
R: Jerry Stoll
K: Stephen Lighthill
Db: Jerry Stoll
D: Janet Pugh
Dokumentarfilm

Special Delivery
Der lange Kalifornier
USA 1976/98 Minuten
R: Paul Wendkos
K: Harry Stradling jun.
Db: Don Gazzaniga
D: Bo Svenson, Cybill Shepard, Tom Atkins, Sorrell Booke, Gerrit Graham, Jeff Goldblum
Komödie um einen arbeitslosen Vietnamveteranen, der eine Bank ausraubt.

Sporting Club, The
In Deutschland nicht verliehen
USA 1971/107 Minuten
R: Larry Peerce
K: John Courtland
Db: Lorenzo Semple jun., nach dem Roman von Thomas McGuane
D: Robert Fields, Nicolas Coster, Maggie Blye, Jack Warden, Richard Dysart, Linda Blair
Verwirrende schwarze Komödie um Mitglieder eines Sportclubs, die eine Zeitmaschine finden.

Spyder
Spyder – Ein Mann nimmt Rache
USA 1989/78 Minuten
R: J. M. Avellana
Db: Steve Rogers

D: Blake Banner, Ronald William Lawrence, Gary Rooney, Roxanne Baird, Michael Vlastas
Ein Millionär beauftragt einen Söldner, seinen Sohn aus Vietnam herauszuholen.

Strawberry Statement, The
Blutige Erdbeeren
USA 1970/109 Minuten
R: Stuart Hagman
K: Ralph Woolsey
Db: Israel Horovitz, nach dem Roman von James Kunen
D: Bruce Davison, Kim Darby, Bud Cort, Murray MacLeod, Israel Horovitz
Studenten besetzen aus Protest gegen den Vietnamkrieg das Verwaltungsgebäude der Universität.

Streamers
Windhunde
USA 1983/118 Minuten
R: Robert Altman
K: Pierre Mignot
Db: David Rabe, nach seinem gleichnamigen Theaterstück
D: Matthew Modine, David Allen Grier, Mitchell Lichtenstein, Michael Wright, George Dzundza
Unter den Soldaten einer Kaserne in Virginia macht sich 1965 die Angst breit, nach Vietnam entsandt zu werden.

Steel Justice
Stahljustiz
USA 1987/89 Minuten
R: Robert Boris
K: John M. Stephens
Db: Robert Boris
D: Martin Kove, Sela Ward, Ronny Cox, Soon-Teck Oh, Jan Gan Boyd
Der Krieg eines Vietnamveteranen gegen eine vietnamesische Drogenmafia in den USA.

Summertree
In Deutschland nicht verliehen
USA 1971/89 Minuten
R: Anthony Newley

›Streamers‹: Die ›Windhunde‹ greifen zur Flasche

K: Richard C. Glouner
Db: Edward Hume und Stephen Yafa, nach einem Theaterstück von Ron Cowen
D: Michael Douglas, Jack Warden, Brenda Vaccaro, Barbara Bel Geddes, Kirk Kallaway
Die Erlebnisse eines gelangweilten Studenten, bevor er nach Vietnam einberufen wird.

Superstars in Film Concert
In Deutschland nicht verliehen
USA 1971/105 Minuten
R: Peter Clifton
K: Peter Clifton
D: The Rolling Stones, Ike and Tina Turner, The Animals, Donovan, Paul Jones, Jimi Hendrix
Dokumentarfilm

Suspect
Suspect – Unter Verdacht
USA 1987/120 Minuten
R: Peter Yates

Peter Yates, der Regisseur von ›Suspect‹

K: Billy Williams
Db: Eric Roth
D: Cher, Dennis Quaid, Liam Neeson, John Mahoney, Joe Mantenga, Philip Bosco
Gerichtssaaldrama um eine Pflichtverteidigerin, die einen des Mordes angeklagten taubstummen Vietnamveteranen verteidigt.

Cher als Staatsanwältin hat in ›Suspect‹ in Joe Mantegna als Staatsanwalt einen harten Widersacher

Dennis Quaid und Cher, die Hauptdarsteller des Gerichtssaal-Melodrams ›Suspect‹

Swift Justice
Hateman
USA 1987/94 Minuten
R: Harry Hope
K: Koos Roets
Db: Harry Hope
D: Jon Greene, Cindy Rome, Cameron Mitchell, Aldo Ray, Chuck Mitchell
Alberner Actionfilm um Hinterwäldler und Vietnamveteranen.

Swimming to Cambodia
Schwimmend nach Kambodscha
USA 1987/87 Minuten
R: Jonathan Demme
K: John Bailey
Db: Spalding Gray
D: Spalding Gray, Sam Waterston, Ira Wheeler
Spalding Gray hält einen Monolog über seine Nebenrolle in *The Killing Fields* – und darüber, wie seine Erfahrungen in Kambodscha sein Leben verändert haben.

Taking Off
Taking Off
USA 1971/92 Minuten
R: Milos Forman
K: Gordon Lang
Db: Milos Forman, John Guare, John Klein und Jean Claude Carrière
D: Lynn Carlin, Buck Henry, Linnea Heacock, Ike und Tina Turner, Audra Lindley
In dieser Komödie um den Generationskonflikt suchen Eltern ihre davongelaufene Tochter.

Targets
Bewegliche Ziele
USA 1968/90 Minuten
R: Peter Bogdanovich
K: Laszlo Kovacs
Db: Peter Bogdanovich, nach einer Erzählung von Polly Platt und P. B.
D: Boris Karloff, Tim O'Kelly, Nancy Hsueh, James Brown, Sandy Baron

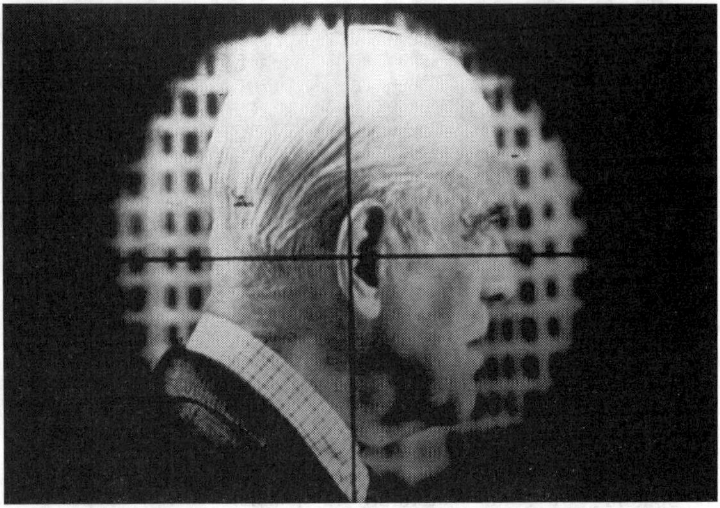

›Targets‹: Boris Karloff im Fadenkreuz eines verrückten Vietnamveteranen

Ein alternder Horrorfilm-Star wird mit realem Schrecken konfrontiert, als ein Vietnamveteran bei der Premiere seines letzten Films ein Blutbad anrichtet.

Taxi Driver
Taxi Driver
USA 1976/114 Minuten
R: Martin Scorsese
K: Michael Chapman
Db: Paul Schrader
D: Robert De Niro, Cybill Shepard, Jodie Foster, Peter Boyle, Harvey Keitel
Ein Vietnamveteran, der in New York als Taxifahrer arbeitet, übt angesichts der allgegenwärtigen Gewalt und Prostitution Selbstjustiz und avanciert zum Volkshelden.

Thaddeus: The Activist
In Deutschland nicht verliehen
USA 1971
R: Peter Klinge

D: Julian Smith u. a.
Ein College-Professor und seine Studenten drehen einen pornographischen Antivietnamkriegsfilm.

To the Shores of Hell
In Deutschland nicht verliehen
USA 1965
R: Will Zens
K: Leif Rise
Db: Robert McFadden und Will Zens
D: Marshall Thompson, Richard Jordahl, Jeff Pearl, Kiwa Lawrence
Ein Major befreit seinen Bruder, einen Arzt, aus den Händen des Vietcong.

Tracks
In Deutschland nicht verliehen
USA 1976/90 Minuten
R: Henry Jaglom

Robert De Niro chauffiert Martin Scorsese als ›Taxi Driver‹ durchs nächtliche New York

K: Paul Glickman
Db: Henry Jaglom
D: Dennis Hopper, Taryn Power, Dean Stockwell, Topo Swope, Michael Emil, Zack Norman
Ein Ex-Soldat begleitet den Sarg seines Freundes quer durch die USA zu dessen letzter Ruhestätte. Dabei wird er mit den verschiedensten Leuten konfrontiert.

Trial of Billy Jack, The
In Deutschland nicht verliehen
USA 1974/175 Minuten
R: T. C. Frank (Tom Laughlin)
D: Tom Laughlin, Delores Taylor, Victor Izay, Teresa Laughlin, William Wellman jun.
In dieser Fortsetzung von *Billy Jack* und *Born Losers* erlebt der Titelheld weitere Abenteuer.

Trial of the Catonsville 9, The
In Deutschland nicht verliehen
USA 1972/85 Minuten
R: Gordon Davidson
K: Haskell Wexler
Db: Daniel Berrigan und Saul Levitt, nach S. Levitts Theaterstück
D: Gwen Arner, Ed Flanders, Barton Heyman, Richard Jordan, Nancy Malone
Semidokumentarischer Spielfilm um den Prozeß gegen die »Neun von Catonsville«.

Twice Under
Twice Under – Kanalratten
USA 1987/84 Minuten
R: Dean Crow
D: Ian Borger, Ron Spencer, Jack O'Hara
Ein Katz-und-Maus-Spiel zwischen den Vietnamveteranen in der Kanalisation.

Twilight's Last Gleaming
Das Ultimatum
USA/BRD/146 Minuten
R: Robert Aldrich

K: Robert Hauser
Db: Ronald M. Cohen und Edward Huebsch, nach Walter Wagers Roman »Viper Three«
D: Burt Lancaster, Richard Widmark, Charles Durning, Melvin Douglas, Paul Winfield, Joseph Cotten
Drei Männer bringen die Kommandozentrale einer Raketenbasis in ihre Gewalt, um den neugewählten Präsidenten der USA zu zwingen, Kriegsverbrechen in Vietnam zuzugeben.

Two People
Zwei Menschen unterwegs
USA 1973/100 Minuten
R: Robert Wise
K: Henri Decae und Gerald Hirschfield
Db: Richard De Roy
D: Peter Fonda, Lindsay Wagner, Estelle Dansows, Allan Fudge, Philippe March
Ein Deserteur kehrt in die USA zurück, um sich der Justiz zu stellen.

Ugly American, The
Der häßliche Amerikaner
USA 1962/120 Minuten
R: George Englund
K: Clifford Stine
Db: Edward Stern, nach dem gleichnamigen Roman von W. J. Ledever und Eugene Burdick
Ein amerikanischer Botschafter wird Verleger in einem südostasiatischen Staat. Durch seine Anwesenheit entstehen Unruhen.

Ulzana's Raid*
Keine Gnade für Ulzana
USA 1972/103 Minuten
R: Robert Aldrich
K: Joseph Biroc
Db: Alan Sharp
D: Burt Lancaster, Bruce Davison, Jorge Luke, Richard Jaeckel, Lloyd Bochner
Ein alternder Indianer und ein feiger Offizier führen ein Platoon in den Kampf gegen blutrünstige Apachen.

Uncommon Valor
Die verwegenen Sieben
USA 1983/105 Minuten
R: Ted Kotcheff
K: Stephen H. Burum und Ric Waite
Db: Joe Gayton
D: Gene Hackman, Robert Stack, Fred Ward, Reb Brown, Randall »Tex« Cobb, Patrick Swayze
Ein Vater will seinen in Vietnam verschollenen Sohn aus der Kriegsgefangenschaft befreien und heuert dazu einige Veteranen an.

84 Charlie Mopic
84 Charlie Mopic
USA 1988/94 Minuten
R: Patrick Duncan
K: Alan Caso
Db: Patrick Duncan
D: Richard Brooks, Jonathan Emerson, Brad Johnson, Vernon Wells, Kevin Duffis

Eine eindeutige Botschaft auf dem Helm von Nicholas Cascone in ›84 Charlie MoPic‹

Eine unbarmherzige Chronik dreier Tage im Leben von sechs in Vietnam kämpfenden US-Soldaten im Frühjahr 1969.

Vietnam, Texas
Du sollst nicht töten
USA 1990/85 Minuten
R: Robert Ginty
K: Robert M. Baldwin
Db: Tom Badal und C. Courtney Joyner
D: Robert Ginty, Haing S. Ngor, Tim Thomerson, Kieu Chinh, Tamlyn Tomita
Auf der Suche nach der einst geliebten Vietnamesin wird ein Priester in Drogengeschäfte verwickelt.

Vietnam War Story
Lost Heroes
USA 1987/90 Minuten
R: Kevin Hooks und Ray Danton
Db: Patrick Duncan
D: Tom Fridley, David Harris, Chris Robertson, Eric La Salle, Wendel Pierce
Drei Kurzgeschichten aus dem Vietnamkrieg.

Vigilante Force
Das Gesetz sind wir
USA 1976/89 Minuten
R: George Armitage
K: William Cronjager
Db: George Armitage
D: Kris Kristofferson, Jan-Michael Vincent, Victoria Principal, Bernadette Peters, Brad Dexter
Ein Vietnamveteran stellt die Ordnung in einer Stadt wieder her, die von Ölarbeitern terrorisiert wird. In der Folge steigt ihm seine Macht zu Kopf.

Visitors, The
Die Besucher
USA 1972/90 Minuten
R: Elia Kazan
K: Nick Proferes

Db: Chris Kazan
D: Patrick McVey, Patricia Joyce, Chico Martinez, James Woods, Steve Railsback
Zwei Vietnamveteranen rächen sich an ihrem Kriegskameraden, weil er vor Gericht gegen sie ausgesagt hat.

War at Home, The
In Deutschland nicht verliehen
USA 1979/100 Minuten
R: Glenn Silber und Barry Alexander
K: Rick March und Bob Lerner
Db: Elizabeth Duncan
Dokumentarfilm

Welcome Home
In Deutschland nicht verliehen
USA 1989/87 Minuten
R: Franklin J. Schaffner
K: Fred J. Koenekamp
Db: Maggie Kleinman
D: Kris Kristofferson, JoBeth Williams, Brian Keith, Sam Waterston, Trey Wilson
Ein mit einer Kambodschanerin verheirateter Vietnamveteran, der unter Gedächtnisverlust gelitten hat, kehrt nach 17 Jahren in seine Heimat Vermont zurück und stellt sich den Schwierigkeiten der Wiedereingliederung in die amerikanische Gesellschaft.

Welcome Home, Soldier Boys
Ein mörderisches Team
USA 1972/91 Minuten
R: Richard Compton
K: Don Birnkrant
Db: Gordon Trueblood
D: Joe Don Baker, Paul Koslo, Alan Vint, Jennifer Billingsley, Elliott Street
Nachdem vier Ex-»Green Berets« von verschiedenen Leuten ausgenützt worden sind, rächen sie sich durch Vergewaltigung, Raub und Brandschatzung an der Gesellschaft.

Whatever It Takes
In Deutschland nicht verliehen
USA 1986/93 Minuten
R: Bob Demchuk
K: John Drake
Db: Chris Weatherhead und Bob Demchuk
D: Tom Mason, Martin Balsam, Chris Weatherhead, James Rebhorn, Maura Shea, Bill Bogert
Ein Vietnamveteran hält sich und seinen Vater als Taxifahrer in New York eher schlecht als recht über Wasser.

White Ghost
White Ghost
USA 1988/93 Minuten
R: B. J. Davis
K: Hans Kühle
Db: Gary Thompson
D: William Katt, Rosalind Chao, Martin Hewitt, Wayne Crawford, Reb Brown
Ein Vietnamveteran sucht sein Heil als Aussteiger im Dschungel.

Who'll Stop the Rain? (Dog Soldiers)
Dreckige Hunde
USA 1978/125 Minuten
R: Karel Reisz
K: Richard H. Kline
Db: Judith Roscoe und Robert Stone, nach R. Stones Vorlage »Dog Soldiers«
D: Nick Nolte, Tuesday Weld, Michael Moriarty, Anthony Zerbe, Richard Masur
Ein Journalist schmuggelt mit Hilfe seiner Frau und eines Vietnamveteranen Heroin von Südostasien nach Nordamerika.

Windflowers
In Deutschland nicht verliehen
USA 1967/75 Minuten
R: Adolfas Mekas
Db: Adolfas Mekas
D: John Kramer, Pola Chapelle, Ronnie Gilbert, Henry Calvert, William Taylor

Ein Kriegsdienstverweigerer wird von der Polizei und dem FBI zu Tode gehetzt.

Winter Soldier
Wintersoldat
USA 1972/95 Minuten
R: Winterfilm-Kollektiv (18 Filmemacher)
K: Anonym
Db: Anonym
Dokumentarfilm

Yank in Indochina, A
In Deutschland nicht verliehen
USA 1952/67 Minuten
R: Wallace A. Grissell
K: William Whitley
Db: Samuel Newman
D: John Archer, Douglas Dick, Jean Willes, Maura Murphy, Harold Fong
Amerikanische Piloten werden in den Guerillakrieg verwickelt.

Yank in Vietnam, A (Year of the Tiger)
Kommando in Vietnam
USA 1964/80 Minuten
R: Marshall Thompson
K: Emmanuel I. Rojas
Db: Jane Wardell und Jack Lewis, nach einer Vorlage von J. Lewis
D: Marshall Thompson, Enrique Magalona, Mario Barri, Kieu Chinh, Urban Drew
Ein Amerikaner hilft in Saigon den Südvietnamesen.

You Shalln't Kill
Du sollst nicht töten – außer …
USA 1985/82 Minuten
R: Josh Becker
K: Josh Becker
Db: Josh Becker und Scott Spiegel
D: Brian Schulz, Robert Rickman, John Manfredi, Tim Quill, Sam Raimi
Ein in Vietnam verletzter Offizier befreit eine kleine Gemeinde von einer brutalen Rockergang.

Zabriskie Point
Zabriskie Point
USA 1969/112 Minuten
R: Michelangelo Antonioni
K: Alfio Contini
Db: Michelangelo Antonioni, Fred Garner, Sam Shepard, Tonio Guerra und Clare Peploe
D: Mark Frechette, Rod Taylor, Daria Halprin, Paul Fix, Harrison Ford
Darstellung der Jugend der USA und ihre Abkehr vom »American way of life«.

The Zebra Force
Zebra Force
USA 1977/100 Minuten
R: Joe Tornatore
K: Robert Maxwell
Db: Joe Tornatore
D: Mike Lane, Richard X. Slattery, Anthony Caruso, Rockne Tarkington, Glenn Wilder
Eine Gruppe von Vietnamveteranen legt mit militärischen Mitteln Mitgliedern einer Verbrecherbande das Handwerk, freilich nicht, ohne sich selbst kräftig zu bereichern.

Glossar

AFVN »Armed Forces Vietnam Network« – Die Radiostation der Streitkräfte im vietnamesischen Sendenetz

AO »Area of Operations« – Das Wirkungsgebiet einer Einheit

APC »Armored Personnel Carrier« – Gepanzertes Truppentransportmittel

APO »Army Post Office« – Die Armee-Poststation für die Überseepost nach Vietnam in San Francisco

Artie/Arty Kurzform für Artillerie

ARVN »Army of the Republic of Vietnam« – Die südvietnamesische Berufsarmee; offiziell die Armee der vietnamesischen Republik

AVN Nordvietnamesische Armee

AWOL »Absent Without Leave« – Einen Posten oder eine Position ohne Erlaubnis verlassen

Base Camp Auch bekannt als »rear area«; ein Nachschub-Stützpunkt für die Feldeinheiten und ein Ort zur Einrichtung der Hauptquartiere, Artilleriebatterien und Flugplätze

Basic Grundausbildung bzw. Grundtraining

Battalion Eine militärische Einheit, die sich aus einem Hauptquartier und zwei oder mehr Kompanien, Batterien oder ähnlichen Einheiten zusammensetzt

Battery Eine Artillerieeinheit, die mit einer Kompanie gleichzusetzen ist

B-52 Ein US-Luftwaffen-Bomber, der für große Höhen konzipiert wurde

Big Red One Der Kosename für die erste Infanteriedivision

Body Bag Plastiksäcke, die benutzt wurden, um die Leichen vom Feld zu transportieren

Boo koo Verfälschtes Französisch: von »beaucoup«, bedeutet »viel«

Boom Boom Slangwort für Sex

Bouncing Betty Eine Landmine, die – sobald sie ausgelöst wird – auf Hüfthöhe hochspringt und Schrapnellsplitter verstreut

Brigade Eine taktische und administrative militärische Einheit, die aus einem Hauptquartier und ein oder mehr Infanterie- oder Panzer-Bataillonen und anderen unterstützenden Einheiten besteht

Bronze Star Auszeichnung des US-Militärs für heroischen und besonders wertvollen Dienst, Luftflüge ausgeschlossen

CA »Combat Assault« – Sturmangriff im Kampf

Cav »Cavalry« – Verkürzte Form für die erste Kavalleriedivision (Airmobile)

Chicom Chinesischer Kommunist

Chinook Ein Ch-47 Frachthubschrauber

Claymore Eine gegen Menschen gerichtete Mine, die bei der Detonation kleine Stahlwürfel in Fächerform (60 Grad) über 100 Meter weit verstreut

CMH »Congressional Medal of Honor« – Die höchste Auszeichnung des US-Militärs für auffallende Tapferkeit unter Einsatz des Lebens über das Pflichtmaß hinaus

CO »Commanding Officer« – Kommandierender Offizier

Cobra Ein AH-1G-Angriffshubschrauber, der mit Raketen und Maschinengewehren ausgerüstet ist (auch bekannt als »gunship«)

Commo/Commie Abkürzung für Kommunist

Company Eine militärische Einheit, die meist aus einem Hauptquartier und zwei oder mehr Zügen besteht

Concertina Wire Gerollter Stacheldraht, der als Hindernis eingesetzt wird

CP »Command Post« – Kommandierender Posten

C-rations Dosenmahlzeiten für den Gebrauch im Feld

CS Kampfgas

DEROS »Date of Expected Return from Overseas« – Datum der erwarteten Rückkehr aus Übersee

Didi Slang, aus dem vietnamesischen Wort »di« entwickelt; bedeutet: »weggehen« bzw. »verlassen«

Didi mow Vietnamesisch für »geh schnell«

DMZ »Demilitarized Zone« – Die trennende Linie, die 1954 durch die Genfer Konferenz zwischen Nord- und Südvietnam etabliert wurde und als entmilitarisierte Zone galt

D-ring Ein D-förmiger Verschluß, der benutzt wurde, um die Ausrüstung zusammenzuhalten

Dust-off Medizinische Evakuierung durch einen Hubschrauber – auch »medevac« genannt

Elephant grass Grasähnliche, tropische Pflanze mit rasierklingenscharfen Kanten, die in einigen Teilen Vietnams beheimatet ist

EM »Enlisted Men« – Gemeine Soldaten

FAC »Forward Air Controller« – Eine Person, die die Luftangriffe kontrolliert

Fire base Eine Schießposition der Artillerie, die meist durch eine Infanterieeinheit gesichert war (auch »fire support base« genannt)

›Dear America: Letters Home from Vietnam‹: vier Dokumentaraufnahmen aus dem Kriegsschauplatz in Südostasien

FO »Foward Observer« – Eine Person, die einer Feldeinheit angeschlossen ist, um die Schußplazierung (von direkten und indirekten Schüssen) von Boden-, Luft- und Marinestreitkräften zu koordinieren

Gook Abfällige Bezeichnung für einen Orientalen (auch »dink« oder »slope«)
GVN »Government of (South-)Viet Nam« – Südvietnamesische Regierung
Gunship Ein mit Waffen ausgerüsteter Hubschrauber

H & I »Harassment and Interdiction« – Flächenfeuer und gelegentlicher Beschuß zur Vermeidung von Truppenkonzentrationen

Hooch Eine Hütte bzw. ein einfaches Heim

Hot LZ Eine Landezone, die unter feindlichem Beschuß steht

Huey Kosename für die Hubschrauber der UH-1-Serie

Corps I–IV Die vier militärischen Regionen, in die Südvietnam unterteilt wurde. Das I. Korps war dabei in der nördlichsten Region, das IV. Korps im südlichsten Deltagebiet

Immersion foot Ein Zustand, in dem die Haut an den Füßen bricht und blutet. Hervorgerufen dadurch, daß die Füße zu lange von Wasser umgeben sind

KIA »Killed in Action« – Im Kampf getötet

LBJ »Long Binh Jail« – Eine militärische Umzäunung beim Long-Binh-Posten (auch Abkürzung für »Lyndon B. Johnson«, den Präsidenten der USA)

LP »Listening Post« – Zwei oder drei Männer, die nachts außerhalb der Hauptlager als Wachtposten aufgestellt waren und als sog. »Frühwarnsystem« fungieren sollten

LRRP »Long Range Reconnaissance Patrol« – Eine Elitetruppe, die meist aus fünf bis sieben Mann bestand, die tief in den Dschungel vordringen mußten, um den Feind zu beobachten, ohne mit ihm in Berührung zu kommen

Lt Lieutenant

LZ »Landing Zone« – Landezone für die Hubschrauber, um Truppen oder Vorräte aufzuladen bzw. zu entladen

MACV »Military Assistance Command/Vietnam« – Die hauptkommandierende Militäreinheit der Amerikaner, die die Verantwortung und die Befehlsgewalt für alle US-militärischen Aktionen in Vietnam besaß (Sitz in Tan Son Nhunt)

MG »Machine Gun« – Maschinengewehr

MIA »Missing in Action« – Im Kampf vermißt

Marker round Die erste Feuerrunde der Minenwerfer oder Artillerie, nach der man die Einstellung auf das Ziel für die folgenden Salven festlegte

Med Cap »Medical Civil Action Programm« – Ein medizinisches Programm, durch das der Zivilbevölkerung geholfen werden sollte. So ging z. B. US-medizinisches Personal in die Dörfer, um sich um die Einheimischen zu kümmern

OD »Officer of the Day« (auch »Olive Drab« – olivgrau)

OSS »Office of the Strategic Services« – Vorläufer des amerikanischen Geheimdienstes CIA

P »Piaster« – Vietnamesische Währung; für einen Piaster erhielt man einen Cent oder weniger als Gegenwert

PFC »Private First Class« – Gemeiner Soldat, Rang zwischen Private und Corporal

Platoon Unterabteilung einer militärischen Einheit, die die Größe einer Kompanie hat, meist besteht sie aus ein oder mehr Korporalschaften oder Abteilungen; ein Zug

Point man Der erste Mann oder das erste Element während einer Kampfpatrouille

Pop smoke Das Anzünden einer Rauchgranate, um Flugzeugen ein Signal zu geben

Posttraumatic stress disorder Die Entwicklung charakteristischer Merkmale, nachdem man ein psychologisch traumatisches Ereignis (bzw. Ereignisse) durchlebt hat, das außerhalb der als normal erachteten menschlichen Erfahrung liegt. Zu den charakteristischen Symptomen zählen z. B. das Wiederleben des Ereignisses; eine Abstumpfung der Reaktion auf die Außenwelt; übertrieben schreckhafte Reaktion; Konzentrationsschwierigkeiten; Schuldgefühle; Schlafbeschwerden und Gedächtnislücken

PT »Physical Training« – Sport

Purple Heart Eine Medaille des US-Militärs, die an jedes Mitglied der Streitkräfte, das durch den Feind verwundet wurde, vergeben wurde

PX »Post Exchange« – Laden der US-Armee

Ranger Soldat, der insbesondere zu Reconnaissance- und Kampfaufträgen ausgebildet wurde

R & R »Rest and Relaxation« – Ruhe und Entspannung; ein drei bis siebentägiger Urlaub vom Krieg für den Soldaten

Recon »Reconnaissance« – In den Dschungel gehen, um zu beobachten und feindliche Aktivitäten zu identifizieren

Regiment Eine militärische Einheit, die meist aus mehreren Bataillonen besteht

RTO »Radio Telephone Operator« – Der Mann, der das Radio seiner Einheit im Feld auf dem Rücken trägt

Rules of Engagement Die spezifischen Regulierungen, die von den Vereinigten Staaten und den alliierten Streitkräften für den Vietnamkrieg in bezug auf die Führung der Luft- und Bodenkämpfe aufgestellt wurden

Sea Bees Konstruktionsingenieure der Marine

Schrapnell Metallstücke, die durch eine Explosion zum Fliegen gebracht werden

Silver Star Eine Auszeichnung des US-Militärs für Tapferkeit im Kampf

Slope Abfällige Bezeichnung für einen Orientalen (auch »dink« oder »gook«)
Spider hole Getarnter feindlicher Schützengraben
Squad Eine kleine militärische Einheit, die aus weniger als zehn Mann besteht
Staff Sergeant Ein E-6, der zweitniedrigste Rang unter den patentierten Offizieren
Stand Down Eine Rastperiode für eine militärische Einheit, die eintritt, wenn alle Operationen – außer die der Sicherheit – gekürzt sind
Starlight Scope Eine Art konturenverschärfendes Gerät, das mittels reflektierten Lichts die Zielsuche nachts erleichtern soll
Titi Slangwort für »ein wenig«
Tet Buddhas Geburtstag; das buddhistische Neujahrsfest
TOAR »Tactical Area of Responsibility« – Kampfgebiet
TOC »Tactical Operations Center« – Brigadehauptquartier an der Front
Tracer Chemisch behandelte Munition, die glühte oder Rauch abgab, so daß man ihren Flug verfolgen konnte
Tracks Jede Art von Fahrzeug, das sich eher auf Ketten als auf Rädern fortbewegt
Trip flare Ein Leuchtsignal, das durch einen Stolperdraht ausgelöst wurde und das Nahen des Feindes beleuchten sollte
USO »United Service Organizations« – Zuständig für Truppenbetreuung und soziale Einrichtungen
Victor/VC/Victor Charlie/Charlie/Chuck Vietcong
Vietnamese Popular Forces Die legalen militärischen Streitkräfte Südvietnams
Vietnamization Die durch Präsident Nixon initiierte US-Politik, nach der das Kämpfen wieder den Südvietnamesen übertragen werden sollte, während die US-Truppen schubweise zurückgezogen wurden
WIA »Wounded in Action« – Im Kampf verletzt
Willy Peter/Willy Pete/WP Weißer Phosphor; Zündstoff, der vorwiegend in Granaten oder Patronen verwendet wurde
Wood line Eine Reihe von Bäumen, die am Rande eines Felds oder Reisfelds stehen
Xin Loi Ein vietnamesisches Idiom, das soviel wie »Das tut mir leid« bedeutet
Zippo Raids Militärische Operationen, die das Niederbrennen vietnamesischer Dörfer beinhalteten; oft wurden Zippo-Feuerzeuge zum Anzünden benutzt

BIBLIOGRAPHIE

a) Bücher

ADAIR, Gilbert: Hollywood's Vietnam. From *The Green Berets* to *Apocalypse Now,* London, New York 1981

AUSTER, Albert/QUART, Leonard: How the War Was Remembered, Hollywood & Vietnam, New York, Westport, London 1988

BASINGER, Jeanine: The World War II Combat Film. Anatomy of a Genre, New York 1986

BAXTER, John: Hollywood in the Sixties, London, New York 1972

BLUMENBERG, Hans C.: Kinozeit. Aufsätze und Kritiken zum modernen Film 1976–1980, Frankfurt/Main 1980

BLUMENBERG, Hans C./FRÜNDT, Bodo (Hrsg.): Warten, bis es dunkel wird – Ein Kinobuch – 7 Jahre »Film im Bild« aus dem Kölner Stadt-Anzeiger von 1968 bis 1974, Eisenberg/Obb. 1983

BURO, Andreas/GROBE, Karl: Vietnam! Vietnam? Frankfurt/Main 1984

CHOMSKY, Noam: At War with Asia, New York ²1970.

COPPOLA, Eleanor: Vielleicht bin ich zu nah. Notizen bei der Entstehung von »Apocalypse Now«, Reinbek 1980

CORDER, E. M.: Die durch die Hölle gehen. Roman nach einem Drehbuch von Deric Washburn, München 1979

COWIE, Peter (Hrsg.): International Film Guide 1979, New York, London 1979

COWIE, Peter (Hrsg.): International Film Guide 1980, New York, London 1980

CROSS, Robin: The Big Book of B Movies or How Low Was My Budget, New York 1981

DAVIES, Mary/ANDERSON, Janice/ARNOLD, Peter: The Hamlyn History of the Movies, London, New York, Sydney, Toronto 1975

DOWDY, Andreas: The Films of the Fifties. The American State of Mind, New York 1973

EAMES, John Douglas: The MGM Story. The Complete History of Fifty Roaring Years, London ²1976

FALL, Bernard B.: The Two Viet Nams, New York ²1967

FENWICK, Steven Firman: Hearts and Minds: A Case Study of a »Propaganda«-Film, Vol. 1–2, University of Michigan (Diss.) 1982

FITZGERALD, Frances: Fire in the Lake, New York 1973

GARLAND, Brock: War Movies, New York 1987

GOW, Gordon: Hollywood in the Fifties, New York, London ²1980

GREGOR, Ulrich/PATALAS, Enno: Geschichte des Films, 4 Bde., Reinbek bei Hamburg⁵1976/83

HALLIWELL, Leslie: Halliwell's Filmgoer's Companion, London, Toronto, Sydney, New York ⁷1980

Halliwell, Leslie: Halliwell's Film Guide to over 10000 Films, London, Toronto, Sydney, New York ²1980
Hasan, Zia: American Films of the 1970s: Through Fantasy, Star Wars (1977) Resolves an Era's Concerns about the Threat of Media (Network, 1976), the Sexual Revolution (Annie Hall, 1977), and the Vietnam War (Coming Home, 1978), Oklahoma State University (Diss.) 1980
Hellman, John: American Myth and the Legacy of Vietnam, New York 1986
Herr, Michael: An die Hölle verraten. »Dispatches«, Frankfurt/Main 1981
Herring, George C.: America's Longest War. The United States and Vietnam, 1950–1975, New York ²1986
Howard, Michael: Der Krieg in der europäischen Geschichte. Vom Ritterheer zur Atomstreitmacht, München 1981
Jacobs, Diane: Hollywood Renaissance, South Brunswick, New York, London 1977
Just, Lothar R. (Hrsg.): Das Filmjahr '79. Filme, Filmographien, Filmliteratur, München 1980
Ders.: Das Filmjahrbuch 1987, München 1987
Ders.: Das Filmjahrbuch 1988, München 1988
Ders.: Das Filmjahrbuch 1989, München 1989
Ders.: Das Filmjahrbuch 1990, München 1990
Ders.: Das Filmjahrbuch 1991, München 1991
Kagan, Roman: The War Film, New York 1974
Karnow, Stanley: Vietnam. A History. The First Complete Account of Vietnam at War, New York 1984
Katz, Ephraim: The International Film Encyclopedia, Hongkong 1987
Kurowski, Ulrich: Lexikon Film, München ²1973
Lexikon des internationalen Films, hrsg. v. Katholischen Institut für Medienforschung e. V. und der Katholischen Filmkommission für Deutschland, 10 Bde., ein Ergänzungsband, Reinbek bei Hamburg, 1987/1990
MacCann, Richard Dyer/Perry Edward S.: The New Film Index. A Bibliography of Magazine Articles in English 1950–1970, New York 1975
MacDonald, J. Fred: Television and the Red Menace. The Video Road to Vietnam, New York 1985
Madsen, Axel: The New Hollywood. American Movies in the 70's, New York 1975
Maltin, Leonard (Hrsg.): TV-Movies. 1983–84 Edition, New York ⁵1982
Maltin, Leonard (Hrsg.): TV-Movies and Videoguide. 1990 Edition, New York 1989
Monaco, James: American Film Now, München 1985
Morella, Joe/Epstein, Edward Z.: Marlon Brando, Bergisch-Gladbach 1973
The New York Times Directory of the Film, Toronto, New York 1980
Reclams Filmführer, hrsg. v. Dieter Krusche, Stuttgart ³1978.
Richman, Liliane G.: Themes and Ideology in the Vietnam Films 1975–1983, University of Texas (Diss.), Dallas 1984

Rollins, Peter C. (Hrsg.): Hollywood as Historian. American Film in a Cultural Context, Lexington/Kentucky 1983
Rororo-Filmlexikon, hrsg. v. Liz-Anne Bawden. 6 Bde., Reinbek 1978
Seesslen, Georg/Kling, Bernt: Unterhaltung. Lexikon zur populären Kultur. Band 1: Western, Science-fiction, Horror, Crime, Abenteuer, Reinbek 1977
Shaheen, Jack G. (Hrsg.): Nuclear War Films, Carbondale, Edwardsville 1978
Shindler, Colin: Hollywood Goes to War. Films and American Society, London, Boston 1979
Smith, Julian: Looking Away. Hollywood and Vietnam, New York 1975
Staples, Donald E. (Hrsg.): The American Cinema, Washington D. C. ^{2}1976
Suid, Lawrence Howard: The Film Industry and the Vietnam War, Case Western Reserve University (Diss.) 1980
Whillock, David Everett: The Fictive American Vietnam War Film: A Structural Analysis of Myth Based on the Theories of Claude Levi-Strauss, University of Missouri (Diss.), Columbia 1986
Wood, Robin: Hollywood from Vietnam to Reagan, New York 1986

b) Aufsätze und Zeitschriftenartikel

Adams, William: Screen Wars. The Battle for Vietnam, in: *Dissent 37* (1990), S. 65–72
Alexander, William: The Holocaust, Vietnam, and the Contemporary Student, in: *College English 39* (1978), S. 548–552
Baker, R.: Apocalypse Forever, in: *The New York Times Magazine* 26.8.1979, S. 10
Bayles, M.: Hollywoods Visions of Vietnam – The Road to Rambo III, in: *New Republic 199* (1988), S. 30–35
Brown, Joshua: The Deer Hunter, in: *Radical History Review 20* (1979), S. 245–255
Buckley, Tom: Hollywood's War, in: *Harper's 258* (1979), S. 84–86, 88
Burke, Frank: In Defense of *The Deer Hunter* or: The Knee Jerk is Quicker than the Eye, in: *Literature Film Quarterly 11* (1983), S. 22–27
Calloway, Catherine: Vietnam War Literature and Film: A Bibliography of Secondary Sources, in: *Bulletin of Bibliography 43* (1986), S. 149–158
Comber, M./O'Brien, M.: Evading the War – The Politics of the Hollywood Vietnam Film, in: *History 73* (1988), S. 248–260
Dolmatowskaja, Galina: Der Vietnamkrieg und seine Darstellung im internationalen Film, in: Beiträge zur Film- und Fernsehwissenschaft 3 (1984), S. 3–211
Duncanson, D.: Vietnam. The Valor and the Sorrow. From the Home Front to the Front Lines in Words and Pictures, in: *Pacific Affairs 59* (1986), S. 532–533
Francis, Don: The Regeneration of America: Uses of Landscape in *The Deer Hunter,* in: *Literature Film Quarterly 11* (1983), S. 16–21

GALPERIN, William: History into Allegory: *The Wild Bunch* as Vietnam Movie, in: *Western Humanities Review 35* (1981), S. 165–172

GELMAN, David: Vietnam Marches Home, in: *Newsweek 91* (1979), S. 85–86

GOLDMAN, Peter u. a.: Rocky and Rambo, in: *Newsweek 106* (1985), S. 58–62

HARRIS, David: Ask a Marine, in: 20 Years of Rolling Stone. What a Long, Strange Trip It's Been, ed. by Jaun S. Wenner, New York 1987, S. 191–208

HEILBRONN, Lisa M.: Coming Home a Hero, in: *Journal of Popular Film and Television 13* (1985), S. 25–30

HELLMAN, John: Vietnam and the Hollywood Genre Film: Inversions of American Mythology in *The Deer Hunter* and *Apocalypse Now,* in: *American Quarterly 34* (1982), S. 418–439

HOROWITZ, Irving Louis: On Relieving the Deformities of Our Transgressions, in: *Society 16* (1979), S. 80–83

JEFFORDS, Susan: The New Vietnam Films: Is the Movie Over?, in: *Journal of Popular Film and Television 13* (1986), S. 186–194

KOPPOLD, Rupert: Die Hölle ist grün: Hollywood und Vietnam, in: *Medium 1* (1988), S. 11–15

KREMSKI, Peter: Wie Vietnam zum Kino wurde, in: *Medien und Erziehung 1* (1988), S. 11–18

LEERHSEN, Charles: Blood, Sweat and Cheers, in: *Newsweek 105* (1985), S. 62–63, 65

LUDINGTON, Townsend: Comprehending the American Experience in Vietnam – A Review Essay, in: *Southern Humanities Review 18* (1984), S. 339–349

MACBRIDE, Joseph: Drums Along the Mekong. I Love America. I Am Apolitical, in: *Sight and Sound,* Herbst (1972), S. 213–216

MARIN, Peter: Coming to Terms with Vietnam, in: *Harper's 261* (1980), S. 41–56

MAURER, Marvin: Screening Nuclear War and Vietnam, in: *Society 23* (1985), S. 68–73

NETZEBAND, Günther: Der Tod am Nachmittag, in: *Film und Fernsehen 5* (1987), S. 26–29

NORDEN, Martin F.: The Disabled Vietnam Veteran in Hollywood Films, in: *Journal of Popular Film and Television 13* (1985), S. 16–23

PARIS, Michael: The American Film Industry & Vietnam, in: *History Today 37* (1987), S. 19–26

PORTER, G.: Vietnam in Prose and Film, in: *Pacific Affairs 56* (1984), S. 788–790

PUCHALSKI, Steve: Attack of the Cycle Psychos. Bikers on Film, in: *Shock Xpress 5* (Winter 88/89), S. 16–21

QUART, Leonard: Screen – Hollywood Discovers Vietnam, in: *USA Today 107* (1979), S. 65

QUART, Leonard/AUSTER, Albert: The Wounded Vet in Postwar Film, in: *Social Policy 13* (1982), S. 24–31

Rollins, Peter C.: The Vietnam War: Perceptions Through Literature, Film and Television, in: *American Quarterly 36* (1984), S. 419–432
Seesslen, Georg: »Video Nam«, in: *Konkret 2* (1990), S. 92–94
Seesslen, Georg: Kino des Utopischen. Geschichte und Mythologie des Science-fiction-Films, in: Bernhard Roloff/Georg Seeßlen (Hrsg.): *Grundlagen des populären Films 4, Reinbek 1977*
Smith, Julian: Look Away, Look Away, Look Away, Movie Land, in: *Journal of Popular Film 2* (1973), S. 29–46
Szamuely, G.: Hollywood Goes to Vietnam, in: *Commentary 85* (1988), S. 48–53
Thiel, Reinold E.: Acht Typen des Kriegsfilms, in: *Filmkritik 11* (1961), S. 514–519
Zoglin, Richard: An Outbreak of Rambomania, in: *Time 125* (1985), S. 72–73

c) Verschiedene Artikel und Beiträge, die im Zeitraum zwischen 1968 und 1991 erschienen, fanden aus folgenden Zeitungen und Zeitschriften Verwendung:
Abendzeitung München, American Film, American Cinematographer, American Quarterly, Blickpunkt Film, Cahiers du Cinéma, epd Film, Evangelischer Filmbeobachter, Film Comment, Film-Dienst, Filmkritik, Film Quarterly, Filme, Filmecho/Filmwoche, Filmfaust, Frankfurter Allgemeine, Frankfurter Rundschau, Journal of American Studies, Jump Cut, Katholischer Filmdienst, Kölner Rundschau, Konkret, Monthly Film Bulletin, Münchner Merkur, Münchner Stadtzeitung, Neuer Film-Kurier, Newsweek, Premiere, Sight and Sound, Der Spiegel, Steady Cam, Stern, Süddeutsche Zeitung, Time, Variety, Die Zeit

Register

A

B

C

D

E

F

G

H

T

U

V

W

Y

Z